Tilo Köhler   »Seht wie wir gewachsen sind«

Zum Autor

Tilo Köhler, 1955 in Babelsberg geboren, wuchs in
Brandenburg auf, lernte Hochseefischer, holte auf dem
zweiten Bildungsweg sein Abitur nach, studierte Ger-
manistik, arbeitete als wissenschaftlicher Assistent an
der Humboldt-Universität zu Berlin, als Verlagslektor
und freier Journalist. Er lebt als freier Autor in Berlin.
Zahlreiche Veröffentlichungen, u. a. *Comedian Harmonists*
(1998). Für seine Trilogie über den DDR-Alltag wurde
er 1994 mit dem Förderpreis des Landes Brandenburg
ausgezeichnet.

Tilo Köhler

»Seht wie wir gewachsen sind«

Ein kurzweilige Kulturgeschichte der frühen DDR

Bild und Heimat

1

Unser die Straße – Unser der Sieg

Die Stalinallee

»Wäre es schön? Es wäre schön!« – so titelte das *Neue Deutschland* im November 1952 mit beherzter Frage und gab mit der bangen Antwort auch den Startschuss für das Nationale Aufbauwerk, vor allem aber für den Baubeginn der großen Straße, die den Namen Stalins tragen und ihn ehren würde. Überdies gab es den ungewöhnlichen Komfort in Auftrag, als der ganz reale Alltag noch viel eher ungemütlich war. Die Zeiten, als Parteien noch ärmlich, aber ehrlich mit dem Slogan warben »Wählt Ihr uns, so wählt Ihr Euch«, sahen sich genauso überwunden wie der Kohldampf vieler rauer Nachkriegswinter auch; dabei war es noch gar nicht allzu lange her, dass ein berühmter Kardinal aus Köln am Dom dem Kohlenklau persönlich seine Nachsicht kundtat, stellvertretend und in höherem Auftrag, wie sich absolut versteht. Zur etwa gleichen Zeit trat Polens Maltalent Gratkowski vor die Staffelei und schuf ein Triptychon, das neben Krupp und Halder auch dem Gottesmann vom Rhein den Pinsel vorhielt, denn der spätere Kunstpreisträger hatte Frings als klerikalen Ostlandritter längst erkannt und nun auch endlich künstlerisch als Satan im Ornat entlarvt. Da war die Welt noch klein und übersichtlich, denn vor allem war sie zweigeteilt.

Doch flüsterte schon damals mancher der Befreiten, dass der Mensch nicht nur vom Brot allein lebe und besonders nicht, wenn er nur wenig davon hat. Viel häufiger trägt er in Zeiten schwerer Niederkünfte große Pläne aus, und 1951 zog hier Walter Ulbricht, klassenkampferprobte Hebamme, ein Kind aus Stein ins fahle Morgenlicht. Es sollte bessere Zeiten sehen, als sie selbst der Lindenboulevard gesehen hatte, und vor allem größer, breiter und moderner sein und dennoch märchenhafte Züge tragen, denn es wollte auch den Wettlauf zwischen

Ost und West für sich entscheiden. Sicher schien das Rennen später manchem nicht mehr unbekannt, doch 1952 hielt man sich mit literarischen Vergleichen noch zurück. Erst in den Sechzigern, als manche löbliche Beschreibung früher Tage langsam ihre Komik offenbarte, wenn die Hauseingänge der Allee zum Beispiel mit den großen Banken ausländischer Metropolen in Vergleich gerieten, und als unsere Straße geradezu fundamental die elegante Losung

Überholen ohne einzuholen

zu illustrieren schien, erinnerte der Baubeginn an die Vergeblichkeit der Hasenwette; die war schließlich nicht nur lächerlich, sie war auch ein geglückter Grabenkampf und sah den unbedachten Kontrahenten jämmerlich verenden.

Bei den ersten Spatenstichen aber ließ sich selbst der Erste Sekretär von seiner Sekretärin übers Telefon verleugnen, er sei unerreichbar – und »beim Schippen«. Hand in Hand mit seinen Aktivisten buddelte sich Walter Ulbricht vorwärts, die besaßen seinerzeit noch selten schöne Namen wie Anita Bammel, Margarete Petersilie oder Rudi Rubbel. Die Akteure aus dem Westen trugen ungleich feinere, von Brentano etwa hieß der Chef des Außenamtes und sein Amtskollege aus Paris gar Robert Schuman.

Die viel weniger geschliffenen Namen im bekannten Proletarierviertel stiegen dafür morgens in die feingetragene Wäsche, doch der öffentliche Kunstverstand, der hier nicht unbedingt modernen Impressionen folgte, war noch weit entfernt davon, die Steineklopfer Ostberlins zum Dank mit denen von Monet in einem Licht zu sehen. Vielleicht im Kinderlied erheischten sie noch familiäre Anerkennung, wenn zur alten Melodie das zeitgemäße Lob gesungen wurde:

Tanz, Kreisel, tanz,
die Straß' ist wieder ganz,
der Vater baut ein großes Haus,
die Mutter sucht die Steine aus,
tanz, Kreisel, tanz.

Um vieles ungelenker wollte Brecht dem infantilen Gassenhauer einen neuen Sinn verordnen, als er länderübersteigend und elysisch schrieb:

Flieg, Drache, flieg,
am Himmel ist kein Krieg,
und reißt die Schnur,
so fliegt das Ding
hoch über Moskau bis Peking,
flieg, Drache, flieg.

Ganz offenbar war schon die Vorlage vom kriegsmüden Marienkäfer so fade, dass sie weder Sowjetmensch noch Reisbauer veredeln konnten, doch im Geiste überflog sie stolz die Kontinente.

Hier vor Ort jedoch geriet die neue selbsternannte Hauptstadt nicht nur publizistisch aus den Fugen, immerhin ersparten unsere Steineklopfer im Verbund mit ihren Trümmerfrauen dem burschikosen, doch noch äußerst anfälligen Staatsgebilde freiwillig gut fünf Millionen Mark. Nur Unverfrorene oder Ahnungslose könnten heute darauf verfallen, zum gleichen Preis ein gut erhaltenes Mietshaus der Allee auf eigenem Grunde zu erwerben. Zwar wird nach wie vor charlottenburgert, sie sei fünfzehn Kilometer weit entfernt vom Zentrum, somit allenfalls am Rand der Stadt gelegen, aber die Bewohner dieser Straße haben einschlägige Kenntnis, wie es früher oder später jeder Blasphemie ergehen muss. Und vielleicht sieht man gerade daher und in immer größerer Zahl die fastfood- und bigmacverhetzten Weltenbummler über Stalins Boulevard flanieren, die hier anderes als KaDeWe, Kempinski oder Kranzler suchen; 1952 aber lud der Kudamm noch als Erster zum Spaziergang ein, er war zum großen Teil schon wieder hergerichtet und Berlins Adresse Nummer eins. Wer heute aber wieder gern das Brot der frühen Jahre schnuppert, schnauft sich auch ein bisschen durch die ganze Pracht des Aufatmens nach 1945, und er sucht ein wenig auch in unserer Straße die verlorene Zeit der ehrgeizigen Habenichtse, die sich selbst noch vierzigjährig und im Gouvernantenrock als strenge, aber anmutige Feen verstand.

In aller Regel kommen die Besucher, den gelöst-floralen Schwung noch passioniert im Herzen bergend, aus dem Westen, das ist hier auch geographisch zu verstehen und meint den Alexanderplatz, das Areal im Zentrum, das sich westlich der Allee befindet und noch jedes einfühlsame Herz erschüttern konnte; mancher der Besucher wird »Bonjour Tristesse« bis hierher wohl mit »Guten Tag Berlin« ins Deutsche übertragen. So betritt er unsere Geschichte zwar durch ihre Hintertür, doch anders als im Krebsgang hat man sich noch nie erinnert. Hier am Strausberger Rondell, dem Platz mit seinem übergroßen Wasserspiel, in welchem man bei Sonnenschein den vielzitierten Regenbogen sieht, stehen die zuletzt vollendeten, mithin die jüngsten Bauten der Allee, und deren allerjüngster ist der wundersame Brunnen aus Nirosta-Stahl. Ein Wasserreifen hält die Schwebe zwischen den Fassaden, er gab auch dem Brunnen seinen offiziellen Namen – Schwebender Ring, verspielt und leicht wie Schnitzlers *Reigen* für die loseren Naturen, schwer wie Wagners *Nibelungen* für die Grübler und Beladenen.

Glaubt man der damaligen Presse, nannte jeder ihn »Parteitags-Brause«, eine hausgemachte Mischung, dankbar wie respektlos gleichermaßen, so hat man die Landeskinder sicher gern durch die Artikel schimmern sehen. Und tatsächlich mussten die hier nie nach oben buckeln, sondern immer nur nach unten, wo die seltenen Waren oft zum Greifen nahe lagen, zum Daruntergreifen nahe, müsste man präzise sagen. Noch bis in die fünfziger Jahre fuhren Ostberliner Planschfamilien vor das Brandenburger Tor, den Kindern solche Wasserspiele vorzuführen, doch in den Folgejahren opferte man beide Brunnen des Pariser Platzes höheren Weihen. Mit dem neuen Wassersprudel fasste man die hingegangenen zusammen, und da jeder seinerzeit neun Meter hohe Wellen machte, sprengte unsere Fontäne nun mit achtzehn Metern in die Höhe, das war wiederum entschieden weniger als ein Entwurf noch dreißig Jahre früher. Da versprach der Führer, als er fünfzig wurde, seinem Volke eine Stadt zu bauen, und deren Zentrum zierte im Modell ein großer Brunnen am nunmehrigen Ernst-Reuter-Platz. Und diesen säumten wiederum vier Stelen, die auch Hermann Henselmann ursprünglich noch ins bauliche Kalkül gezogen hatte, schließlich aber siegte der historische Instinkt mit knapper Not, die Stelen blieben im Entwurf zurück wie schon des Führers hochherziges Stadtpräsent. Doch auch der neue Brunnen sah sich als Offerte, immerhin gehörte er zu jenen spritzigen Geschenkideen, die alle ausgezählten Jubeljahre wieder die Parteitagsstimmung heben wollten, und wie stets in einer zweckbestimmten Bindung wurden die Geschenke in genau dem Maße nobler, wie sich die Beziehung, einer Seite zum Verdruss, nun langsam, aber sicher löste. Für die gute Laune späterer vorwärtsweisender Zusammenkünfte brauchte es schon mehr als nur ein Wasserspiel, der zwanzigste Geburtstag der noch immer jungen Republik zum Beispiel packte 1969 immerhin schon den Vergnügungspark im Plänterwald mit seinem Riesenjahrmarkt auf die Festtagswiese, die am nächsten Morgen aussah wie nach einer Nacht im Freien und den Gästen dieser Party seinerzeit bereits Millionen auferlegte, ohne dass die sich deshalb umschlungen fühlten. So viel Heimlichkeit bot hierzulande die Parteitagszeit, den aber tiefsten Griff ins schlappe Haushaltssäckel machte der Palast der Republik erforderlich, und doppelt war insofern 1976 vor dem Neunten SED-Konvent die Überraschung, als Bedachte wie Bedenker ausnahmsweise gleicher Sinn vereinte: Dieses war ganz zweifellos ein Haus, das man sich schenken konnte.

Da nun jede wirkliche Erinnerung mit einer echten Täuschung ihren Anfang nehmen muss, gehen wir dem angebotenen Schwindelkurse nach und starten die Visite trotzig am Finale der Allee. Gerade so gelingt es uns am besten, den Impulsen ihrer Schöpfer artig nachzugehen und hier von einem Pathos des Erbaulichen gepackt zu werden wie beim Eintritt in ein sakrosanktes Haus. Der Neue Mensch, er sollte gläubig, sittenstreng und durstig allenfalls nach großen Taten sein, denn immerhin war er bereits die Krone jeder Schöpfung, und im Führungsanspruch aller Schaffenden sah sich die Gattung selbst ins säkulare Paradies versetzt; vor dessen Pforte aber riefen Engelszüge mit Fanfaren noch einmal zum letzten, diesmal unumkehrbar siegreichen Gefecht.

Im Vorhof des erdachten Paradieses war es da noch eher zugig, und der »Frische Wind«, der auch der einzigen Satirezeitschrift ihren Namen gab, blies hier den meisten ganz erbärmlich ins Gesicht und trieb so manchen aus dem Neuen Leben fort ins alte Paradies der Parasiten. Derweil focht die Spötterredaktion:

Mit scharfer Klinge
gegen alle Meckerlinge

und tat äußerst unversöhnlich, als die Zeit schon lange
wieder nach Satire schrie. Die Illustrierte Zeit im Bild
ermahnte ihre Leser ernster, las man doch an dieser oder
jener unzerstörten Kirche noch die Inschrift, dass in Gottes Haus ein jeder Wohnung fände. Als die Zeitschrift
endlich wieder auch mit einem lang ersehnten Kalenda-
rium das Neue Jahr begann, servierte sie nun mütterliche
Warnung im gelungenen Vers für alle frommen Mieter,
die demnächst ins Haus zu stehen drohten, als sie riet:

> *Wen Gott auf dieser Welt verdammt,*
> *den schickt er auf das Wohnungsamt,*
> *doch eine Wohnung kriegt er ganz bestimmt,*
> *wenn Gott ihn wieder zu sich nimmt;*
> *drum prüfe, wer sich ewig bindet,*
> *ob er auch wirklich eine Wohnung findet.*

Aber auch die antiklerikale Führung und ihr bartbe-
wehrter Obmann wollten seinerzeit mit ihren Gläubigen
das Jammertal des Irdischen geschwind durchschreiten,
und die Vorstellung »So tritt nun ein in unseren Dom«,
sie mochte damals der Erneuerungsansatz sein, der all
den Abgefallenen und Verführten ein im Wortsinn fest-
gefügtes Leben wiederbringen sollte. Jenes Minimum an
Trost verhieß zugleich ein Maximum an Wohlfahrt, aber
vorerst noch lag zwischen beiden eine tiefe Grube. Die
war im Versprechen zwar gedanklich übersprungen, aber
baulich aufgelöst hat man im Deutschen diese Crux von
jeher durch das Lieblingsmonument – den Turm. Stand-
festigkeit und Dauer bauten sich so vor dem Volke auf,
die Schatten reichen bis hinein in seine festen Redewen-

dungen, und mancher später dekorierte Dichter hat mit einem Türmer im Gedicht zum ersten Ruhm geblasen. Doch vor allem auch nach Kriegen, nach Verheerungen und Katastrophen trat die Vertikale auf den Plan, denn nach historischen Desastern sollte man nach vorn blicken oder gar in lichte Höhen. Lots Schicksal aber drohte allen, die den Blick nach rückwärts wenden, sich des hinter ihnen Liegenden noch einmal vergewissern wollten.

So fühlt man sich beim Betreten der First Avenue der Fünfziger fast überrumpelt, denn eröffnet wird sie unvermittelt wie von einer Riesenpforte durch die beiden Hochhaustürme; wuchtig, trutzig, erdgebunden stehen sie zur Linken und zur Rechten. Immer schon im deutschen Burgenbau hat die Synthese zwischen Turm und Tor gleich zweierlei bewirken sollen: Begrüßung und Willkommen einerseits in freundlicher Gemeinschaft, zugesperrte Türen und wehrhafte Fassade andererseits bei drohender Gefahr. Und überdies sollte der Gast stets von der Mächtigkeit der Tore schon auf die Betuchtheit all der Bürger schließen, welche sie beschützten. Bei dem Wohlstand jener, die nun hinter diesem Tore wohnen würden, mag das paradox erscheinen, aber gerade das Paradoxe ist vielleicht die Logik ihrer Auftraggeber, welche seinerzeit schon markig drohten:

Unser die Straße – unser der Sieg.

So mag der Neubeginn auch geographisch konsequent erscheinen, er führt fort vom alten Zentrum, weg vom Bummelsteg der totgesagten Müßiggänger der Geschichte, forsch hinein ins neue Leben, dessen prominente Magistrale uns stadtauswärts und nach Osten führt. Ganz sicher sollte sie auch jene alte Achse zwischen den Berliner

Schlössern Bellevue und Friedrichsfelde neu markieren, aber früh schon wollte man es hier dem Westen eher zeigen als sich wirklich ihm verbinden. Offenkundig nicht nur eine bauliche Zäsur, auch einen Fluchtpunkt der Geschichte wollte dieser Platz bestimmen und im übertragenen Sinn als Eintritt in die neue Stadt wie in die neue Zeit verstanden werden. Stets als schwungvoll-ungestüm sollte sich die künftige Epoche präsentieren, versehen mit einer festlich-heiteren Note, welche in den Schwingungen der Platzwände schon ihren Ausdruck suchte. Dass sich dieser Schwung dann in so schroff-soliden Grenzen hielt, war zu Beginn der Fünfziger noch nicht so abzusehen; doch klar war damals schon – hier wird die kleine Welt zur Großbaustelle.

Damals schrieb ein Zeitgenosse, dass kein Schauspieler wohl jemals mit erhabeneren Gefühlen eine festlich dekorierte Bühne unter seine Füße nahm als unsere Menschen diese schöne Straße. Ihre Häuser glichen ihm ganz jenen, wie sie die Riviera säumten, beispielsweise Splendid-Palace, das Hotel am Strand, wo der Kollege offenkundig häufiger Quartier nahm. Allerdings hat die Allee niemals auf ein Hotel verweisen können und ist so in einem völlig unverhofften Sinne ebenfalls historisch: als ein seltenes Beispiel für den rechnerischen Realismus auch der Planwirtschaft. Zwar staunten häufig größere Touristengruppen von den Zeitungsfotos, aber die waren offenbar tatsächlich von weither geholt, denn in der abendlichen Straße traf sie niemand, und so baute man den umgekehrten Heinzelmännern, die man nur am Tage sah, auch keinen großen Fremdenhof. Doch in den Häusern der Allee logierten vorzugsweise kleine Leute, Arbeiter und Angestellte, die den wissbegierigen Reportern aus der Sicht des Küchenfensters oder vom Balkon herab versicherten, sie seien die glücklichsten

Familien in ganz Deutschland. »Nichts ist dümmer, als das Gute zu verneinen, wenn man es mit eigenen Augen sieht«, bedeutete ein westlicher Besucher seiner noch nicht völlig überzeugten Gattin, die bezweifelte, dass hier auch Arbeiter zu Hause sein. Nichts einfacher, als selbst nachzusehen, »man wird uns nicht gleich als Spion verhaften«, scherzte er zum Abschluss der zitierten Episode.

Die geplante Straße aber sollte dauerhaftes Muster eines Mikrokosmos sein, der vielen manches bot und später, falls die vielen auch in Zukunft botmäßig und fleißig blieben, jedem sogar alles; letztlich war auch der Marxismus selbst nur daher allmächtig, weil er harmonisch, abgeschlossen und einheitlich daherkam. Doch zumindest weckte die Allee Erwartungen, wie sie die Mehrheit fraglos hegte, denn der kleine Organismus dieser großen Häuser schien fast alle Grundbedürfnisse und manch private Sehnsucht zu erfüllen; die Gesellschaft galt noch längst nicht als geschlossene, und wo der Teller sich bedeckt hält, braucht der Blick sich nicht zu heben, nicht einmal hinüber über dessen breiten Rand, geschweige denn zum nahen Horizont.

So ließ auch der in Stein gehauene Monolog aus Goethes *Faust*, der zwischen Beletage und Eingangstür am Haus des Kindes klassisch prangt, schon von Beginn an keinem Zweifler eine Chance:

> *Solch ein Gewimmel möchte*
> *ich sehn, auf freiem Grund*
> *mit freiem Volke stehn.*

Die Bauherrn sollten zu »Vollstreckern« avancieren, die entschlossen-liebevoll das klassische Ideal ganz praktisch aus dem 18. ins 20. Jahrhundert holten; gleichermaßen sollte durch ihr Beispiel auch die allerletzte deutsche

Schuld für immer abgegolten sein. In »Nationalen Do-
kumenten« zur historischen Mission und noch viel mehr
zur zukünftigen Rolle sprach man von der jungen DDR
ganz unbekümmert als dem »Dritten Teil des *Faust*«. Noch
heute prangt die Inschrift unbesieglich überm unteren
Entree der Straße, doch den auffahrenden Blick droht
längst schon der Epochenknall zu blenden. Mittlerweile
ziert das Dach des Hauses überlebensgroß der Schriftzug
Coca Cola Coke, und niemand zweifelt bei der Wucht der
neuen Lettern, wessen Sieg historisch hier Vollstreckung
fand. Zumindest der Methode, welche »national in ihrer
Form und fortschrittlich in ihrem Inhalt« auch den Rea-
lismusanspruch ihrer Auftraggeber mit verbauen sollte,
setzen sie entschieden einen drauf.

Uns aber kümmert die Verstiegenheit nur wenig, und
wir werden sie nun flugs durchtauchen; steinerne Ar-
kaden führen uns endgültig ins so aus- wie einladende
Rund, das die Allee eröffnet. Jede Säule dieses Wandel-
gangs ist seltsam zierlich und massiv zugleich und setzt
schon früh Signale, dass die Straße vieles bieten mag,
nur eines nicht – Proletkult arrivierter Zuckerbäcker,
und auch insgesamt ist unsere Straße, wenn auch nicht
gerade wohlhabend, zumindest viel zu reich gegliedert,
um sich stalinistisch zu genügen. Fast barocken Reichtum sollte sie versprechen, spiegeln konnte sie ihn nie.
So mancher Pavillon aus Schinkels Werkstatt stand hier
dennoch Pate, und der Baumeister hatte auch sonst am
Fundament der Straße preußisch, also kräftig mitzumi-
schen. Ganz besonders publizistisch, denn da mussten
sich die Arbeiterpaläste Walter Ulbrichts von Beginn an
Interpreten lausig-hämischster Natur erwehren. Schließlich hatte man den Bau begonnen auf dem Höhepunkt
des Kalten Krieges, und da mochte Schinkel integrierend

wirken und integer als historische Figur; hiesige Bauarbeiterstiefel sollten jedenfalls auf seinen Spuren sicher in die lichte Zukunft stapfen. Sonst nämlich besaß das Unternehmen in ganz Deutschland, wenigstens in den Fiktionen seiner Auftraggeber, nirgendwo ein Vorbild; zu groß war die Pioniertat, sie mit irgendeiner anderen zu vergleichen. Der Berliner Klassizist verbürgte überdies solides Preußen und lokales Kolorit; für wichtiger noch galt den Planern Schinkels Glaube in den ungeteilten Nationalstaat, der im Jahre 1952 noch entschieden näher war als später dann, im Ausgang des Jahrzehnts. Und nicht zuletzt bot Schinkel auch Erhaben-Folkloristisches, doch das hieß seinerzeit hier noch: das Volkstümliche.

All die großen Schaufenster, die den Betrachter heute erwarten, können nicht mehr ganz so einfach eine Vorstellung vermitteln, was darunter zu verstehen war. Die ausgesprochen volkstümlichen Auslagen, die vierzig Jahre lang die Produktion der volkseigenen Werktätigen präsentierten und die allzeit den gesenkten Blick besorgten, sind verschwunden. Damals waren sie nicht nur vorgelagerte Verkaufsflächen, sie waren auch Vorposten für Schlachten, die man ökonomisch siegreich schlagen würde, doch von den Betrachtern ahnte sicher niemand die strategische Bedeutung dieser Späher mit den großen, blanken Schilden. Mittlerweile ist die lange Finsternis hier eingezogen, bis die Claims neu abgesteckt, die Ladentische neu vergeben sind. In ihren fetten Jahren schützten hier fast hundertfünfzig Läden, alle staatlicher oder Genossenschaftsbesitz, die tüchtigsten Geschäfte vor, bald sollen die Überlebenden sich sämtlich in privater Hand befinden, noch aber sind weitaus mehr im Umbau als tatsächlich im Geschäft.

Wir halten uns nun weiter rechts, um uns das Kinderkaufhaus, das inzwischen schon zum Kaufcenter mutierte, von der Vorderseite anzuschauen. Als man es

»Bau der Karl-Marx-Allee, Hochhaus Weberwiese. Richtfest, am Gerüst Porträts von Stalin, Otto Grotewohl, Wilhelm Pieck, Walter Ulbricht und Transparent ›Die neuerstehende Deutsche Hauptstadt Berlin wird zum Symbol des Lebens der deutschen Nation‹«

seinerzeit eröffnete, erschien der greise Präsident des jungen Landes noch persönlich, ohne dass das Fernsehen kam, das probte gerade erst die frühen Bilder. 1952 war in Adlershof um Haaresbreite der Triumph geglückt, die seinerzeit noch abzählbaren Zuschauer schon eine Woche vor der Konkurrenz im Westen mit so manchen weihnachtlichen Impressionen zu beschenken, und man feierte ihn als den Sieg der Schaffenden. Die norddeutsch-öffentlichen Gegner gaben sich bescheidener, »Wir wünschen uns, dass Sie uns freundlich ansehen«, sprach ihr erster Intendant vor Neujahr, und er ahnte sicher kaum, wie wenig freundlich schon das erste Jahr sich in den Flimmerkästen niederschlagen würde. Später sah man die gefilmten Helden aus den Sandmannstudios oft livehaftig auf der Puppenbühne des Theaters, das zum Haus gehörte und den Kindern einerseits die Preisdebatten ihrer Eltern, andererseits den Eltern die bekannten Nörgeleien der Pioniere leichter machte. Meistgespieltes Stück war das vom Kater, der mit beiden Stiefeln fest im Neuen Leben stand und schließlich den verdammten Popanz fraß, doch ging es sicher nicht um diesen Sinn, vielmehr um seine arg- und ahnungslosen Fragen:

»Wem gehören denn alle diese Äcker?«

»Wem gehören denn all die Wiesen mit dem Heu und mit dem Vieh?«

»Und wem gehören denn diese Wälder?«

War der Katechismus durchgeklappert, gaben ihm die Kinder trampelnden Bescheid und riefen, immer wieder den Besitz anzeigend: »Uns«, nur »uns« und nochmals »uns«.

Auch Rotkäppchen rief hier gelegentlich die angegriffenen Besucher auf, im deutschen Walde den Gedanken an ein friedliches und freundschaftliches Miteinander zu verbreiten. So nur waren Fuchs und Wolfspelz zu besiegen, wenn sich Hase, Eichkater und alle anderen Vögel gegen ihre Peiniger verbündeten. Die Pioniere rückten nach der bühnenreifen Unterweisung kräftiger erklärten Feinden auf den Pelz, zum Beispiel den drei bösen »U«, die sich als »Ungezogenheit«, als »Unruhe« und »Unordnung« ins neue Leben eingeschlichen hatten, doch die ABC-Schützen vertrieben traurige Vokale wie das Dichterliebchen »U« im Handumdrehen, es wurde einfach nicht gebraucht, wenn man im Liede hell die Sonne scheinen ließ. Sie trugen danach nicht nur stolzer noch ihr Tuch am Hals, vielmehr auf ihre Art entschiedener auch ihr Scherflein bei zur Finanzierung der Allee: So hingen in den Schulen große leere Tafeln, die im gnadenlosen Wettbewerb mit Ziegeln aus Papier symbolisch zuzukleben waren. Der Preis war nicht symbolisch, jedes einzelne der Steinphantome kostete zehn Pfennige, doch dafür hafteten die Papperfindungen zuweilen länger als die originalen Kacheln der Fassaden, Erstere hörte man nach schon zwei Jahren auf die Straße poltern, zum Entsetzen nicht nur junger Eheleute und verstockter Tassensammler, die sich zwischen Anrichte und dem Büfett der guten Stube eben einzuleben drohten und befürchten mussten, dass der Goldrandsozialismus sich samt *Parsifal*-Kaffeegeschirr und *Rheingold*-Kelchservice in Scherben stürzte. Allenfalls die Plaste und Elaste wussten solche Katastrophen zu vermeiden, als der Elefant für lange Zeit ums Porzellangeschäft vergeblich strich. Auf dieser Höhe gehen im übrigen der einheitlichen Straßenrandbeleuchtung erste Lichter auf, sie aber loben noch ein bisschen die Gesellenstücke Albert Speers, als der noch schön und fast zurückhaltend im Kleinen werkelte und nicht befeuert war vom Drang zum Großen. Zwischen Siegessäule und Charlottenbrücke kann man seine Kandelaber heute noch betrachten, sie entbehren des Gigantischen vollkommen; später hat Canetti hinreichend die größeren Entwürfe Speers beschrieben, auch und ganz besonders ihren Anteil für die folgende Enttrümmerung, die hier die Aufstellung von rund viertausend Scheinwerfern erforderte. Das dunkle Treiben und das Nachtleben der fünfziger Jahre zu erleuchten, brauchte man entschieden weniger. Noch in den frühen sechziger Jahren witzelte ein Staatsgast aus der Moldaurepublik, dass die Allee um zwanzig Uhr so turbulent sei wie der Wenzelsplatz um vier Uhr morgens, die Genossen schmunzelten verdrossen, aber 1968 sorgten sie dafür, dass auch der Mittelpunkt von Prag für lange Jahre nicht mehr das blieb, was er einmal war.

Auf unserer Einkaufsstraße sah man derweil nur am Tage die Bevölkerung der ganzen halben Republik nach seltenen Produkten unterwegs, ob nun im Wartburg 311, der seit dem Jahre 1956 Eisenachs Mobilbau krönte, oder im Trabant 500, jenem Kleinwagen mit Weltniveau, der dann seit 1958 mit nur fünfundachtzig Phon durchs neue Leben summte, aber mit genauso vielen Stundenkilometern. In dem kleinen Autolande glichen beide immer einer unvollständigen Familie, der wie nach dem Kriege überall der Vater fehlte. Drall die Limousine mit dem lebensrauen Klang, daneben keck und spitz der zugehörige Trabant, ein dritter fehlte weithin sichtbar allezeit. Die Brudervölker schafften es reihum, zumindest einen Wagen vorzustellen, der auch außerhalb der eigenen Grenzen nicht sofort zu Menschenansammlungen führen musste, selbst Rumänien kupferte französisches Format, die Patrioten hierzulande konnten diese Kränkung niemals ganz verwinden, wenn sie mit dem einen oder mit dem anderen landeseigenen Modell im Zweiertakt durch die geliebte Heimat tuckerten. Der letzte Hoffnungsschimmer, deutsche Autobaugeschichte fortzuschreiben, fuhr schon mit den ersten Prototypen in den Fundus, allenfalls im Raritätenparkhaus staunt man heute noch über einen handgearbeiteten DDR-Mercedes mit dem Namen Sachsenring oder den volkseigenen Armeleuteporsche, ganz aus Pappmaché und einigen Venylchloriden, den P 70 mit der unvergleichlichen und lichtdurchströmten Pontonform. Die letztgenannte Type baute man im Hochgefühl der Zeit sogar als extraflaches Sportcoupé und stopfte so die Schandmäuler, die aus dem Namen des Modells auf seinen Materialwert schlossen, wenn sie frech behaupteten, er sei aus siebzig Nägeln und diversen Pressstoffpappen hergerichtet. Niemand mochte so, aus einsehbaren Gründen, schon von einer Blechlawine reden, doch auch diese wälzte sich bereits durchs ganze Land, das sich schon längst zum Ordensstaat gemausert hatte. Walter Ulbricht ehrten früh die Pioniere schon als »Goldenen Schneemann«, Erich Honecker als ihren Ehrenpionier. Und Erich Mielke, dem bekanntlich jeder Sinn für Infantiles fehlte, ließ sich lieber zum »Verdienten Eisenbahner« küren, während sein Vier-Sterne-Generals-Kollege Hoffmann sich den Titel »Ehrenobstbauer« ans silbrig blinkende Revers zu heften wusste. Als der unrühmliche Saarländer dann 1989 die Geschäfte noch für kurze Zeit an seinen aufgeräumten Nachfolger zu übertragen glaubte, wurde ihm zuerst der »Ehrenpionier« entzogen – Kindermund tut Wahrheit kund. Die ruppige Verkehrsform mochte viele überraschen, doch schon 1952 forderten die Straßen ganz genauso viele Opfer wie die Kriege 1870/71, so historisch gab sich damals ein Verkehrsminister und erinnerte bei solcher passenden Gelegenheit zugleich die letzten Unternehmen, die die Deutschen siegreich angezettelt hatten.

Folgt man als Besucher nun dem sanften Halbkreis unseres Platzes rechterhand, wird die schon längst entflammte Neugier auf die Büste von Karl Marx gelenkt, die hier Gelassenheit und Gleichmut preist, denn beides ist vonnöten für die unverdiente Durststrecke in Sachen »Gut gekauft ist gern gekauft«, die jetzt zu absolvieren ist. Als Denkmal nimmt das Standbild niemand ernst, es gibt sich fast als Understatement in dem großen Rund, verdankt es sich doch selbst den Führungsschwächen und historischen Vergesslichkeiten der Geschichtemacher. Als der große Sohn aus Trier vor einem kugelrunden Jubiläum stand, erinnerten sich seine selbsternannten Erben erst an dieses feierliche Datum, als selbst schnellste Modellierer, die schon ganze Hundertschaften aus der Form gezogen hatten, nichts mehr hätten für ihn tun können. Da blieb nur der Griff ins Magazin, das größte Exemplar erklärte man zum Trostpflaster und klebte es am Rasen vor der Apotheke fest, von wo der Klassiker seit langem schon nach Westen schaut. Aus Fairnessgründen hat schon dieser wie auch alle anderen Teile der Allee großzügig Fluchten in ihr Hinterland gelassen, und Enttäuschte können jederzeit das Weite suchen oder einfach umkehren. Auch zur U-Bahn kann man in gefälligen Etappen untertauchen, wenn sie ursprünglich auch nicht gerade errichtet wurde, um sich mit ihr abzusetzen.

Mit der U-Bahnlinie E
zu den Läden der Allee,

so fuhren die Verkehrsbetriebe damals unsere Menschen an. Geblieben ist von all den Läden vorerst wenig, immerhin hat das Diätgeschäft sich nicht gebeugt. Auch wenn es all die Jahre nur gesunde Dropse gegen überflüssigen Ballast zu bieten hatte, als im Westen jeder noch so

Hartleibige schon mit Abführschokolade sich ein leichteres Leben machte, setzte es doch immer schon viel stärker auf den Wandel als den Handel – so ein wirkliches »Reformhaus« also bleibt im Recht und ist historisch in der Ordnung.

Hermann Henselmann gilt vielen als der Baumeister der Straße, weil er sich auf Wesentliches konzentrierte; jene Häuser zwischen Ein- und Ausgang der Allee erschienen ihm nicht gerade attraktiv; die großen Wohnblöcke, die zwischen beiden zu errichten waren, überließ er anderen Architekten. Er hingegen sicherte sich die Objekte, die Kultur- und Kunstgeschichte gleichermaßen schreiben sollten, und so ist es nicht verwunderlich, dass hinter unserem Entree die Straße hin und wieder auch an Glanz verliert, bis wir uns später langsam ihrem imposanten zweiten Tore nähern. Henselmann, der in den zwanziger Jahren Villen projektierte, die auch seinen Bauhauslehrern Eindruck machten, musste für den Zuschlag beider Plätze seine ursprüngliche Bauauffassung fahren lassen, ein ganz sicher misslicher Triumph des Willens. Dennoch fanden die Entwürfe erst nach strengstem Ritual den Segen seiner Auftraggeber, eine Papstwahl konnte nicht geheimer sein, und die entscheidende Klausur fand selbstverständlich ohne ihren Schöpfer statt. Der Bauhausschüler aber dekretierte nun das Ende der Moderne, der er mittlerweile vorwarf, nicht nur hässlich, sondern überdies auch unsozial zu sein: »Was für Empfindungen kann man haben, wenn man eine Siedlung betritt, in der alle Haustüren gleich sind und man Mühe hat, unter den vielen gleichartigen Eingängen den Einschlupf zu finden, in den man hineingehört. Man hat das Gefühl, eine Nummer zu sein, ein ganz kleines unbedeutendes Rädchen im großen Getriebe der Welt. Wir wollen die

Benutzer unserer Häuser nicht klein machen, sondern groß machen.«

Später reuten ihn die starken Worte oft, zumal man ihn noch häufig in die Pflicht nahm, sie auf öffentlichen Abhaltungen wiederaufzulegen. Praktisch tat er später Buße, als er 1961 die Kongresshalle am Alexanderplatz verkuppelte und mit dem Haus des Lehrers ins harmonische Ensemble fügte, das sich 1964 schloss. Und auch der Lieblingsvorstellung von Walter Ulbricht, alles drehe sich nur noch um ihn beziehungsweise um sich selbst, vermochte Henselmann mit einem Bauwerk zu entsprechen: Die Idee zum Fernsehturm mit dessen kreisendem Café kam ihm schon 1958, als man seine harten Worte über die Moderne aus den frühen Fünfzigern schon fast vergessen hatte.

Die schon seinerzeit rhetorisch klein gemachten Siedlungsbauten waren da noch ein bewährter Trumpf des neuen Erzfeindes, und kein Vertreter der Sozialdemokratie vergaß, mit diesem Pfunde hin und wieder auch zu wuchern. Daher wurden hier die frühen Anwürfe der Kommunisten aus den zwanziger Jahren wieder aufpoliert und zeitgemäß in Form gebracht – und die soziale Wohnidee verlor zum wiederholten Male ihre Häuslichkeit. Denn als der deutsche letzte Kaiser schon zehn Jahre lang in Holland wie ein Waldarbeiter lebte, allerdings wie einer in den eigenen Fluren, sah die Führungsriege Thälmanns ihre Felle mächtig in der Strömung und polemisierte ganz besonders gegen den sozialen Wohnungsbau, der gnadenlos politische Gewinne in das gegnerische Lager karrte und dem Stehkragenproleten zuarbeitete. Das Glanzstück der Reformarbeit trug der Sozialdemokratie den steten Vorwurf der politischen Erblindung ein, da es die Bodenfrage unberührt und außer Acht ließe, mithin nur Friedensangebot statt Kriegserklärung an die Spekulanten sei. Das hieß in jenen Jahren schon, und noch viel stärker 1952: Reformismus, der gab mühsam schon eroberte Gelände in den Klassenschlachten preis und war ein schlimmer Schritt nach hinten, so zumindest wurde es ihm nachgesagt. Das Teuflischste jedoch war seine Ausstrahlung auf jenen wurzellosen Kleinbürger, und alle Argumente im parteipolitischen Gewand umschrieben nur die Furcht vor dessen Wankelmut. Man wusste schließlich, wozu all die Angestelltenseelen fähig waren, auch ohne sich auf antiquierte Essayisten zu verlassen. Es genügte, sich der eigenen kleinen Jugendträume zu erinnern, die sich nie erfüllen ließen, und aus wortgewaltigen Tribünenrednern sprachen unversehens spätvollendete Meister ihrer Zünfte. Denn schon lange vor den Bildern, die die Landesväter in historischen Gefechten oder in gewaltigen Missionen zeigten, wurden andere Fotos aufgenommen, so vom stolzbefrackten Wilhelm Pieck als hoffnungsfrohem Handwerksburschen, dessen ungestümer Blick vielmehr auf eine eigene Tischlerei als auf den Klassenkampf gerichtet schien. Und Walter Ulbricht, Piecks Kollege aus dem Schreinerhandwerk, packte auch nur widerwillig seine Innungspläne in den Schrank, wie Ausflugsbilder aus den Jugendtagen des Gesellen zeigten.

So sprach später aus so mancher Rede der zurückgesetzte, nicht zum Handwerksmeister arrivierte Tischler, der viel lieber in der Kleinstadt reüssiert und sein privates Glück gefunden hätte. Jedes noch so kämpferische Wort schien eingefärbt von biographischem Verdruss und vom Sozialneid, so als wollte man den saturierten Weggefährten aus der Jugend zeigen, wem die Meisterehre letztlich wirklich zukam, und die Vorstellung vom »Überholen ohne einzuholen« mochte später unbewusst auch dafür stehen.

Den wohlverdienten kleinen Missmut stellte man jedoch fürs Erste und wie immer in den Dienst des Großen Ganzen, und das Große Ganze hatte die Mission, die Folgen der vorangegangenen tausend Jahre zu beseitigen. Die Deutschen hierzulande waren glücklich bei den Siegern der Geschichte angekommen, es genügte vorerst, dankbar oder auch nur duldsam unter ihnen auszuharren. Niemand wurde mehr nach dem gefragt, wie er vielleicht zehn Jahre früher seinen Tag verbrachte, und die Zeit des Dritten Reiches hieß nur noch die »Hitlerdiktatur«. Man hatte längst die Karten aufgemischt zu einem Spiel, in dem der Neue Mensch als Joker unverzichtbar war. »Die Hitlers kommen und gehen«, hatte Stalin in verschwenderischem Plural dekretiert, die Deutschen aber merkten gleich, sie waren da gemeint und losgesprochen, und die tausend Jahre blieben so die Ära weniger verworfener Psychopathen und grotesk erscheinender Verdunkelungen.

Auch die Künste assistierten dieser Wunschvorstellung, Brechts *Arturo Ui* war da so hilfreich wie der Hinkel Charlie Chaplins. Dabei pflegte sein Diktator auf der Kinoleinwand ungefähr so ziemlich alle Laster, die ein Kunstwerk damals haben konnte, er war formalistisch, avantgardistisch, kosmopolitisch, und als sei das alles nicht genug, kam er noch aus Amerika. Doch wer das eine will, der muss das andere mögen, und zu tadeln blieb genug bei anderen Gelegenheiten öffentlicher Kunstausübung. Wichtig war allein, dass hier die Bösen lang schon aus dem Lande oder hinter Gittern waren, Unfriede demnach von draußen kam. Im Inneren dagegen herrschten Friede, Freude und demnächst der Sozialismus, den die Führung schon in Kürze einzuläuten glaubte. Aus den Chronometern tropfte noch die Zeit der einfachen und handhabbaren Wahrheiten, die man für populär und für durchschaubar hielt, doch für die meisten waren sie eher durchsichtig und lediglich als Rollentext bedeutsam, sich im kleinen Leben bis ins große Fach hinaufzuspielen. Denn der Theorie nach konnte man auch noch das komplizierteste Problem zurückführen auf die Frage ohne Rest: »Wer wen?«; an der war das weit Schwierigste für viele die Grammatik, und so mancher durchaus gutwillige Geistesarbeiter verstand sofort, dass diese Frage Geist und Macht auf Dauer nur gemeinsam lösen konnten.

Wir passieren nun die erste große Kreuzung, und mit ihr folgt das Erstaunen auf dem Fuß. Denn weniger, was hinter uns, als das, was vor uns liegt, erweist sich als misslungene Überraschung. Unsere Geschichte hat hier ganz unübersehbar ein gewaltig dickes Loch, und das schlug ihr die *Deutsche Sporthalle* ins leere Klassenkampfkontor. Noch ehe je ein Sportreporter, ein Athlet oder auch nur ein Volkssportler ihr Inneres betreten hatte, war sie im Besitz frappierender Rekorde, denn ein solches Bauwerk in nur hundertachtzehn Tagen aufzustellen, hatte in Europa niemand je zuvor vermocht. Zu den gesellschaftlichen Höhepunkten sollten unsere Menschen hier zu Tausenden hinein- und kampfbezecht und siegestoll wieder herausströmen. Man zog vorbei an Schlüters wohlgeformten Plastiken, die man noch aus den Trümmern des gesprengten Schlosses barg, doch trotz der schönen Leiber wirkte ihr Profil hier vornehm deplaziert; den Säulen des Entrees hätten mit Brekers oder Thoraks Recken bessere Patrone Schutz geboten, vielleicht hätten sie dem Bau zu dauerhafter Festigkeit verholfen. Denn ein solch Gewimmel wie geplant hat unser Sportpalast nur zu den Richtfesten in großer Zahl gesehen; immer, wenn ein neuer Wohnblock der Allee geweiht wurde, war den sechstausend Bauarbeitern feierlich zumute. Die versuchten dann die Sorgen ihrer Pioniermission in ebenso rekordeheischender Geschwindigkeit im Geiste zu ertränken, denn auf deren Wettbewerbskalender standen Munitionsunglücke oder Unfälle mit schwerer Technik ebenso wie die Blessuren, welche Normenhatz und völlig mangelhafter Arbeitsschutz verursachten. Ein solches Treiben hätte Kolossaleres erschüttert, wunder nimmt es daher nicht, dass irgendwann im Glanz der durchtrainierten Deutschen Sporthalle die ersten stumpfen Risse sichtbar wurden. Walter Ulbricht mag ein Übriges geleistet haben, als auf seine überlieferte Bemerkung:

Hier nun sind wir Jugendlichen unter uns, ja,

dionysisches Gelächter alle Wände wackeln ließ. Die waren, überdies, aus abenteuerlichen Materialien wie Karbidschlamm, Gips und anderem Ersatz gefügt, und später fand und bot die Halle so nicht länger Halt, sie wurde vielmehr schütter – schon gebrochen, eh' erblüht, der Aufgeklärte kennt das ganze Drama –, schließlich abgerissen und vergessen. Übrigens so sehr vergessen, dass beim späteren Einsturz der Kongresshalle im Westberliner Tiergarten bereits schon wieder so viel Witz die Leitartikler hiesiger Gazetten ritt, dem eigenen Volke diesen als symbolischen Zusammenbruch der deutsch-amerikanischen Verbundenheit zu deuten.

Ungleich dauerhafter schien dagegen allezeit die deutsch-sowjetische Zusammenarbeit angelegt, für die man in der Sporthalle stets gute Worte fand, obwohl das Domizil doch nur bescheidener Ersatz für einen ungleich kräftiger geplanten Bau der Freundschaft blieb. Das Herzstück in den Fantasien des Hobbyarchitekten Walter Ulbricht scheiterte am Untergrund, der sich bei näherer Betrachtung butterweich erwies. Wo bis zum Sommer 1951 das Berliner Stadtschloss stand beziehungsweise dessen spätbarocke Reste, damals noch in üppig großer Zahl, wollte der Städteplaner kurzentschlossen auch im Baugeschehen die Höhen der Kultur erstürmen, und die lagen ungefähr bei hundertdreißig Metern, so zumindest stellte er sich seinen Musentempel vor. Denn neben oder besser vor aller Kultur war der Palast Parteitagsmanifestationen vorbehalten, die nach würdiger Kulisse riefen. Doch die Höhe dieses wolkigen Entwurfes hätte nicht nur das sakrale Gegenüber, den Berliner Dom, erschüttert, sie erinnerte auch allzu sehr an den verstiegenen Turmbau, welcher gleichnishaft vor Überhebung warnte und nicht nur die Statik des Gebäudes zu gefährden drohte. Die Verwirrung, die nun dieser, wenn auch nur geplante Bau hervorrief, galt vielleicht als höheres Zeichen, die Allee nicht wie die Prachtstraße von Babylon, vielmehr als Boulevard der Werktätigen anzulegen.

Fast schon zwei Jahrzehnte vorher wollte Moskau weithin sichtbar seinerseits ein Zeichen setzen und das höchste Haus der Welt erbauen. Historistisch-monumentalistisch wollte man moderne Utopien für alle Zeit vergessen machen, ein pathetisch dekoriertes Hochhaus wurde projektiert. Als Krönung des gigantischen Projektes war das sechzig Meter hohe Leninstandbild anzusehen. Die überragende Idee wuchs über alles, was bislang nur irgendwo erdacht war, weit hinaus, doch niemals über ihre eigenen Fundamente. Denen stand das Wasser sehr schnell bis zum Hals, und Moskaus Einwohner bekamen so noch immerhin ein imponierend großes Freibad.

Die Parteitagsdelegierten hier jedoch waren doppelt unbehaust, denn weder die gigantische Variante noch die Sportausführung hielten baulich, was sie einst versprachen, und so zog es sie nun zu den großen Festen in die Seelenbinderhalle, nah den Schlachthöfen Berlins. Die war zwar hässlich, aber wenigstens historisch unbelastet, und man modelte das alte Kühlhaus um für hitzigere Zwecke wie Kongresse oder Amateurradrennen. Von den sauberen Tribünen ließ sich friedlich auf die angeschmuddelte Geschichte anderer Sportpaläste weisen; dort war nicht nur zum totalen Krieg gerufen worden, der im völligen Inferno endete, auch vielgeschmähte Profirennen der Sechstagefahrer fanden dort schon statt, als von den Alliierten noch den Deutschen untersagt war, sich beim Sport zu tummeln. Lange vor der Internationale in der Seelenbinderhalle pfiff der Walzer durch die Winterbahn des Sportpalastes, denn der gutdotierte Sport galt damals schon dem Westen ehrlicher als der missbrauchte Amateur. Der war schon unterm Hakenkreuz so seltsam selbstlos und vor allem viel zu wehrertüchtigend und daher erst einmal Tabu im Osten wie im Westen, doch im Osten hob man es besonders stürmisch wieder auf, dem populär gewordenen Pazifismus auf den schlaffen Leib zu rücken; später galt Gewaltfreiheit, wenn nicht für kriminell, für wenigstens genauso überlebt wie zweite Plätze bei Olympia. Auch die Seelenbinderhalle war nun endgültig zu schäbig, um tatsächlich als Parteitagsherberge zu taugen. Honecker erfüllte sich den Traum des Vorgängers und baute den Palast der Republik, begnügte sich jedoch zerknirscht mit einer Flachstrecke der Ulbrichtschen Vision, für gerade fünfhundert Millionen Mark, die der gesunde Staatsetat fast aus der Portokasse zahlte, glaubte man den trunkenen Bilanzen. Nicht zuletzt auch daher kam die Seelenbinderhalle paradoxerweise doch noch einmal kurzzeitig zu Ruhm, denn 1989 im Oktober wurde hier für kurze Zeit der Bock zum Gärtner und den Tausenden von Aktivisten der Partei die Nachricht überbracht, dass Egon Krenz demnächst die DDR zu einem Land des Lächelns führen wolle.

Alles das jedoch sehen wir aus sicherer Distanz, indem wir ausnahmsweise auf der linken Seite unseres metropolitanen Heimatfilms verweilten und uns für Momente gar aus ihm entfernten, mittlerweile aber orientieren wir uns wieder nach dem Rechten. Doch auf diesem Abschnitt eben würde ohne Seitenwechsel nicht plausibel, dass das provisorische Kulturhaus der Allee allein nur hier, auf unserer Höhe stehen konnte und ihm vorgelagert J.W. Stalin, Schutzbefohlener unserer Straße und der Vater aller Künste. Lange bevor beiden, Denkmal und Kulturpalast, durch diesen Hingang des athletischen Komplexes gegenüber ihr gigantisch-sportlich angelegtes Vis-à-vis genommen war, erschien auch dies Ensemble nur die Hälfte wert und fand nie zur Vollendung. Stalin thronte einsam auf dem Sockel seines Monumentes wie auch sonst auf seinem Feldherrnhügel, hinter ihm stand allegorisch nur noch eine Reihe schnell gepflanzter Kiefern, die begrünte die Verlassenheit des Marschalls nur sehr mäßig. Als er 1953 starb, fand selbst Picasso Zeit, für Frankreichs große Zeitschrift *Les Lettres Françaises* ein bieder-unheroisches Porträt zu zeichnen; die Genossen wandten sich mit Grausen ab und urteilten, dass sein Talent dem Großen Stalin nicht das Wasser reichen könne. Unsere Straße aber sah die erste große Manifestation, und die ertrank zwar nicht in einem Ozean von Tränen, doch in einem Meer von Fahnen und eröffnete den Reigen aller späteren Prozessionen, die sich dreieinhalb Jahrzehnte in den Straßenzug ergossen und die Staatsregie demonstrativ bejubelten. Zwei Monate zuvor schon war die Straße unfreiwillig Ort der Generalprobe, und die war wesentlich authentischer als die pompöse Inszenierung selbst, die Stalin hier die letzte Ehre gab. Den zwanzig Jahre alten Bauarbeiter Helmut Just, bereits der dritte Polizist, der an der Grenze sinnlos um sein Leben kam, erklärte man zum Hauptdarsteller in dem Stück, das ihrem Tod postum makabren Sinn verleihen sollte. Glaubt man zeitgenössischen Berichten, säumten Hunderttausende den letzten Weg des jungen Patrioten, der als Miterbauer dieser Friedensmagistrale von den kalten Kriegern hinterrücks erschossen wurde, weil er sich dem Schutz der Häuser als Soldat verschrieb. Die wirklich tragischen Akzente wurden ausgereizt bis auf den letzten Trumpf, die leidgeprüfte Mutter rief zum Friedenskampf und forderte die Neuformierung aller Menschen gegen die Agenten aus der Schöneberger und der Bonner Machtzentrale; später trug der letzte Zipfel einer Seitenstraße seinen Namen, die maß selbst zwar einen knappen Kilometer, aber Helmut Just war an der Leitartiklerbörse kaum noch einhundertundfünfzig Meter wert. Auf den weit größeren Rest der Straße setzte man den Namen Willi Bredels, der war in den zwanziger Jahren Aufständler in Hamburg sowie Thälmanns Eckermann und später Spanienkämpfer, schließlich proletarisch-revolutionärer Schriftsteller, der über beides Bücher schrieb. Doch in den sechziger Jahren reformierte er als deren Präsident die hiesige Akademie der Künste, graulte seinen Vorgänger, den Maler Otto Nagel, aus dem Sessel und vertrieb den Dichter Peter Huchel aus der Zeitschrift *Sinn und Form*. Als Hager gegenüber Huchel einmal klagte, das Periodikum erschiene ihm von Zeit zu Zeit so vornehm wie ein englischer Lord, erfrechte sich der Bildungsbürger zu der Antwort, dass er ihm das »englisch« sofort streichen würde in der Hoffnung, so dem Sekretär von seiner Arbeit einen deutlichen Begriff zu geben. Später nannten böse Buben dann das Blatt »Unsinn und Uniform«, ein Conferencier, der hin und wieder auch ein Büchlein schrieb und auf den Bretteln seine Schlankheitskuren referierte, rächte sich mit der Behauptung, dass er fasten könne wie er wolle, richtig hager würde er wohl nie.

Im Jahre 1964 wies man Grotewohl auf der Allee den letzten Weg, und 1965 fuhr man Erich Apel durch die Straße, der trug im Verein mit Günter Mittag für die Wirtschaftsstrategie Verantwortung, doch anders als sein unerklärter Kontrahent trug er auch deren Folgen und quittierte seinen Dienst im Stile eines alten Militärs – mit der Pistole.

1973 führte die Allee auch Walter Ulbricht und die ihn Begleitenden nach Friedrichsfelde; viele waren es ohnehin nicht mehr, doch populärer wurde nach ihm keiner – mit den Diktatoren sterben leider immer auch die Witze, mit den Witzen immer auch ein Stück alltäglicher Kultur.

Der Kommentator aber, der die Prozession bei Stalins Hingang in den Äther übertrug, fand Worte voller Schwermut, die die Erde Russlands weihten wie die Straße, über welche 1945 seine Panzer noch als Retter vor dem Endsieg kamen.

Wen so wie dich die Welt zu Grabe trägt,
des Herz im Herz der Völker weiter schlägt.
Dein Atem weht in unser Fahnenwehn,
dein Name lebt in unseren Alleen.

Der Imperator selbst war offenbar nicht ganz so überzeugt vom Unvergänglichen der eigenen Person und sollte damit recht behalten, denn auch hier schliff man sein Denkmal später nicht nur metaphorisch, sondern sehr direkt. Es wurde ein- und umgeschmolzen und kann heute noch betrachtet werden, allerdings weiß nur der Eingeweihte, welches von den Bronzemonumenten unseres Friedrichsfelder Tierparks seiner Seele Frieden gab; wo Büffel, Bär und Eiscafé seit 1955 den Bewohnern Ostberlins die durchsichtigen Zoobesuche Westberlins ersparen wollten, glückte Stalins Geist in einem animalischen wie eindrucksvollen Kunstwerk seine Reinkarnation. Schon sehr viel früher mochte er empfunden haben, dass der Bonus seines Sieges über Hitler selbst daheim sich zunehmend verlor, und so versah er seine Limousinen mit acht Zentimeter dicken Scheiben. Ständig prüften Sachverständige größeren Kalibers auch die Sicherheit der insgesamt rund dreißig anderen Wagen, allesamt gebaut im Stalinwerk und gleicher noch als je ein Ei dem anderen. Ein jedes Einzelteil war nummeriert, um Sabotageakte auszuschließen, und das Kremltor verließen immer mehrere von ihnen gleichzeitig. Die Leibwächter, die links und rechts als Kugelfänge vor den Fenstern saßen, waren nur Staffage des potemkinschen Szenarios; denn der zwischen ihnen zu vermutende Diktator saß derweil versteckt auf einem unbequemen Klappsitz und verfügte dort im Geist bereits den nächsten Austausch seiner Bodyguards. Das Schicksal seiner Fahrer wurde niemals Gegenstand von wissenschaftlich oder nur historisch Interessierten, dabei hatte Stalin schon im Jahre 1927 auf die außerordentliche Problematik ihrer Tätigkeit verwiesen, als er auf dem VIII. Kommunistischen Parteitag drohte, alle unverlässlichen Genossen seines Fuhrparks festzusetzen:

Eine Wendung ist eine ernste Sache, Genossen.
Eine Wendung ist gefährlich für Leute,
die im Parteiwagen nicht fest sitzen.

»An der Weberwiese in Berlin entsteht das erste Wohnhochhaus Berlins. Das neunstöckige Hochhaus wird 35 Drei-Zimmer-Wohnungen, zwei Läden und eine Hausmeisterwohnung im Erdgeschoß erhalten. Die Haupttreppe des Hochhauses wird ihr Licht neben künstlicher Beleuchtung von einem oberhalb des neunten Geschosses befindlichen Turmbau, der sogenannten Laterne, empfangen. [...] «

Chruschtschow fuhr noch bis in die frühen Sechziger in Stalins nachempfundenen Packards, dann ließ er sie bis auf einen niederwalzen. Breschnew dann fuhr später völlig ungeniert nur noch Rolls Royce, und da er nicht nur als Politiker ein Abenteurer war, blieb auch der Renommierkarosse manche Beule nicht erspart. Viel besser fuhr der Waidmann Honecker, der gern im Range Rover und klaren Blicks die bunte Strecke legte, um sich nicht beim Halali und Horrido auf der Kadaverpiste zu verirren, was leicht möglich war, denn ungefähr zehnmal so viel wie sonst in Wäldern üblich populierte rotes Wild in jenen Forsten, deren Hege ihm und manchem Kameraden hin und wieder sehr am Herzen lag. Doch Iljitsch sah sich nicht als Mufflonmuffel, er begriff sich als Gesamtkunstwerk, das neben ihm und dem Rolls Royce erst durch die Flasche Johnnie Walker ganz komplett geriet. Als er im Jahre 1978 Helmut Schmidt besuchte, nannte er ihn auf Schloss Brühl so manches Mal »Herr Brandt«; und wenn er hier und da eine direkte Rede hielt, so sang er dabei stets das falsche Blatt herunter. Als sein Assistent ihm einmal mit dem richtigen zu Hilfe kam, entschuldigte sich Iljitsch vor Millionen seiner Zuschauer und sagte in die Kameras: »Das war nicht mein Fehler, Genossen.« Als er 1982 im November starb, war schon vormittags großer Trubel in der Straße, junge Leute warteten mit Pappnasen und aufgelegten Sommersprossen auf den Start des Karnevals, im Radio aber brummte es elegisch, und der Sprecher seufzte alle paar Minuten seine Schreckensnachricht in den Sender. 1978 aber wirkte Breschnew auf den Bonner Zunftkollegen mindestens genauso hinfällig wie der Versuch des Kanzlers Schmidt auf ihn, für ein paar harte Mark im Jahr die schweren Waffen aus Europa zu entfernen. Patrioten waren rar vor eineinhalb Jahrzehnten, und die Deutschen stellten hier wie da die

Abschussrampen der Verbündeten vors eigene Gartentor. Entspannende Gemeinsamkeiten wie noch ein Jahrzehnt zuvor sah niemand mehr, die auffälligste vielleicht blieb, dass Erich Honecker und Nana Mouskouri im gleichen Jahr die Brillennote wechselten, doch keiner nahm die Geste der Vermittlung von verschiedenen Sichten auf. Mit jenen fremden, schnellen Autos aber hatte sich der Niedergang herangeschlichen, schließlich fuhr ein Staatschef in den fünfziger Jahren nationalgesinnt nur eigene Marken. Konrad Adenauer sah man im Mercedes-Benz und Charles de Gaulle nur im Citroën, Mao Zedong ließ sich im handgearbeiteten Straßenkreuzer »Rote Fahne« durch die autofreien Straßen Pekings fahren, als Bürgermeister Reuter noch im Käfer seine selbstgemachten Stullen aß.

Doch jetzt zurück in unsere Straße – da gastierten vor dem Stalinmonument ganz ohne vornehmes Getue und Gezänk die Mimen aus der Schumannstraße und der Circus Barley noch gemeinsam. Auch die Fußballspieler zog es nach den sonntäglichen Raufereien nicht ins Vereinslokal, vielmehr in die Verlängerung und auf die Großbaustelle. Und die schöne Helena, die Prager Nachkriegs-Callas, schminkte sich nur kurz in der Garderobe ab und eilte in die Straße, um am Lied des neuen Lebens mitzuschreiben. Für die Helfer gab es Kino kostenlos, für Lieder und Gedichte wurden große Wettbewerbe ausgeschrieben; ein Romanprojekt erörterten die Kollektive, das das Aufbauwerk im Zentrum sah, im Radio übertrug man monatlich die »Aufbaulotterie im Funk«. Denn für nur abgeführte drei Prozent des monatlich bezogenen Salärs bewahrte man sich seine Chance, per Los in eine dieser neuen Wohnungen zu ziehen. Und die erhöhte sich für Träger einer »Aufbaunadel«, welche in den Klassen Gold, Silber und Bronze zwischen fünfzig und einhundertfünfzig freiwillige Arbeitsstunden schmuckvoll honorierte, um ein Vielfaches. Von Anbeginn versuchte man bei der Vergabe jeden Eindruck zu vermeiden, hier entstünde eine Prominenten- oder auch Vasallenmeile, sondern wollte geradezu sprichwörtlich demonstrieren, dass Fortuna nur dem Tüchtigen gewiss sei. Sicher half man hier und da dem Glück ein wenig nach, denn auch der Querschnitt der Bewohner wollte repräsentativ erscheinen, vom Minister, wenn man den einmal für Höheres gelten lässt, bis hin zur Krankenschwester, vom allgegenwärtigen Beamten der Behörden bis zur Köchin, die der Fama nach demnächst auch das Regieren lernen würde, was hingegen viele Künstler, die hier Wohnung nahmen, schon seit längerem beherrschten. Später zog es alle höheren Chargen in ein Kiefernfort der nahe gelegenen Wälder, weil man aus der Perspektive relativer Ferne und gelassener Distanz die ganz alltäglichen Probleme objektiver sah. Die Ausgewogenheit, die schon Programm war, wurde so noch wesentlich egalitärer, und den letzten Ausgleich schufen die Bewohner selbst beziehungsweise deren Kinder, die in alle Winde trieben, bis sie irgendwann das Erbe ihrer elterlichen Wohnung übernehmen konnten. Mancher Winkelzug war dafür nötig, und es glückte durchaus nicht in allen Fällen, daher teilt die Straße heute das Problem von vielen Siedlungen der Aufbaujahre: Sie ist überaltert, und ihr Zustand ist beklagenswert.

Die Wohnkästen der schmucklosesten Bauart aus den Sechzigern, die nun die Lücken füllen, welche Stalins Denkmal und die Sporthalle so schmerzlich hinterließen, stören heute den großen Zug der Straße ganz beträchtlich; im Ensemble der Allee von damals schienen sie ein Vorgriff, wenn sie auch nur imitierten, was mit Plattenbauten großen Stils bereits im ganzen Land errichtet wurde.

Wir fliehen diesen Ort, an dem der Stil der Fünfziger schon in den frühen Jahren so notorisch einzustürzen drohte, und erreichen das *Café Sibylle*, eine jener zahllos-lieblichen Konditoreien, die in den Fünfzigern bereits ein Speiseeis aus seltenen Substanzen zu gewinnen wussten und sehr häufig *Petra*, *Margot*, *Karolin* oder *Nanett* zum Namen hatten, um nicht solche dekadenten wie *Pigalle*, *Moulin Rouge* oder *Bohème* zu tragen. Allenfalls ein *Beograd*, vielleicht noch ein *Dalmacija* wäre Jahre früher vorstellbar gewesen, aber die Agenten Titos hatten sich zu schwer am brüderlich verbundenen Sowjetvolk vergangen; längst waren von den Partisanen die historische Mission verraten und die Berge aufgegeben, um sich künftig nur noch an der Adria zu amüsieren. 1953 fuhr ihr Führer erstmals in den Westen und entlarvte sich sogleich endgültig vor der Internationale, als er würdelos von Churchills angestaubter Schulter einen Fussel wedelte; da konnte wohl noch niemand wissen, dass man vier Jahrzehnte später selbst der Titostraße in der City Belgrads einen neuen Namen geben und sie auf die »Herrscher Serbiens« taufen würde. Als nach langen, abstinenten Jahren die Verstimmung wich und so in Belgrad erstmals der Genosse Ulbricht wieder in Empfang genommen wurde, wunderte sich dieser sehr, in Titos Residenz so viele Bilder von Abstrakten anzutreffen, und er fragte Josip schließlich, ob ihm so etwas wohl gar gefalle. Tito antwortete, sie seien ganz und gar nicht seine Sache, dafür wären schließlich Kommissionen der Kultur verantwortlich. Doch dieser Umstand war nun für den hohen Gast aus Bruderland noch weniger durchschaubar, und er fragte abermals, wenn sie ihm nicht gefielen, warum schmückten sie denn trotzdem seine Räume? Tito wiederholte seine schon gegebene Antwort, offenbar verstand er nicht den Kunstsinn seines Staatsbesuchers. Dem hingegen dämmerte vielleicht schon hier, warum ihm seine Moskauer Kollegen hin und wieder freundschaftliche Winke gaben, nicht zu oft auf eigene Faust mit derart unsicheren Kantonisten das Gespräch zu suchen, Erich Honecker erklärte es dem Sportfreund Ulbricht zu Beginn der Siebziger dann ein für allemal. Um weitere Missverständnisse in Zukunft zu vermeiden, ließ er noch zu dessen Lebzeiten das Walter-Ulbricht-Stadion umbenennen; so war ein Beschluss von 1956, demnach keine lebenden Personen mehr zu Namensgebern werden dürften, zwar in seine Rechte wieder eingesetzt, die Demütigung und die Strenge aber selbst erinnerten an Exkommunizierung ungleich mehr als an die Milde von drakonischen Parteiverfahren. Als der graumelierte Jugendfreund dann später selbst einmal in Belgrad weilte, war der Marschall schon sehr krank und grummelig und fragte voller Arglist, wie dem Gast die Malereien gefielen. Honecker verlor ein Wort zur Farbe und ein weiteres zur Form und Tito das Interesse an dem diplomatischen Gewäsch des Gastes. Als man Honecker am späten Abend jene Episode seines Vorgängers erzählte, reagierte er, für alle überraschend, froh und rief erleichtert: »Tja, ein Ulbricht war ich eben nie.«

Im Jahre 1954, als die Milchbar im Kaffeehausstil die Türen öffnete, waren hier die explosivsten Mischungen noch jene, welche man am Tresen cobbelte. Die Wirbel aus dem Vorjahr glaubte man durch kluges Einlenken beruhigt, jetzt hieß es, mit Kirschmilch und Zitronenflip schon den Verbraucher anzumahnen, welcher später in Kampagnen die Versorgungsmängel hier als Born des dauerhaften Wohlbefindens nur verschönern würde. 1957 trafen sich Kultur- und Kunstverantwortliche, und Alfred Kurella schlug in seiner Rede die gesunde Lebensweise zum Bestandteil hiesiger Kultur schlechthin. Zum Zeit-

punkt jener denkwürdigen Konferenz erschien der Kosmos noch unendlich und die Himmelspforte gerade einen
Spalt geöffnet, doch Broschüren hierzulande diskutierten
schon die Frage, ob es sich im Sozialismus lohne, hundert
Jahre alt zu werden. Na, und wie, denn schließlich hatte
jeder Werktätige sein Leben in die eigene Hand genommen, und kein Ausbeuter war weit und breit noch da, der
selbstbestimmten Vita hinten einfach etwas abzuknipsen;
voll von ungewollter Tücke war die Frage allerdings, und
für die Antwort hatte sie wohl manch kurioses Argument,
doch alles andere als hundert Jahre Zeit.

Höchst angemessen sibyllinisch residiert nur ein Haus
weiter die berühmte Buchhandlung *Karl Marx*; das Rie-
senareal war vierzig Jahre lang die Attraktion der Straße,
auch wenn sie noch 1989 mit zigtausenden verkaufter
Leninbändchen von sich reden machte und das obendrein für ganz besonders kesse Werbung angenommen
haben mochte. Nirgendwo war besser nachzulesen, dass
seit Friederike Kempner dieses Leben alles andere als
ein Gedichte schien; bei ihr hatte die Poesie noch immer recht, sie war von höherer Natur und übermensch-
lichem Geschlecht, bei Louis Fürnberg wurde aus der
Poesie Partei, und nunmehr hatte diese immer recht – es
blieb dabei. Auch Walter Ulbrichts Reden waren selbstverständlich in gediegener Ausstattung zu haben, und
als Schriftsteller versuchte sich der Staatsmann hin und
wieder ebenfalls und ließ im Jahre 1963 beispielsweise
seine stahlgewitterharten Episoden von der *Wolgograder
Front* veröffentlichen, ausdrücklich mit diesem Titel –
sozusagen eine ganz private Entstalinisierung, aber auch
ein selbsterlebter Kesselring. Und auch das Vorwort
eines mehrpfündigen Almanachs verfasste er persönlich: *Weltall, Erde, Mensch* gelangte in die Hände jedes

diesseitigen Konfirmanden, und herausgegeben hatte es ein Chemiker und Institutsdirektor namens Robert Havemann. Dem dickleibigen Band zur Seite lag die große Bildmappe, die das Atom und seine unbegrenzte Energie mit ungeahnten Perspektiven auch des Wohlstandes verband. Um an den unermesslich großen Schätzen des Atomzeitalters teilzuhaben, waren Kleinausstellungen in Ferienheimen, in Kulturhäusern, in Bauernstuben oder Aufklärungslokalen selbstverständlich ebenso geeignet, wie das Werk es selbst sein wollte, ob als einfaches Geschenk oder als Anerkennung für die ganz besondere Leistung, so zumindest stellte sich die Werbung, die das Buch flankierte, die Lektüre in den Kollektiven vor. So mancher junge Verseschmied verlor im Angesicht so epochaler Menschheitsträume seine letzte Scheu, in neuer Leselandschaft Berge zu versetzen; Sammelbände hielten da noch Titel, welche vom Triumph des Menschen über die Natur zu künden schienen, große Bagger avancierten forsch zu lyrischen Subjekten, und der Lauf nicht eines Flusses war vor ihnen sicher. Und dass Stalins Pläne die Natur verändern, wurde oft und gern in seinem ungewollten Doppelsinn zitiert. Die ungestümen Schreiber, auch geschult an Stalins Philologenschelte, brachten beides mit gekonntem Realismus unter einen Hut, die Helden aus der Feder schoben mühelos Achttausender beiseite und besiegten Ströme wie die Wolga oder den Amur; allein der Sowjetmensch war in der Lage, sich selbst mit der Sonne anzulegen, wie es vor ihm allenfalls noch Moby Dick versuchte. Doch der Bitterfelder Weg, von manchem Autor auch als »Bitterer Feldweg« persifliert, versuchte die Gestalten irdischer zu fassen, nicht zuletzt durch Schreibversuche der geschnitzten Helden selbst. Die Losung »Greif zur Feder, Kumpel« weckte manches schlummernde Talent und hätte so mit Recht

auch lauten können: »Aus den Federn, Kumpel«, schließlich sollte sie auch sehr direkt zu höherer Leistung in der
Produktion verführen. Umgekehrt bekamen die Autoren
eine größere Nähe zu den Menschen angewiesen, und so
manche Reportage sah den Autor nun als Mann der Arbeit im Kollegenkreis, wo er noch immer voller Pathos,
teils schon stiller die Akteure in ein Büchlein zwang, die
so zu bestens aufgelegten Zeitgenossen werden sollten.
Viel Erschütterung mithin, aus der die Zuversicht erwachsen sollte, aber selten nur im Bücherparadies war
auch das Zwerchfell mitgenommen, schließlich wollte
es ein Spiegel auch des Leselandes sein, wenn nicht der
neuen Ordnung insgesamt. In der erwartete so manche
stolze Leserrunde jedes neue Werk der auserwählten
Weltendeuter als verstohlenes Orakel und war schwer
beschäftigt, gerade das Weiße zwischen dem Bedruckten
für besonders renitent und pointiert zu deuten und den
Aufmupf hinter den geschriebenen Sätzen auszumachen;
doch das Lachen zwischen all den Zeilen blieb bis heute
eine seltene Kunst und singulären Temperamenten vorbehalten. Leider hat auf diese Art zum Beispiel niemand
eine Straße nach dem Bitterfelder Trampelpfad benannt,
die Alltagsgraphomanen ahnten mögliche Verfänglich-
keiten zweifellos; zu schön, um wahr zu sein, und nur
ein Streich der Fantasie bleibt so die piekfeine Adresse:
Stalinallee-Ecke Bitterfelder Weg.

Die sechziger Jahre sahen sich im Alltag angekommen, hinter dem sich das bekannte Tor geschlossen
hatte; bitter fällt der Weg, denn eine ganze Richtung
holte unfreiwillig nach, was schon zehn Jahre früher ein
Millionenpublikum im Westen hatte: Heimatfilme in Gestalt von Büchern. In den Fünfzigern der Bundesrepublik
betrauerten die Helden noch in karger Heidelandschaft
oder auf der sündlos schönen Alm die hingegangenen

Ostgebiete, und die Angekommenen in den sechziger Jahren lasen sich im Spiegel der verlorengegangenen Westgebiete, wenn man sie auch in den Büchern niemals wiedersehen wollte.

Kein auch noch so feinsinniger Kunde konnte damals ahnen, dass so manches dieser lebensnahen Büchlein irgendwann mit Klassikerinsignien zu versehen wäre; der verwöhnte Kenner spurte sofort in das riesige Antiquariat, das seinen guten Ruf auch über die Sektorengrenzen, später durch den sicheren Schutzwall trug, statt sich der durchsichtigen Konvergenz der Exlibristen zu erwehren. Gryphius' Prophezeihung »Deutschland – es werden deine Mauern nicht mehr voll Jammer stehen« schien in der Buchhandlung schon lang erfüllt, denn in der Kunst ist schließlich alles möglich. Selbst das Phänomen des Hamsterkaufes wechselte die Seite, und man gab sich in der Buchhandlung wie in der Überflussgesellschaft, wenn sensible Leser mit der harten Börse in die *Bibliothek deutscher Klassiker* hineinfuhren oder die Regale von den abgestandenen Kunst- und Bildbänden befreiten. Landesfremde Silberlinge kamen ohne bürokratische Instanzen und mit weltläufiger Handbewegung in die Ladenkassen, doch zwischenzeitlich waren die ebenso verschlossen wie das bibliophile Eldorado selbst. Der Reiz des Bücherparadieses schien dahin, als sich die Tür zu einem größeren öffnete und jeder seine mittlerweile eigenen Talerchen für Besseres zu verwenden meinte.

Wir passieren nun den imposanten Eingang eines Hauses, dessen Säulen die erwähnte Grazie der Kaskaden wuchtig und entschieden übertreffen, eine einsehbare statische Funktion jedoch nicht zu besitzen scheinen. Da verbleibt uns nur, in ihnen einen Hinweis auf die Würde der Bewohner zu vermuten, und tatsächlich: Hier logiert

ein Großer, HPM, Sie wissen schon, der Sohn des Schau-
spielers, der später als ZK-Mitglied und Präsident des
DDR-Gesamttheaters alle die Kollegen kujonierte, die –
welch' Kunststück – hier beliebter waren als der matte
Mime selbst. Für all die vielen Bücklinge zu Zeiten, als
die DDR noch dufte schien, gab's nicht nur Weihrauch,
das Ambiente eines großen, nachbarlichen Fischge-
schäfts erinnerte ihn unnachgiebig und tagaus, tagein ans
eigene verstunkene kleine Fach, gerade an Tagen, die am
schönsten schienen. Auch ein anderer Selbstdarsteller
übertrieb nicht weniger, der Fischkoch mit dem »S-Sys-
tem«, das Säubern-Säuern-Salzen meinte, gab im Fernsehen immer wieder vor, die glubschäugigen Monster, die
in seinen Tiegeln zischten, wären eben angelandet. Denn
die Mär vom frischen Fisch im Binnenland war eben im
Begriff, sich wissenschaftlich zu bestätigen, zum Beispiel
durch den Einsatz von modernen Fischfabriken wie dem
Logger *Adolf Hennecke*. Die Männer führten neben ihrem
Fang und allerneuester Technik auch noch freiwillige
Fracht mit sich – das aktivistische Verantwortungsbe-
wusstsein nämlich ihres Namensgebers – und Humor:
Nach manchem wohlverdienten Feierabend schlugen
beim Gefangenenchor die Wogen höher: »Ist schwer
auch das Leben / und hart auf der See, / im Herzen, da
klingt es und lacht. / Das Schiff mag erbeben / im Sturm
auf der See, / der Fang wird dem Volke gebracht.«
 Der Ausbau einer volkseigenen Armada, die die hiesigen Produkte durch das »Tor zur Welt«, die alte Han-
semetropole Rostock, weit über die Meere tragen sollte,
war besonderes Hobby eines Schönheitsmittelherstellers.
Die »Steckenpferdkosmetik« rief mit fröhlicher Naivität
zum Ausbau der Flottille, waren doch schon 1958 unsere
Güter selbst in Übersee ganz offenkundig sehr gefragt.
Das muss nicht für verstiegen gelten; sehr viel mehr

bleibt aber strittig, ob die schlichte Neonaufschrift überm Laden – »Alles vom Fisch« – nicht doch zur Übertreibung neigte, hin zu Träumerei, zu Unwahrheit und eingetunkter Schuldzuweisung; denn der schlichte Wortedreiklang zeigte sich bei näherer Betrachtung als ein ausgebufftes Meeresfrüchtchen, und manch einer wähnte in ihm auch von allen subversiven Slogans hierzulande den weit tapfersten, gewissermaßen einen zaunpfahldicken Wink mit einem Imperativ hin zum Imperator. Dass die Auslagen solch' maritimer Einrichtungen ganz allein Walter Ulbricht animierten, sich poetisch zu versuchen, darf getrost belächelt werden. Hier sprach in der metrisch unanfechtbarsten Manier der ganze Kerl, der forderte für

Jedermann auf jeden Tisch
einmal in der Woche Fisch

und ließ es dabei durchaus nicht bewenden, sondern schuf noch manchen weiteren Klassiker in endlos langen Tagungen, das wussten jedenfalls gut informierte Quellen des Gewöhnlichen im Volke zu verbreiten, und auch unseren weiteren Weg wird noch der eine oder andere am unpassenden Orte kreuzen. Gegnerische Kräfte haben übrigens zu allen Zeiten Walter Ulbrichts dichterischen Nimbus untergraben wollen; mit gezielten Übertreibungen, das pointierte Original aufs dilettantischste zerdehnend, haben Unbekannte beispielsweise dessen jodhaltigen Zweizeiler verunglimpft und in anmaßender Parodie behauptet:

Jede Woche zweimal Fisch
hält gesund,
macht schlank
und frisch.

Den angrenzenden Eckladen bewohnte eine polnische Legende: Hortex. So hieß jene Handelskette, die hier pommersches Gemüse oder Obst vertrieb, und hin und wieder delektierte man sich auch an Delikaterem, etwa an Champignons oder an der geschwollenen Leber fetter Gänse aus Masuren. Sicher wundert es manch' Späteren, dass man mit Obst oder Gemüse hier Meriten machen konnte, sahen sich doch auch unsere Nierentische oft und reich gedeckt mit Ziergurken und Kürbisimitaten, aber letztlich hatte Konrad Adenauer die Banane nur im Westen durchgesetzt. Die Europäische Gemeinschaft drohte 1957 auszurutschen wie auf einer weggeworfenen Chicitaschale, hätte sie den Deutschen nicht die gutverpackte Südfrucht zollfrei überlassen, denn im Bundestag erhob sie Adenauer schlicht zur nationalen Frage: »Sie ist eine Hoffnung für viele und eine Notwendigkeit für alle!« Ein krummes Ding, wie Spätere wissen, zwischen ihm und seinesgleichen ging indes der Witz »Warum ist die Banane krumm?«, und Erhard antwortete artig: »Weil sie einen Bogen um die Zone machen muss.« Die Engländer verwanden die erfolgreiche Attacke, ausgerechnet mit Bananen, auf die Römischen Verträge nie so ganz, seit dreieinhalb Jahrzehnten reicht es ihnen nicht, dass dieser Tagessieg den Deutschen nichts als aufgeblähte Unannehmlichkeiten brachte, und sie fragen immer wieder spöttisch: »Haben Sie einmal versucht, dem Deutschen die Banane wegzunehmen?« – England hatte den Kanal gestrichen voll. Gut dreißig Jahre später konnte sich der alte Bündnispartner Polen nur noch rote Beete und seriellen Sellerie in seine volkseigenen Regale stellen, überdies focht er nunmehr allein an deutschen Grenzen, und die hierzulande staatlich mehr geförderten als nur geduldeten Ressentiments den Nachbarn gegenüber konnten wieder stolz herumgetragen werden, wie es, noch nicht gar so weit zurück, schon immer Sitte war. Verheißungsvoller hat die deutsch-polnische Aussöhnung bei Bauanfang begonnen, 1952 zeigten Warschaus Wiederaufbaumaurer hier den deutschen Mörtelmixern erst mal, wo die Kelle hing. Da konnte niemand ahnen oder gar schon wissen, dass nur vierzig Jahre später viele schlesische Kowalskis wieder gern deutsche Schmidts im heimischen Kataster werden wollten. Für rund hunderttausend Złoty, also einen guten deutschen Zehnmarkschein, kann man sich heut in Polen reteutonisieren lassen. Noch mit absichtsvoll erzieherischem Auftrag, im Verbund mit neuester Baumethodik der Sowjetunion, zog man dagegen damals nicht nur Pilsnerkisten, sondern erst einmal die Mörtelkästen in die Höhe, die einhundertfünfzig Liter fassten. Nur ein einziger Mann trug die mit der Gewieftheit des Erfinders auf das Dach hinauf, speziell erdachte Steintransportbehälter machten's möglich, Lastenausgleich 1952 auf die lausbübische Art, wie sie die Schaffenden hier wohl verstanden, diese Phase sollte baugeschichtlich zwischen Meistersingerstolz und Plattenbaumisere einen Logenplatz erhalten. Scheinbar unaufhaltsam ging es in ihr aufwärts, für den Anfang mit dem Schutt aufs Dach, wo ihn die »Ziegelfresser« mahlten und zu Splitt verkrachten.

Doch das Friedenswerk mit seinen neuen Baumethoden sah sich früh degeneriert und als historische Revanche, denn schließlich war der alte Feind inzwischen längst der neue. Ein Jahrzehnt zuvor noch flog die Bomberflotte Harrisons die Reichshauptstadt und die Betonbastionen ihrer Führer regelmäßig an; die neuen Häuser der Allee umwehten Transparente mit der Aufschrift »Bauten gegen Bomben«, die zwar einerseits dem Kalten Krieg zum Maule gingen, andererseits ein wenig auch die Furcht benannten, wieder einmal alles zu verlieren oder diesmal gar nicht mehr davonzukommen. Als Berlin noch ohne Mauer war und als die Stadt noch als sich lichtende Ruinenlandschaft langsam Hoffnung schöpfte, als man auf den freigeräumten Straßen kaum ein Auto sah, da war in ihr erneut die Angst zu Haus. Die Stadt der wankelmütig-wurzellosen Angestellten, niedriger Gehälter und der billigen Vergnügen hatte Mühe, auf den Trichter und die Füße gleichermaßen schnell zu kommen. Alle Sehnsucht schien zersplittert, und so drängte sie ins Runde und Gebuchtete, bis tief ins Bauchig-Mollige der Harmonie, wo runde Autos, runde Sessel, runde Seifen, runde Radios und mit ihnen runde Schlager den Gefahren alle Kanten nehmen sollten, bis man wieder selbstbewusster ausschritt. Als die Häuser später in die Höhe zogen und die Möbel in die Breite, als der schmale Grad der Bruchkante des Sofakissens überschritten war, die Urlaubsrouten sich vom Fahrplan lösten und im eignen Auto neue Ziele in den Blick gerieten, da erschien das Runde langsam krank und floh in anstößige Kanten und in schroffe Linien, und das Antiquierte glaubte, nun gesund und schließlich gar modern zu sein.

Inzwischen sind wir fast schon auf der halben Höhe unserer Wanderung; vor uns liegt nun ein Parkplatz von der Größe weniger Parzellen einer Laubenpieperkolonie, und als die Lieferzeiten für die Autotypen aus der eigenen sowie der Produktion der Bruderländer noch so zwischen zwölf und fünfzehn Jahren lagen, war er allemal groß genug. Jetzt würde selbst die ausschließliche Nutzung einer der drei Fahrbahnstreifen dieser meistbefahrenen Straße von Berlin als Parkspur das Problem nicht lösen. Weder Dauerstau noch Haltesorgen könnten so beseitigt werden, stündlich fahren fast zehntausend Autos hier entlang, und da die Nacht bekanntlich nicht allein zum Schlafen da ist, muss man mit der dunklen Ziffer von gut hunderttausend Fahrzeugführern rechnen, denen man die »Freie Fahrt für freie Bürger« allenfalls als Bummelmeile gönnt, das aber ist ganz unersprießlich für das Überleben der hier wurstelnden Geschäfte. Diese müssten ohne eine schlaue Lösung wieder in die Nebenstraßen zwischen Lampenwerk, Schlesischem Bahnhof und den Industriegebieten weichen, denn von dort sind sie ursprünglich ebenso gekommen wie der Traum von einer großen Straße, der die proletarischen Reviere der Jahrhundertwende auf die Halde der Geschichte schütten wollte. Da war aber noch viel Sand im zukunftsträchtigen Blick, wenngleich nicht halb soviel wie später im Getriebe staatsgelenkter Wirtschaftsunternehmen. Das genannte Lampenwerk im Hintergrund gehörte nicht dazu, und dieser Umstand dankt sich einem schon erwähnten Manne, Rudi Rubbel. Der uns gut bekannte Aktivist aus frühen Aufbautagen hatte mittlerweile kräftig reüssiert und war Direktor dieses Großbetriebes mit sechstausend Seelen, und er machte schon zu dieser Zeit mit harten Managerbandagen jedem Licht, der sozialistisch leben, aber nicht auch sozialistisch schaffen wollte. Als er schließlich starb, besorgte ihm sogar die Kunst den angemessenen Nekrolog, und mit dem Hörspiel *Rudi ist tot* kletterte die Einschaltquote, die man damals gar nicht maß, beträchtlich.

In den Fünfzigern erwog man, auf dem Flecken hier ein Rathaus zu errichten, denn er ist doch immerhin so groß, dass sich für seine Repräsentativbebauung mittlerweile namhafteste Architekten interessieren; unter anderen zum Beispiel Albert Speer und Partner, denen an der späten Fertigstellung der historischen Zentralachse der Reichshauptstadt nur allzu selbstverständlich liegen muss. Bevor der Platz obskur und zum Objekt der

Makler wurde, residierten allerdings an seinem oberen Rand noch in der friedevollsten Eintracht die Berliner Stadtsparkasse und das volkseigene Reinigungsimperium Rewatex, das seinen Reichtum der berufstätigen Frau verdankte, die das Rubbeln mit den eigenen Fingern nolens volens, wie wir gern im Deutschen sagen, an die öffentliche Hand verwies. Man wird auf unserem weiteren Weg nicht sinniger die hingegangene Republik noch einmal wiederfinden als in diesem steingewordenen Selbstbild: arm, aber stets sauber und so steif wie eine frisch gestärkte Kittelschürze.

Arg verwaiste Flugbüros der Brudervölker, die wir nun im weiteren passieren, rufen Mitleid und Erinnerung an längst verflossene Balkantrips herauf, sie hätten gern andere Kunden eingeladen, und die urlaubsreife Klientel wäre lieber anderswo gelandet. Als sie sich hier niederließen, fuhr der Westverwandte längst schon nach Italien, »gen Italien« witzelten Familienväter, als die Mehrheit malerischer Urlaubsträume hier noch eher auf dem Boden blieb. Und da die kühnen Höhenflüge in der Ferienzeit erst später auch Familienunternehmen werden konnten, war das Dasein dieser Agenturen ein durchaus beschauliches Vergnügen für die Angestellten wie die seltenen Besucher. Für die kleinen Leute wurde mit den Flugbüros die Welt erst sehr viel später größer, als die Sputniks schon das Weite suchten und die Fehlstarts in die Politik der sechziger Jahre sämtlich schon geglückt und auf korrekten Kurs gebracht erschienen.

Flüge dienstlicher Natur waren ohne hin nur seltene Buchungswünsche, allzu lange mussten potentielle Passagiere aus den wirtschaftlichen, kulturellen oder sonst noch wesentlichen Gremien warten, bis sie *Business* auf ihre Tickets schreiben lassen konnten. Flugangst kannten nur die allerwenigsten, die war Erfindung arbeitsloser Psychologen aus dem Westen, die versprachen, ihre zu sensiblen Opfer systematisch gegen diese Furcht zu feien. Doch noch ungleich weniger der ausgesuchten Reiselords bemerkten vor der harten Landung jenen Höhenkoller, der mit Auftragsreisen dieser Art einherging und durch den, entgegen dem bekannten Sprichwort, hier so mancher Meister schließlich schwer vom Himmel fiel.

Jetzt stehen wir vor der Weberwiese, einem U-Bahnhof, der nach dem stolzen Polen unlängst noch Marchlewskistraße hieß und ebenfalls ein Farbtupfer der tapferen Ulanenregimenter war. Doch mittlerweile will hier niemand mehr den Publizisten aus der Weichselmetropole irgendwie als Zierde dieser Gegend anerkennen, dabei starb der arrivierte Rektor von der Moskwa zufällig am Tiber, wurde 1925 notwendig beerdigt an der Spree, denn weder Moskau noch das liberale Warschau mochten ihm die letzte Ruhe gönnen, bis er, fünfundzwanzig Jahre später, endlich heimgeholt und ganz vergessen wurde.

Eine Zierde aber steht ganz zweifelsfrei mit dem Ensemble vor uns, das wir nun betreten und das der Station den neuen Namen gab. Die Weberwiese, sie liegt fünfzig Schritte abseits der Allee, und es begann mit ihr schon 1948 mehr als nur ein wichtiges Projekt der Bauvorhaben Ostberlins. Auf ihr formierten sich schon in den zwanziger Jahren jene bündlerischen Hundertschaften der Rotfrontgenossen. Doch zur wirklichen Legende wurde sie erst durch das Hochhaus, übrigens dem Ersten im Berlin der Nachkriegszeit, und kein Geringerer als Brecht verlieh ihr auch die Ewigkeit des Literarischen: »Friede in unserem Lande / Friede in unserer Stadt / daß sie den gut behause / der sie gebauet hat.«

»Auf vielen Bauabschnitten des Nationalen Aufbauprogramms wurden in der letzten Zeit technische Verbesserungen eingeführt. Der Transport von Steinen und Kalkkästen durch Hucker entfällt auf der Baustelle der Bau-Union Potsdam am Block F-Süd durch Steinrahmen, die 96 Steine fassen, und ohne besondere Anstrengung auf zweirädrige Karren gesetzt und bis an den Arbeitsplatz transportiert werden können.«

Der Vierzeiler war später Bildungsgut und zierte nicht nur die Fassade dieses Hauses, sondern auch die Fibel jedes Schulanfängers, der als eines seiner ersten Kinderlieder sang:

Es wächst in Berlin, in Berlin an der Spree
ein Riese aus Stein in der Stalinallee.

Selbst Zeitungen, die sonst auf gegnerische Pharisäer schlugen und bislang als weltlich galten, kam im Angesicht des Kathedralenbaus die immer wieder hart gestellte Klassenfrage ebenso abhanden wie die angelernte Gottverlassenheit; es wollte niemand mehr in Materialismus und in Zeitungsprosa schreiben, und das Richtfest hievte eine seltene Krone auch des Journalismus ins sakrale Resümee:

»Fünfunddreißig Meter reckte sich das Hochhaus über dem Erdboden empor. 220 Stufen führten bis in das höchste Stockwerk, führten aber auch zugleich in ein besseres Leben.«

Allein das war ein ganzes Stückchen noch entfernt, und wenn auch jene Wohnpaläste nur der Sorge um den Neuen Menschen Ausdruck geben sollten, zeigte es sich spätestens im Juni 1953, wie begründet diese war. Es wird für immer zu den großen Beispielen zutiefst ironischer Geschichtsverläufe zählen, dass sich eben auf der Magistrale, die den Manifestationen des Erfolges, wenn nicht gar des Sieges vorbehalten bleiben sollte, der Protestzug mit den Bauarbeitern in Bewegung setzte. Aufrichtig bestürzt zum ersten und auf lange Sicht zum letzten Mal sah sich die Führung, schließlich war es Tango-Boys, Achtgroschenjungs und anderen Elementen wenigstens für kurze Zeit gelungen, den erprobtesten Vertretern

in der Hierarchie der Klassen das Bewusstsein der geschichtlichen Mission zu nehmen. Brecht, der später erst
empfahl, wenn die Regierung mit dem Volk nicht einver-
standen sei, so solle sie ein anderes wählen, wurde oft
zitiert, vor allem auch von denen, die ihn sonst zum toten
Hund erklärten. Das mag ihm auch Zeilen eingegeben
haben wie die folgenden, die im Verbund mit offiziellen
Deutungen die Saboteure und Agenten attackieren wollten – immerhin hat Brecht vor Freude seine Mütze in
die Luft geworfen, als die ersten Panzer wieder einmal in
die alte Frankfurter Allee einbogen. Aber nicht in erster
Linie dafür hat er 1954 seinen Stalin-Friedenspreis empfangen, vielmehr bargen solche Zeilen immer auch ein
Stück der Wunschbiographie, die sich der Bürgerschreck
von Augsburg immer dann erträumte, wenn er die be-
sungenen Plebejer wirklich einmal in geschichtliche Akti-
on geraten sah; doch meistens hörten sie nur die Signale,
statt sie selbst zu setzen: »Im Traum stand ich auf dem
Bau / ich war der Maurer / in der Hand hielt ich eine Kelle / aber als ich mich bückte / nach dem Mörtel, fiel ein
Schuß / der riß mir von meiner Kelle das halbe Eisen.«
    Die Frohnaturen Westdeutschlands verdankten die-
sem Datum für Jahrzehnte einen zusätzlichen Feiertag
in schönster Jahreszeit, die Ostdeutschen dagegen den
wohl aufwendigsten Sicherheitskordon der jüngeren Geschichte.
    Ganz gewiss war die Verallgemeinerung der Normen,
welche die »Bewegung der Rationalisatoren und der Me-
chanisatoren« damals vorgegeben hatte, übereilt, doch
unterschied sie das noch sehr von allen späteren Ent-
scheidungen, die den Regierenden am Ende schließlich
buchstäblich den Kopf zerbrachen. Seit den Sommermonaten von 1953 rannten alle Anstrengungen nur der
Wirklichkeit noch hinterher, das Umtaufen der Straße

auf den Namen von Karl Marx zum Beispiel war nur eine der so häufigen Rochaden und ließ noch bis 1961 auf sich warten. 1956 aber hatten schon die Leipziger zum Turn- und Sportfest ihre Stalinallee umbenannt, indem sie wieder zwei verschiedene Straßen aus ihr machten; eine hieß nun Friedrich-Ludwig-Jahn-Allee, die andere »Dritte Weltfestspiele«, aber früher waren beide nur – die Frankfurter. So löste die Entthronung Stalins scheinbar selbst das Motto ein, das sich die Pathologen Leipzigs in den Neubau ihres Instituts gravierten: Hier befindet sich der Tod im Dienst des Lebens. 1958 dann der Rückfall in den Fortschritt, Leipzigs Warenhausfassade in der Petersstraße siegte landesweit im Wettbewerb, das schönste Schaufenster zum V. SED-Parteitag zu gestalten; der HO-Direktor referierte die Verkaufserfolge seiner Werbewunder und erklärte, dass das Thema »Die Partei hat recht« den Werktätigen überzeugend zeigte, wie man auch mit einfachen und schlichten Mitteln ausgezeichnet wirken könne – wahr gesprochen wie sonst selten nur.

Doch in der Hauptstadt war die neue Namensgebung 1961 noch beileibe nicht als Stalinismusüberwindung ausgerufen, sondern bestenfalls als Kampfansage gegen die Verschwendung teuren Volksvermögens zu verstehen – schließlich hatte Väterchen Nikita schon zum wiederholten Male nicht nur mit der Stalinschen Epoche abgerechnet, sondern auch mit deren Baustil, dessen Effektivität er ins Gerede brachte. »Teure, allzu teure Genossen Architekten« nannte er die steinerne Philippika und senkte sie den Bauherrn in die Auftragsbücher. Da war längst der Witz schon wieder raus aus der Geschichte, der noch eine fünfbändige Ausgabe von Stalins Werk in Aussicht nahm, die nun der barhäuptige Nachfolger mit eigenen Radierungen illuster machen und edieren wollte. Dazu aber kam es auch nicht mehr, die Bärenbraue äugte schon im Hintergrund, und

1963 tatzte sie Nikita von der Bühne. Allzu viel war ihm in letzter Zeit misslungen, selbst das deutsche Mündel grollte, denn er hatte eine sichere Methode ausgeheckt, der DDR das Schicksal der Bananenrepublik durch russische Exporte zu ersparen. Hätte er sich durchgesetzt, so wäre das Land zum Hauptabnehmer jener vielleicht einzigen Kultur geworden, die Chruschtschow tatsächlich kannte, aber gänzlich unerwartet winkten die Genossen von der Spree nur ab, und mancher tippte sich sogar verstohlen an die Maisbirne.

Schon schlimmer wog in Moskau, dass selbst Greenhorn Kennedy sich von den starken Attitüden längst nicht mehr erschüttern ließ. Noch 1960 hatte der Choleriker vom Roten Platz dem Weißen Haus die lange überfällige Lektion erteilt, denn schon zehn Jahre früher hatte sich McCarthy als Amerika mit hochgekrempelten Manschetten aufgespielt; jetzt hörten die Versammelten Nationen die Replik, denn Russland war Chruschtschow mit ausgezogenem Schuh. Das mag ein wenig populistisch überzogen angemutet haben, doch der Kremlhausherr lag ganz offenbar noch gut im Rennen. Ein Jahr später hatte der Major Gagarin gerade das Tor zum Kosmos aufgestoßen, ein Triumph, der leider auch Chruschtschow endgültig um den Realismus, wenn nicht, wie es zu vermuten ist, um Schlimmeres brachte. Backus sang:

Der Mann im Mond,
er schaut uns zu,
und fragt,
wie lang hab ich noch Ruh,

und auch der Vollmond vor Havanna schien den Plänen günstig, biss sich Kennedy an Kubas Küste doch den letzten Milchzahn aus; der ebenfalls noch junge Präsident der Insel trieb die Ledernacken und Exilkubaner aus der Bucht und machte sie zu dem, was man aus den Verlierern seit Homer schon immer machte – Schweine. Das war aber auch die letzte Reifeprüfung, Blößen gab sich Kennedy von nun an nicht mehr, Chruschtschow unterschätzte seinen jungen Gegner sträflich und vermutete, Amerika sei viel zu liberal, um noch zu wissen, wie man kämpfe, plauderte er leichtfertig aus seinem Nähkästchen; nach Hinnahme des Mauerbaus durch Kennedy ließ Chruschtschow alle Vorsicht und erst recht auch jede Weitsicht fahren und die Segel setzen, Richtung Zuckerinsel. Da war Kennedy jedoch schon aus den Kinderschuhen lange raus und schickte 1962 all die seekranken Gardisten samt Armada, Rotem Banner und diversen Arsenalen von Raketen wieder heimwärts, die Blockade meisterte die Kuba-Krise, und die Welt begann allmählich wieder auszuatmen. Auf dem Höhepunkt der Krise waren die Ehefrauen der Verbündeten jedoch zutiefst beunruhigt:

Denke dran,
schaff Vorrat an,

die Farm der Tiere öffnete ganz unverhofft ein zweites Mal, und Mäuse, Eichhörnchen und Nager aller Art berieten bundesdeutsche Fernsehzuschauer per Zeichentrick beim Hamstern von so Unverzichtbarem wie Dosenöl und Kokosfett. Der forsche Kennedy indes war ein besonnener Militär geworden, der den Notstand zu verhindern wusste; als er ein Jahr später in die Kugeln seiner Gegner fuhr, bescheinigte ihm Charles de Gaulle, der General, er sei wie ein Soldat gestorben. Nicht als Paranoiker wie Stalin ein Jahrzehnt zuvor, den hatte man gerade aus dem Mausoleum fortgetragen, umgebettet, und so war er der Beweis – es gab ein Leben nach dem Tod. Auch ins Statut der hiesigen Genossen schien noch einmal unverhoffter Schwung zu kommen, im Versammlungsraum stand bohrend nur noch eine Frage: Würde lebenslanger Ausschluss auch in Zukunft als die härteste Sanktion genügen, sich der Abgefallenen aus den eigenen Reihen zu entledigen, war nicht vielmehr die Maßnahme der Exhumierung längst ins pädagogische Kalkül zu ziehen, auch wenn es dann zu reuevoller Umkehr nach begangener Häresie nun ganz bestimmt zu spät war?

Einen allerletzten Vorschlag einer neuerlichen Umbenennung, nun in Moskauer Allee, erwog man 1990, doch vermochte der nicht einmal mehr die Medien und Gemüter zu erhitzen, ganz zu schweigen davon, eine ernstgemeinte Mehrheit zu erwärmen. Allenfalls der nah gelegene Leninplatz schaffte es, sich ins Gespräch zu bringen; seine Umbenennung ließ die Wogen noch für kurze Zeit ein wenig höher schlagen, schließlich gab man ihm den Namen jenes Völkerbundes, dessen Gründung Churchill, Roosevelt, Chiang Kai-shek und Stalin noch gemeinsam unternahmen, die Nationen dieser Erde friedlich zu vereinen. Doch im Blickpunkt des Interesses stand nicht dieser Umstand, sondern die Beseitigung des Denkmals mit dem übergroßen Bolschewiken; kurz vor seinem Tode kolportierte der noch die Gemeinheit, dass die deutschen Revolutionäre stets für jeden Aufstand eine Bahnsteigkarte brauchten, doch im Einigungsexpress fand man Entschlossenere, die ihm nun folgerichtig an den Kragen gingen. 1951 schon erwog man in der Nähe scherzhaft die Errichtung eines Monuments, das Unbekannter Vater heißen sollte, denn der Friedrichshain sah manches junge Glück der sommerlichen Weltfestspiele, die die neue Hauptstadt damals austrug – folgenreich und zukunftsträchtig. Als nach Monaten der Frohsinn fast vergessen schien, erinnerten sich chancenlose Jugendfreunde der Zurücksetzungen lauer Sommernächte und beschimpften schwangere Frauen als gefüllte Friedenstauben, doch der erste Mann der jungen Schreihälse gab sich gelassen.

1953 blieb hingegen Urschock aller, die am Katzentisch um Walter Ulbricht saßen, und erst 1961 glaubte man ihn mit dem Mauerbau endgültig therapiert. Das las sich in Legionen späterer Chroniken natürlich anders, die von Männern zu berichten wussten, welche jedem der Agenten, nach persönlichem Erleben, angeboten haben sollen, ihn ganz eigenhändig vom Gerüst zu werfen, wenn er sich am Friedenswerk verginge, doch der Heldentatverdacht war sicher schon ein Requisit aus dem gewaltig großen Fundus der Geschichtsverwalter. Als sie sich dann ein für allemal siegreich wähnten – das war nach bekanntlich nur sehr kurzer Rekonvaleszenz –, sang das Armee-Ensemble Lieder, die man heute zu den Kronjuwelen volkstümlicher Liederperlen zählen muss:

Im Sommer '61,
am 13. August (tirili),
da schlossen wir die Grenze,
und keiner hat's gewußt (tätärätä).
Klappe zu, Affe tot,
endlich lacht das Morgenrot (dädädä),
Wiederholung (tsching bum)!

Wem die Klappe etwas vage schien, erläuterte der Kommentar, was es mit dieser auf sich habe: »Der Willy Brandt aus Schöneberg hat es sich nicht nehmen lassen, sich das Brandenburger Tor anzuschauen, denn wir haben diese

Falltür zugeschlagen, und durch diese Falltür werden von jetzt an weder Menschenhändler noch Agenten noch Saboteure in die DDR kommen, um uns zu schädigen«, so sah sich der Langhans-Bau noch nie beschrieben. Und die Zeitschrift *Eulenspiegel* druckte im September '61 eine ganzseitige Zeichnung, auf der ein »Genosse Kämpfer« unserem Wintermärchendichter Meldung machte. Ordentlich befrackt und unterm Chapeau claque nahm Heinrich Heine den Realvollzug seiner poetischen Erfindungen entgegen, die die Zeitgenossen auf die Höhe ihrer Tagesforderungen brachten:

Und es ist das Brandenburger Tor
Noch immer so groß und so weit wie zuvor,
Und man könnt' auf einmal zum Tor hinausschmeißen,
euch alle, mitsamt dem Prinzen von Preußen –
die Menge tut es.

Auf diesen Vers erwiderte der Hundertschaftenführer unseres Bildes: »Befehl ausgeführt, Genosse Heine!«; wäre er doch in Düsseldorf geblieben, statt die neue deutsche Hauptstadt zu verspotten, lange vorher hatte er sie als ein großes Krähwinkel bezeichnet, aber Wissen schützt vor Strafe nicht und ganz und gar nicht vor historischer Gerechtigkeit, auch wenn sie meistens lange auf sich warten lässt. Der hier schon vorgeführte HPM erzählte damals, dass ihm in den Zeltlagern der Kampfgruppen, in die ihn um den 13. August herum Gespräche über Becher, Brecht und andere getrieben hätten, erstmals wirklich klargeworden wäre, »was so ein Gedicht« doch ihnen allen geben könne – das zumindest ließ er die Zeitschrift *Wochenpost* berichten, Interviews auf schwer umkämpftem Klapptisch statt ästhetisch überm Teetisch sprachen damals unsere

Menschen an. Die Klarheit unseres Mimen aber schien noch Stunden vor dem Mauerbau nicht sehr verbreitet, und am letzten Tag der offenen Grenze flüchteten zweitausend der Verbohrten in die untergangsgeweihte Ausbeutergesellschaft, für den ganzen Monat rechnete man gar mit fünfzigtausend, die nicht länger bleiben und sich redlich mühen wollten. »Jetzt schlägt's dreizehn«, rief der sonntägliche Chor und glaubte das gesellige Programm gerettet. Walter Ulbricht, das schon mehrfach angeführte Vorkommnis unserer Geschichte, hatte vor dem Mauerbau noch ausgebuffteste Kollegen aus dem Westen tückisch in die Leere laufen lassen, und von falschen Schlangen, die geheimdiensthörig und im Cocktailkleid ihm wirre Fragen stellten, ließ sich unser Landesvater längst schon nicht verführen: »Herr Vorsitzender, bedeutet die Bildung einer freien Stadt Ihrer Meinung nach, dass die Staatsgrenze am Brandenburger Tor errichtet wird, und sind Sie entschlossen, dieser Tatsache mit allen Konsequenzen Rechnung zu tragen?«

Das war nun wirklich arabesk gesprochen und herausfordernd dazu, doch unser erster Ehrenpionier war so nicht zu verdrießen und erübrigte sogar ein nachsichtiges Kichern für die Hessin, die ihm so gehässig kam, und gab ihr den historischen Bescheid: »Ich verstehe Ihre Frage so, dass es Menschen in Westdeutschland gibt, die wünschen, dass wir die Bauarbeiter der Hauptstadt mobilisieren, um eine Mauer aufzurichten, ja? He, he, he, mir ist nicht bekannt, dass solche Absicht besteht, da sich die Bauarbeiter in der Hauptstadt hauptsächlich mit Wohnungsbau beschäftigen und ihre Arbeitskraft voll eingesetzt wird.« Das war einfach unbestreitbar, sah man doch schon kurz darauf in der Bernauer Straße Maurer Außenwände isolieren, Fenster, die der Westwind ewig schon aus ihren Angeln drücken wollte, wurden ziegelsteinversiegelt, fort mit dem Entwicklungsjammer in die eigene Dunkelkammer. Und im sichtlichen Genuss des Formulierungstreffers setzte unser Schreiner mit der ungehobelten Behauptung nach, die selbst klassisch wurde in Berlin wie vor ihr nur Ernst Reuters »Schaut auf diese Stadt« und nach ihr John F. Kennedys Beteuerung »Ich bin ein Berliner«, als er dezidierte: »Niemand hat die Absicht, eine Mauer zu errichten.«

Ungewollt war der Verfertiger der schon erwähnten Zweizeiler so auch zum Vater des Begriffs geworden, der fast drei Jahrzehnte als Verbaltabu nach originellen Paraphrasen suchen ließ, vergebens, wie man weiß. Nur für die Journalisten war er vorteilhaft, die langatmigen Formulierungen des bösen Ausrutschers erhöhten immerhin die Zeilenzahl und somit auch das Honorar. Als Walter Ulbricht später dann der Fehlannahme überführt war, konnte sie ihm nicht mehr schaden, schließlich hatte er die Wand im Rücken. Und so konnte er, statt seinen Irrtum auszuräumen, ihn nun höchst geschwind nach vorn drehen, indem er ihn als Weichenstellung proletarischer Geschichte formulierte: »Hier am Brandenburger Tor hat die erste deutsche Arbeiter- und Bauernmacht, haben die Arbeiterklasse der DDR und ihre Verbündeten die Weichen für den Frieden gestellt.« Der Rundfunk, der hier nicht im öffentlichen Auftrag informieren musste und vor allem alles andere als staatsfern war, gab nicht nur diesen Neubefund bekannt; er schickte in den Äther auch die ungeteilte Freude, die er auszulösen schien. Zehntausende von Jugendlichen lohnten dem Rangiermeister und Lenker der Geschichte die besorgte Weitsicht und skandierten froh und munter:

>»Mit der Jugend jung geblieben,
>Walter Ulbricht, den wir lieben.«*

Da verlor selbst Willy Brandt die nordische Geduld und plauzte auf den Sachsen ein, es gehe in der Zone so nicht weiter, und versprach ihm, dass Berlin von heut an nur noch Störenfried zu sein habe. »Nicht wir sind es, die provozieren, die Provokation in Deutschland heißt Ulbricht«, schimpfte er im RIAS weiter, jener großen Entenfarm, vor der man mit Bestimmtheit warnte: »Ja, ein Rundfunksender ist er nebenbei auch, aber sein Hauptgeschäft ist die Spionage, die Schädlings- und Terrorarbeit im Gebiet unserer Republik.« So half wohl gegen Brandt und seine radiofonen Drahtzieher nur die Totaloperation: »Die Agentenzentrale RIAS muss liquidiert und der Rundfunksender im amerikanischen Sektor in die Hände aufrechter deutscher Patrioten gegeben werden.« Diese Forderung zum leidlich wohlgesetzten Vortrag platzierte die erprobte Stimme eines Rundfunksprechers, welche sonst allabendlich den Kindern ihre Gute-Nacht-Geschichte einblies, ein recht unglücklicher Griff für größere Augenwischereien, zumal sie wiederum nicht weniger sonor als die von Willy Brandt im Äther surrte. Auf dem Weg ins Außenamt und 1969 dann zum Kanzler haben seine Gegner Brandt den Ausfall gern verargt und jenes Wort vom »Störenfried« im Mund herumgedreht, für die Berliner aber stand es unverrückbar wie die Mauer vorerst selbst, auch wenn die christlichen Couplets im Wahlkampf später riefen:

Laßt doch mal den Dicken ran

oder umherholperten:

Willy ist so gut nicht,
besser ist der Ludwig
und die CDU!

Im diesigen November 1961 war der eingangs vorge-
stellte Titel des ND fast auf den Tag genau zehn Jahre
alt, als man in einem sprichwörtlichen Nacht- und Nebel-
unternehmen reinen Tisch mit dem Bedränger machen
wollte. Stalins Denkmal stand im Regen, und die Straße
lag durchnässt herum, so könnten böse Zungen die Allee beschreiben; sintfluthafte Güsse stürzten nieder auf
die Hauptstadt, Russland aber schwitzte unter Ephraim,
dem unverhofften Wetterhoch, die Rotarmisten öffneten
entschlossen und geradezu anarchisch ihren ersten Kra-
genknopf. Ganz Ostberlin war menschenleer, obwohl die
Straßenfegerserien, die die Sechziger dann als Jahrzehnt
des Fernsehens etablieren würden, lang noch nicht geschrieben waren. (Partisanen, Kundschafter und andere
moderne Drachentöter sorgten für flachen Atem und
Vertrauen in das relevante Medium zukünftiger Tage.)

Mithin ganz genau das rechte Wetter für Kommando-
sachen, schließlich war der erste Sekretär als Graben-
kämpfer nicht so unerfahren wie etwa als Streiter für den
Realismus in der Kunst. Im Sommer schon fand man
zum zehnten Jubiläum seiner Aufstellung kein gutes Wort
mehr für das Monument; zum siebzigsten Geburtstag
Stalins war ein Glückwunsch selbst in viele volkseigene
Briketts gepresst, nun aber sollte die Entweihung unterm
Codewort »Sockelsturz« den letzten Stein aus Ulbrichts
liberalem Wege räumen, so zumindest verstand sich die
zur Chefsache erklärte Maßnahme. Am nächsten Morgen
schon waren auch die letzten Spuren unseres Bronzegotts
verwischt, die emaillierten Straßenschilder nicht das Blech
mehr wert, das unter großem Aufwand die Kollegen aus
dem Stalinstädter Hüttenwerk gewonnen hatten, schließlich konnten die genauso wenig wie die Apparatewerker
Treptows wissen, dass sie wenig später ebenfalls zur
Tilgung seines Namens aufgefordert würden. Kurzzeitig

hieß jetzt die Straße wieder Frankfurter Allee, doch war ihr kleinster Teil, der zwischen Alex und den beiden Hochhäusern des Eingangstores, vorsorglich schon an Karl Marx vergeben, und man musste dieses Stück nur in die restliche Allee verlängern, und das Zeitloch namenlosen Rätselns war gestopft. Nur wenig früher hätte man sie mühelos noch Walter Ulbricht weihen können, aber Chruschtschows neuerliche Stalinschelte auf dem XXII. Parteitag hatte den Personenkult auch hier für kurze Zeit pikant gemacht, und mit den Bildern Stalins drohte man auch manche unseres großen WU mit abzuhängen. Aber Sindermann war auf der Hut, und schimpfte ihn das Volk auch Blindermann, er drohte wachsam, dass es so weit nie mehr kommen dürfe, Walter Ulbricht sei für die Partei ein Glück, und niemand denke daran, auf ihn zu verzichten. Zimmering, der klassenkämpferische Kinderbuchautor, war schwer gerührt von solch bewährter Männerfreundschaft, und so rührte er den Zweizeiler zusammen, der Courage gab und Selbstvertrauen:

Die Klasse gibt uns Kraft und Mut,
mit Walter Ulbricht kämpft sich's gut.

Nicht gegen, sondern mit, das sei noch einmal ausdrücklich erwähnt, und wie viel Lebenshilfe ein Gedicht vermitteln kann, bemerkte man schon wenig später, 1963 feierte man siebzigsten Geburtstag, und der Wettbewerb erhielt das Motto:

Hohe Leistungen in der Produktion –
Walter Ulbricht zu Ehren, uns allen zum ...

Nein, ein weiteres Mal sah man sich hingehalten und genas führt, falscher Anschluss, Lyrikfreunde, denn

»zum Nutzen« ging es ungereimt und heiter weiter, nicht zum Lohn, geschweige denn zum Hohn, der war den meisten still vergangen.

Immerhin sah man sich schon im dritten Mauerjahr, und auch die Aussicht auf die möglichen Besuche durch die Westverwandtschaft blieb recht trübe, denn passierscheinwürdig waren Basen oder Vettern aus dem Westen nur, wenn man sich hier wie da nicht auffällig oder gar unauffällig über hiesige Verhältnisse mokierte. Für fast drei Jahrzehnte war die Stimmung auch an solchen guten Tagen hierzulande alles andere als ein Advent, und mancher mag verstimmt das ganze Jahr hindurch das andächtige Lied »Macht hoch die Tür« mit schönem Groll gegrummelt haben; doch es blieb verschlossen wie die Hüter selbst, und erst, als hier die Spannung kaum noch zu ertragen war, schien die Bescherung da, und das bislang verbotene Zimmer war um seinen eingestaubten Reiz gebracht.

Wir treiben nun dem Ersten jener beiden Blöcke zu, die als die sogenannten Laubenganghäuser für lange Zeit ein Schmuddelkinderdasein fristen mussten. Und tatsächlich wirken sie beim ersten Anblick schmucklos und vernachlässigt wie ungewollte Folgen eines Seitensprunges, die nun dem Architekten Unannehmlichkeiten machen. Dabei halten sie die älteren Rechte und markieren praktisch auch die Grenze zwischen Weberwiese und Allee, doch überdies auch jene zwischen Bauhaustraditionen und den Ambitionen der nun neuen Bauherrn. In der ursprünglich geplanten Wohnzelle im Friedrichshain bestimmten sie den äußersten Akzent; entworfen hatte sie Ludmilla Herzenstein, und die war wiederum die Schülerin von Hans Scharoun. Doch dessen Ansatz einer dezentralen Stadtbebauung, die aus vielen kleineren, durchgrünten

Siedlungen die alten Ballungsräume attraktiver und humaner machen wollte, endete wie stets in Deutschland wieder nur als abgebrochenes Zwischenspiel. In ganz Berlin sind heute nur noch die berühmte Siemensstadt, die Onkel-Tom-Siedlung in Zehlendorf, Tauts Hufeisen in Britz oder die Weißenseer Buschallee als Zeugen zu bestaunen. Doch was schon zum Feinsten der nachrevolutionären Avantgarde gehörte, das genügte den Bedürfnissen des Neuen Menschen längst nicht mehr. Hart ins Gericht ging Ulbricht mit Fantasten und Kosmopoliten, die »die Primitivität gewisser Fabrikbauten auf die Wohnungsbauten übertrugen« und die die Hauptstadt verniedlichten durch den Bau »niedriger Häuser«, welche »ebenso gut in die südafrikanische Landschaft passen« – die schien unser Volkssportler vom Pleißestrand nur allzu gut zu kennen. Henselmann ließ sich nach eigenem Bekunden nur von Brecht zur weiteren Mitarbeit am großen Werke überreden, öffnete die schon gepackten Koffer und bearbeitete die Entwürfe, bis sie schließlich volkstümlicher, also nicht mehr burenfreundlich waren. Das Plädoyer, das Brecht den Wohnpalästen damals hielt, platzierte sie historisch zwischen Einfamilienhäuser und Kasernen, das verschlug selbst Henselmann die Argumente, der die Vorliebe des Meisters für Gebäude kannte, die man hundertfünfzig Jahre früher schon errichtet hatte. Brecht bewunderte den neuen Baustil rückhaltlos und öffentlich, denn er war schließlich auch Sophist genug, schon dessen späteres Vergehen zu ahnen. Sicher hat er Henselmann tatsächlich zugeredet, aber mit viel schlichter angelegter Dialektik, und den Architekten hinterlistig mit der Frage überzeugt, ob der wohl glaube, dass man anderswo so unbekümmert und von keiner Bodenfrage angekränkelt Wolkenschlösser bauen könne – so blieb abermals sein Koffer in Berlin. Und auch die beiden Häuser aus dem Gründungsjahr des Landes blieben stehen, doch eingeklemmt ins Generöse ihrer Nachbarbauten hatten sie nur vorzustellen, dass auch innerhalb des Neuen schon das Alte stille zu belächeln war. Und überdies waren sie zur immanenten Krittelei an der Moderne wunderbar willkommen, denn man hatte eben die Debatte um den Formalismus losgetreten, und die machte in den frühen Fünfzigern auch nicht halt vor Barlach oder vor der Kollwitz und nicht einmal vor Brecht, zu schweigen ganz und gar vom deutschen Bauhaus, das sich angebiedert hatte im verworfenen Amerika. Man stellte also beide Häuser zwar nicht unter Strafe, aber auch als Einzige nicht unter Denkmalschutz wie die gesamte restliche Allee. Die Straße dankt im übrigen den Häusern so auch eine Reihe unverhofften Grüns, denn nach dem Vorbild ähnlicher Kalamitäten der Befreier mit der eigenen Baugeschichte brachte man ein Dutzend schnellwachsender Pappeln in die Erde, um die Schande hinter ihnen zu verbergen. Wenn man heute Pappelrauschen auf so manchem innerstädtischen Terrain ganz überrascht vernimmt, empfiehlt sich überhaupt ein Blick auch hinter ihre fest geschlossenen Reihen, Unliebsames wurde nicht in jedem Fall gelichtet, manches wurde nur an einen grünen Gurt gelegt.

Auf unserem Wege gehen wir weiter wie durch ein Museum unter freiem Himmel, welches unbedacht einmal real Vision zu werden schien, und so bewegen wir uns auf den nächsten Fluchtpunkt zu, das imponierende Frankfurter Tor, die eigentliche Wiege der Allee. Vorbei am Imbiss *Neuling*, wo die Unterlagen in verschieden hoher Auflage als Pizza auf den Tisch gelangen, auch die »Riesensandwiches« für den kleinen Hunger zwischendurch sind achtbar, in der guten alten Zeit firmierten sie als »illustrierte Brote« auf der Speisekarte. Heute kann der Zeitungsladen *Bacchus* nicht mehr ganz so einfach mit dem Imbiss fusionieren, wie es seinerzeit geboten, leider aber auch verboten war, denn hier las man nach dem illustren Frühstück jene krümeltrockenen Illustrierten, die es einmal wöchentlich zu kaufen gab. Selbst harte Frosteinbrüche konnten nicht verhindern, dass sich an den Tagen des Erscheinens vor den Kiosken spontane Schlangen bildeten, dem Ausverkauf der Blätter noch zuvorzukommen. *NBI*, *Für Dich* und *Freie Welt*, die *Fernsehzeitung* oder *Zeit im Bild* – ab fünf Uhr dreißig trampelte der leitartikelsatte Tageszeitungsabonnent vor Ungeduld, um endlich Bilder vom bescheidenen Glamour anderer Länder etwa aufzusaugen, die ihm nur die kolorierten Illustrierten boten. Wenn schon keine Krönungsfeiern oder Silberhochzeiten bei Hofe, wie sie in der eingeschleusten *Quick* nicht nur zum Leseabenteuer wurden, wenigstens die Misslichkeiten zwischen Walter und Frau Lotte oder bei den Honeckers hat mancher sich gewünscht, der acht dreiviertel Stunden täglich für ihr Wohlergehen sorgte. Aber leider war der Vorschlag eines Zeitungsaustausches mit Westdeutschland dort nur auf Hohn gestoßen, dabei hatte Walter Ulbricht 1964 auf der Zweiten Bitterfelder Konferenz den Schriftstellern versichert, dass *Die Zeit* oder *Die Süddeutsche* demnächst trotz ihrer Irreführungen zu kaufen seien, wenn die Garantie dafür gegeben wäre, dass in Westdeutschland das *Neue Deutschland* in dem gleichen Maße öffentlich verkauft würde. Auch *Fröhlich sein und singen*, die beliebte Kinderzeitschrift, soll im Aufgebot der Liste Platz gefunden haben, doch die Bonner Ultras mochten sich das Vorurteil nicht nehmen lassen, in der DDR sei alles triste und niemand würde fröhlich sein und singen, dabei schwebten seinerzeit schon »Blaue Fahnen nach Berlin«, und später hießen

»Blick vom Dachgarten des Blockes A-Süd-West auf das Hochhaus A-Süd am Strausberger Platz.«

Kinderbücher sogar *Himmelblau und fröhlich sein*. Drum, Freund, so reih' dich endlich ein, dass vom Grauen wir die Welt befreien, die Welt indes blieb weiter grau und so auch dieser Austausch ohne Chance, die noble Offerte wurde nicht einmal erwidert. Chancenlos indes war auch der Ausgeschlafenste, der auf direktem Weg das *Magazin* erwerben wollte, jenes Periodikum, das einmal monatlich mit nackten Tatsachen vor allem männliche und jugendliche Leser süchtig machte, die den eingelegten Frauenakt an jede jungfräuliche Schrankwand pinnten. Die gesellschaftliche Sexualmoral zumindest war puritanisch, wenn das Leben auch wie überall seine ganz eigenen Wege ging. Ein Volksaufklärer warnte 1956 in dem legendären Buch *Ein offenes Wort* davor, statt Amor nur Cupido hinterherzujagen, und versuchte sich am dialektischen Dekret: Denn was uns alle doch verbinden sollte, sei »die Wahrheitsliebe und die Wahrheit in der Liebe«. 1948, es gab zeitbedingt noch wenig Partner, aber selbst schon da zu viele Partnerwechsel, sprach man noch direkter von den Volkskrankheiten, die den Wiederaufbau schwächten. Und die DEFA zeigte nicht nur die *Affäre Blum* und warnte vor den Mördern, die noch unter uns und unentdeckt vermeinten, der gerechten Strafe zu entgehen; sie hielt auch die Kamera auf allzu schnelle »Straßenbekanntschaften«, die im schmuddeligen Barmilieu mit untertassengroßen Beulen auf dem Rücken schmählich endeten.

Gerade noch zur rechten Zeit führt unser Gang zum Sanitärausrüster mit all seinem chromglänzenden Bäderinterieur. Und wir erinnern uns des Volkszorns, wie er nach den ersten Fotos aus dem Wandlitzer Regierungsdorf aus bislang stummen Zweiflern losbrach. Denn das Haus von Erich Honecker besaß nicht nur zwei Bäder, sondern überdies waren diese ausschließlich versehen mit – Armaturen aus dem Westen: Nie vor ihm hat je ein Mächtiger so schnell das Saubermanngesicht verloren und so unerwartet; und die Demut seiner Landeskinder, die sich über die Jahrzehnte mit weit mehr als blindem Kunststoff plackten, war wie weggespült.

Vorbei geht es am *Spezialitäten*-Laden, wo es neben Weizenmehl für 79 Pfennige und Rotwurst für 1,59 sogar Erbsen gibt – für gerade 90 Pfennig. So viel übrigens bezahlten die Bewohner der zweitausend Wohnungen der Straße Miete – pro qm und selbstredend in Ost. Und das für einen Standard, der sich mehr als sehen lassen konnte, denn die Fliesen der Fassaden mussten seinerzeit noch nicht wie später häufig Fehlendes verdecken, sondern galten noch als wirkliche Verzierung. Ornamente schmücken und Reliefs erzählen, das ist eingewecktes Architektengut, und wo nichts zu erzählen ist, da gibt es auch nichts auszuschmücken, selbst wenn man im Einzelfall so manche der Pilasterreihen mit den ausgerichteten Philistern in Verbindung bringt, die sich schon damals manieristisch in der Straße übten, manches Kapitell korinthischer Manier mit den Korinthenkackern, die sich keine Handlungshemmung auferlegen mochten und gerade so die Straße in die Nähe der missglückten Zuckerbäcker rückten. In den Wohnungen mit meistens zwei oder drei Zimmern waren dafür selbst die Küche und die Diele größer als die gute Stube früherer Siedlungsbauten. Freilich, nicht für alle Zimmer galten großzügige Dimensionen, manche hatten sich der äußeren Gestalt der Blocks zu fügen, deren einheitliches Aussehen absoluten Vorrang hatte. Symmetrie war gleichbedeutend mit Geschlossenheit auch der Bewohner, die gewährte hier das klassische Berliner Fenster, das in immer gleichem Abstand eingemauert wurde. »Häuser baut nicht aus Mauern, sie bestehen aus ihren Fenstern«, würde Hun-

dertwasser später sagen und so unverhofft Erklärungs-
hilfe für manchen übergroßen Flur und manches sehr
viel kleinere Zimmer geben. »Die geschickte Einrichtung
macht alles möglich, und du glaubst nicht, wie viel Platz
man findet, wenn man wenig Raum braucht«, ließ schon
Goethe seinen Wilhelm Meister dekretieren, und so fand
man auch die Einrichtungsbetriebe vorbereitet. Aus dem
Korridor der Arbeiterpaläste wurde flugs das Vestibül
der Bürgerhäuser, niemals wieder hatten Flurgarderoben
einen solchen Nimbus wie in dieser Straße und in jenen
Jahren. Spieglein, Spieglein an der Wand, die schönste
Niere im ganzen Land, sie hing im Flur und machte mit
geschliffenen Rhomben manche Falte unsichtbar, bevor
man in die gute Stube trat und in die Eierschalensessel
sank. Schon vor dem Klingeln waren die hinderlichen
Elemente der oft kleinen Zimmer wundersam verschwunden, fast ein jedes Möbel ließ sich in ein niedliches
Format verwandeln. Kollapsible Wandklappbetten für
den Unverstand so mancher Nächte hingen mittels quiet-
schender Scharniere an der Zimmerdecke, Stapelmöbel
machten jede Sitzgelegenheit zu gut geschnürten und
versandfertigen Päckchen, ganz besonders die verräteri-
schen Quellen abendlicher Zuverdienste galt es sorgsam
zu verbergen. Veritas zum Beispiel, jenes wahre Stichel-
wunder, machte nicht nur von der Mode unabhängig,
sondern auch das Haushaltsgeld ein wenig freier; doch
ihr größter Vorzug drückte sich in einem Zauberwort der
fünfziger Jahre aus, sie war – versenkbar, und gedacht
für größere Räume, hieß das wiederum – sie war diskret.
Nicht ein Besucher sollte von ihr wissen, wenn Beförderungen, Wunschgehälter, größere Verantwortungen
und dergleichen Übertreibenheiten hin- und herzugehen
pflegten; zwar gab es hier nicht die Partys wie im Westen,
wo der Nachkriegsmittelstand sich neu formierte und es

wirklich darauf ankam, aber auch die Hausgemeinschaft war nicht ohne Tücke, wenn sie nach der schwachen Stelle suchte, etwa nach dem eloxierten Brezelhalter, der als Kleinplastik selbst kunstgeschichtlich schon seit kurzem eingeordnet war, wenngleich fürs Erste nur im populären Kanon einheimischer Industrie- und Formgestalter. Wenn dann in die Diskussionen all der vielen interessanten Fragen unseres neuen Lebens noch das Telefon mit seinem Summer tönte, konnten auch die Auftraggeber dieser Häuser sicher sein, der deutschen Hausfrau noch einmal und diesmal endgültig das Armselige der Moderne plastisch demonstriert zu haben. »Welchen deutschen Arbeiter hat je ein Fahrstuhl vor die eigene Wohnungstür gebracht?«, die Frage aller Fragen stellte mit historischer Genugtuung der »Augenzeuge« vor die Kinoreihen und verwies darauf, dass sich in Westdeutschland nur jeder fünfte in die eigene Badewanne zwängen konnte, jeder zweite nur den eigenen Wasserhahn in seiner kalten Küche tropfen hörte. Hier hingegen zahlte man für eine Wohnung mit drei Zimmern, Küche, Bad und Diele märchenhafte neunundsechzig Mark, und später erst begriff man, dass der gute Ausgang aller Märchen stets dem Wunderbaren sich verdankte.

Mittlerweile steht den Sanitätsratschlägen nachbarlich die Agentur Pekunia zur Seite, und ein Schelm, der wortbeflissen wähnt, hier würde Geld gewaschen, irrt: Versicherungen und Verträge für den Kauf millionenschwerer Häuser werden hier gehandelt, für die einsehbaren oder gar notwendigen Gewerke sind die anzüglichen Mieten mittlerweile unerschwinglich. Selbst der Handel mit den einheimischen Fluss- und Seefischen zum Beispiel nebenan, er riecht geradezu nach Ebbe, scheinbar hat es »Fisches Nachtgesang«, den wir von Walter Ulbricht schon zitierten, bis hierher nicht mehr geschafft. Auch nachbarlich im Haus *Sporett*, vielleicht mit »Rettung durch den Sport« zu übersetzendes Signet, hält sich der Zulauf joggingwilder Leistungsträger offenbar in Grenzen. 1952 war das völlig anders, als noch niemand das Wort Jogging kannte, aber jeder Emil Zatopek. In Helsinki vor vierzig Jahren lief noch etwas auf den Aschenbahnen, und die Prager Lokomotive machte solchen Dampf auf, dass sie dreimal Gold einfuhr, selbst Paavo Nurmi war das in den zwanziger Jahren nicht gelungen. Diesen wirklich flotten Dreier über fünf, dann zehn und schließlich zweiundvierzig Kilometer nannte man in jenen Tagen zwar noch Hattrick, aber ohne Ehefrau war er schon damals undenkbar. Denn Gattin Dana warf im gleichen Stadionrund den Speer so weit wie keine andere, und ihr Mann behauptete kokett, er sei nur vor dem Fluggerät so schnell geflohen. Für Wirbel sorgte Zatopek noch einmal 1968, als der mittlerweile arrivierte Militär seine befreundeten Armeen mit ihren Panzern sofort wieder in die Heimat wünschte, was ihm statt der Generalsbeförderung eine Tätigkeit als Bohrtrupphilfsarbeiter eintrug, Alexander Dubcek brachte es noch immerhin zum Forstverwaltungsangestellten; doch zum Strahleruhm des Champions in der Moldaurepublik war nun für alle Zeiten das Gesicht des tapferen Patrioten aus dem damals noch geeinten Land hinzugekommen, das zum ersten und zum letzten Male unter der Obristenmütze von den Titelseiten in der ganzen Welt heruntergrimmte.

Andererseits muss aber auch erinnert werden, dass man immer schon die Läufer lieben konnte und deshalb noch lange nicht das Laufen pflegen musste. Walter Ulbricht, in den Dingen des gespaltenen Bewusstseins umgetrieben und mit seinem Volk vertrauter als gemeinhin angenommen, hat das schon geahnt und seinerzeit auch dieses heiße Eisen herzlich wie poetisch ausgeschmiedet, wenn er sportlich reimte:

Jedermann an jedem Ort
einmal in der Woche Sport.

Unendlich viele Fotos zeigten, dass der Schwung ge-stählter Leiber ihm genauso sehr am Herzen lag wie der von trefflich ausgeformten Versen. Hochbetagt sah man ihn oft in Höhenlagen mit Frau Lotte durch die Loipe traben, und ein schmetterndes »Spur frei« ent-fuhr spontan und unpolitisch seiner Stimme, die vom sonstigen Gebelfer oder von den Lobgesängen auf die eigene Staatsraison hier vielen schon als ausgegurgelt galt. Aufnahmen nur in bester Qualität, das Licht des Vorbilds in den objektiven Linsen von Carl Zeiss ge-bündelt, welche nun im Nachbarladen durch die Kon-kurrenz von Nikon und Minolta die Gefilmten sind. Im Schaufenster von damals fragte man die Kunden: »Wissen Sie, was scharf ist?«, und es gab darauf nur eine Antwort, Practica super TL.

Als Walter Ulbricht noch vom Slalomhang des Bro-ckens rutschte oder bibbernd auf der Jugendschanze stand, um Bildreportern aller Länder eindeutige Po-sen vorzuführen, war der Harz noch vielen eine Reise wert, und Urlauber wie Fluchtbereite irrten durch die eingeschneiten Wälder. Auch die Wurmbergschanze nahe Schierke war noch zu Beginn der fünfziger Jahre ein Kuriosum, denn ihr Auslauf wurde von der Grenze mittendurch geschnitten. Wie ihr stichig-fauler Name schnell dem ideologisch Kundigen verrät, stand sie auf Adenauers Seite, bei den Parasiten der Geschichte, und man konnte damals noch im Westen starten und im Os-ten landen.

O verkehrte Welt, mag mancher hier versonnen vor sich hin gegrübelt haben, der in Sorge oder Elend wohnte, jenen Dörfern, wo die Grenze durch die Höfe fuhr und sie in schläfrige Dornröschenjahre zäunte. Leider fand auch niemals ein Parteitag zwischen diesen beiden Dörfern statt, wie Einheimische es im Scherz empfahlen.

Die Bekümmerung, nun nicht mehr so gefragt zu sein, herrscht auch bei Pentacon, der Optikfirma, die man damals hin und wieder davor schützen musste, dass ihr eingeschneites Langlauftopmodell WU sie allzu oft zum Erzfeind Pentagon heruntersächselte. Ein Blick noch ins Milieu der »Feinschmecker« von alter Konvenienz, in der noch Eins-a-Bratenfleisch mit Sättigungsbeilage auf der Karte stand und die Salate farbenfroh die blasse Remoulade deckten; mittlerweile ist die einstige Majorität der Mayonnaise längst gestürzt, man hat aus praktischen Motiven unser Gaumenparadies zur Suppenschmiede umgerüstet, doch im Grunde ihrer Töpfe konnte auch die Küche bleiben, was sie immer war und wie sie altgewordene Gourmets hier lange schätzen – Terrina incognita.

Wir haben nun endgültig das Frankfurter Tor erreicht, das, wie bekannt, kaum zufällig so heißt, erinnern wir uns des Beginns. Der lag am Strausberger Geschenkgewimmel, wo wir die Allee gewissermaßen durch ihr Westtor kennenlernten, und wir stehen jetzt am östlichen, wo das Gemeinwesen sich ursprünglich vollenden sollte. Selbst Besucher, welche damals noch verzagt und nur zum Bummel in das Viertel kamen, um es hier am Osttor wieder heimwärts und beladen zu verlassen, fühlten sich vielleicht zumindest für kurze Zeit vom Neuen Menschen eingewickelt.

Auch hier zwei Hochhäuser als Stützen unseres Tores, gleichsam Pfosten einer Zitadelle, die dem dekadenten Siegeszug der westlichen Reklame beispielsweise hier noch wehrhaft widersteht. So sieht man stadtauswärts noch jene originalen Lettern, welche in der DDR ein Monopol benannten, auf dem Turme prangen – RFT. Die Initialen meinten Radio, Fernsehen, Television, und es bleibt eins von den originalen Rätseln wiederum der DDR, warum sie wohl ein Extrakürzel jeweils für das Fernsehen und für Television geltend machte; denkbar ist, dass Television polyglott-sublim benannte, was das Fernsehen proletarisch-international verdrahten wollte. *Messen-Prüfen-Überwachen* steht darunter, schließlich ging es nicht nur um private Bild- und Tonempfänger, sondern auch Signale, welche manchem Hören und Sehen vergehen ließen. Den Beginn der Fernsehära hierzulande läuteten dagegen eigene Modelle ein, und die versah man mit den Namen derer, die Jahrhunderte zuvor in Deutschland schon für ordentliche Bilder sorgten. Alte Meister prangten auf den neuen Wunderkästen, unter Rembrandt oder Dürer machte man es anfangs nicht. Doch schon das erste ausgelieferte Gerät fand nicht den Weg zum Kunden, Wilhelm Pieck bekam es zum Geschenk. Der volkstümliche Präsident indes besaß noch Skrupel solcher Privilegien wegen, er verschenkte seine volkseigene Laterna magica gleich an die Pioniere weiter, die benannten dafür, ihrerseits nicht kleinlich, dann ihr erstes großes Sommercamp nach ihm. Erst später standen Lieferschwierigkeiten der beschriebenen Art für dieses Land schlechthin als Markenzeichen; sicher baute man schon zwei Jahrzehnte Fernseher, doch jetzt erst nannte man sie mit Bekennermut »Debüt«. Die Radios hießen in den siebziger Jahren dann noch viel entschiedener Akkord, sie riefen schließlich jeden Morgen pünktlich an die Bänder, wo die Sinfonie der Großstadt zu den Klassenschlachten in der Produktion erklang. Die ersten Radios taten ähnlich vornehm wie die frühen Fernseher, sie hießen Beethoven und Händel, von den Skalen leuchteten die Städtenamen zwischen Hilversum und Canberra, von Oslo bis Florenz – die letzten aber wurden sang- und klanglos abgeknipst, »It's not a trick, it is a Sony«.

Früher sah man hier am Eingang unseres U-Bahn-hofes große Glasschaukästen; diese hatten niemals einen Fahrplan zu umrahmen, sie beherbergten vielmehr die Fotos von verdienten Vorarbeiterinnen oder Gladiatoren der Betriebskampfgruppen. »Straße unserer Besten« hieß der Fries, den wirklich Guten unter ihnen war es ohne Frage peinlich, und sie blickten auch nach ungezählten Schnappschüssen noch recht betreten in die Augen des geforderten Betrachters, der sich häufig unter Geister-bahnfiguren wähnte.

Hier nun also steht das »älteste« und gleichsam schmuckloseste Haus der Straße, denn kein Café, nicht ein exponierter Laden fand in ihm sein Heim. Dabei wurde gerade hier der Grundstein der Allee und der des Sozialismus gleich dazu gelegt, vom Fundamen-talisten Grotewohl, und dieser schätzte damals so aufs Geratewohl, dass es doch besser sei, »dreiunddreißig Millionen Stück unter Schutt verborgene Mauersteine hervorzuholen als wiederum, wie im letzten Weltkrieg, dreiunddreißig Millionen Menschen in die kalte Erde zu bringen«. Zehntausende vermochten ihm da nicht zu wi-dersprechen, denn der Musenfreund der SPD, der seine Hand nicht nur zum Musizieren und zum Zeichnen nutz-te, sondern sie vor allem einst der Zwangsvereinigung geboten hatte, war nicht ein dahergelaufener Tischler, sondern kam vom – Buchdruck. Vielleicht deshalb fand die vielzitierte Einheit der zerriebenen Arbeiterparteien auf einer Operettenbühne ihr ersehntes Happy End, als im Berliner Metropoltheater eine Hand die andere wusch. Das Haus gab 1946 allerdings der schwerer noch getroffenen Staatsoper Quartier, so dass für manchen der Zusammenschluss auch einer Seifenoper mit gemischtem Chor geglichen haben mag. Doch mit dem totenblassen Ziegelsteinvergleich sprach Grotewohl am Tag der Grundsteinlegung unserer Straße immerhin von echten Aufgaben, als wirkliche Berufe noch in weiter Ferne lagen. Dass der Wechsel aus dem Stalingrader Paulusheer in die Armee der freiwilligen Helfer oder der vom Eintopfsonntag hin zum Aufbauwochenende auch vertrackt war, ahnte mancher wohl schon vor dem Juniaufstand, so der anwesende Erste Sekretär von Ostberlin Jendretzky, den man später dann als Plattformbildner und Sektierer aus dem Augiasstall hinauswarf. Als Gewerkschafter ließ man ihn später Schularbeiten machen, um vermeintlich selbstverwaltungsinfizierte Syndikate auszumisten, doch zu seiner Ehre darf man sagen, dass auch dies ihm nicht besonders gut gelang. Ein anderer, der gleich ihm darüber nachsann, Ulbricht aus dem schlecht geführten Amte zu entfernen, gab sich 1952 noch sehr zuversichtlich; während ihrer Zweiten Konferenz erklärte Rudolf Herrnstadt, Chef des *Neuen Deutschland*, den Genossen: »Und bestimmt wird der Gegner, dieser Meister im Danebenraten, höhnen: ›Ein Straßenabschnitt, und da reden sie schon vom ganzen sozialistischen Berlin‹. Wir erwidern darauf: Vorsicht! Erst ein Winterpalais und dann die ganze Sowjetunion (stürmischer, lang anhaltender Beifall). Erst ein verhöhnter Hennecke – und dann eine ganze Armee von Aktivisten (starker Beifall). Erst ein Straßenabschnitt Strausberger Platz/Bersarinstraße und dann die ganze sozialistische Hauptstadt Deutschlands – Berlin.« Dass der Gegner so gesprochen hätte, wie ihn Herrnstadt intonierte, war schon damals eher unwahrscheinlich, der zum Beispiel gerade entstandenen *Berliner Morgenpost* war solche Unbeholfenheit gewiss kaum zuzutrauen. Doch auch das unverfroren vorgetragene Sächsisch seines Chefs klang immer weniger mit Herrnstadts Sprache ineinander, und er fiel in Ungnade, nachdem die Galgenfrist für Ulbricht glücklich abgelaufen war; in Moskau hatte man ihn probeweise schon als Bauernopfer debattiert, um für die russischen Depeschen an Herrn Doktor Adenauer respektive dessen Alliierte bessere Noten zu erhalten und das linksrheinische Bindungsstreben aufzulockern, aber Walter Ulbricht hat so lang geweint, bis klar war, Reiter wechselt man nicht während eines Rennens.

Unbekümmert vom brisanten Personalgeschehen wehten zwischen beiden Türmen über der Allee die Worte des berühmten Eckenstehers Nante »Mensch, Berlin, wie haste dir vaändert« und behaupteten die Perspektive schon im Perfekt und vollkommen – als vollbracht. Man glaubte voller Zuversicht und offenkundig jenen Worten Adolf Glaßbrenners, der hundertzwanzig Jahre früher schon den Eckenstehern zugestand, sie seien unbescheiden, standhaft, menschenfreundlich und vor allem von unendlicher Geduld. Da meinte er die echten Lümmelbrüder, Nante aber war im besten Fall ein kurzer Ferdinand und frei erfunden wie der Neue Mensch in unserer Straße auch, und seine wenig frommen Wünsche, die ihm Karl von Holtey auf die Zunge packte, waren es selbstverständlich ebenso und wirkten auf Beteiligte wie das entsprechende Berliner Sprichwort – »Kess wie Nante«. Dafür waren die durchsichtigen Kuppeln auf den Pfosten unseres Tores allzeit lichtdurchflutet, mancher fühlt sich heute noch daran erinnert, dass der frühverstorbene Dichter Louis Fürnberg einstmals träumte, eines schönen Tages würden wir auf gläsernen Terrassen wandeln.

Wir hingegen wagen uns ins Freie, denn mit diesen Türmen endet praktisch der umfriedete Spaziergang. Jetzt beginnt das bauliche Dakapo der Allee, denn ursprünglich sollte das Viertel in die Tore eingebettet liegen, doch den damaligen Schwung ausnutzend, gab man noch ein weiteres Stück hinzu, dreihundert Meter etwa standen für den Übermut, der Bäume ausriss und zu Balken trimmte:

Dieses war der erste Schritt,
und den zweiten machste mit.

Das war noch der Elan, auf den man sich auch später oft und gern berief, den wirtschaftlichen Flickenteppich immer wieder neu zu knüpfen, doch am Ende schließlich war er jammerdünn und federleicht, und alles flog mit ihm davon.

Mit imposanten Eckbauten nimmt der Beginn der Zugabe den Zug der Straße würdig auf und steht der torbewehrten Stadt nicht nach. Im riesigen Kosmetikladen ist inzwischen ein Solarfrivolium einquartiert, denn schließlich ist es nicht mehr ganz so einfach, sich am FKK-Strand frei dem Sonnenbade hinzugeben. Früher war fast jeder zweite Strand den nudeligen Nudisten reserviert, sie waren das Badesalz in der bigotten Suppe, denn im neuen Leben galt die Schubkraft neuer Lenden dem gesellschaftlichen Fortschritt wenig, doch noch heute hält so mancher zeitbeflissene Chronist, der gern den Blick in größere Zusammenhänge stellt, die fünfziger Jahre sogar für die Taille des Jahrhunderts. An den nunmehr bundesdeutschen Stränden zwischen Boltenhagen und der Insel Usedom hat allerdings der Tierschutz jetzt Saison. Zu zweihundertundfünfzig Metern Sand für unsere unverbesserlichen Nackedeis gesellen sich mittlerweile achthundert für unsere vierbeinigen Lieblinge. Verschämte Polizisten wachen, dass die guten Sitten eingehalten werden, früher spähten sie nach kühnen Schwimmern, deren Blick zu neuen Ufern ging. Vorläufig liegt es ganz allein beim Mann der Ordnung zu befinden, wo Verderbtheit zu bekämpfen ist, denn noch sind Sittenfrevel und Verwahrlosung nur allzu provisorisch definiert. Offene Fragen gibt's wie Sand am Meer, im neuen Jahr jedoch erscheint der lang ersehnte Bußgeldkatalog und schafft für alle Interessierten Klarheit. Wo nun heute in geschlossenen Räumen der Pigmente hascht, dem das Verfahren spießig oder das Ozonloch nach wie vor zu klein ist, sang man in den falschen Fuffzigern dem Linderungsmittel »Schmerz, lass nach« das Hohe Lied. Die Werbung pries die Schälkur Boa, welche die Probleme noch sprichwörtlich löste, beispielsweise das der Hornhaut von den Füßen, welches unsere Menschen ganz genauso drückte wie die Schuhe aus der volkseigenen Produktion. »Gesunde Hände braucht der 5-Jahr-Plan«, behauptete die Losung, die die Salbe mit der lyrischen Bezeichnung »FFW 102 – stark fettend« pries, denn die bot sicheren Schutz vor Mörtel, Ruß, Zement und auch Karbid. Im Westen gab sich zwar der Fleckentferner K2r nicht gerade poetischer, doch dafür sehr viel privatimer, wenn er mit so sinnlichen Malheuren kämpfte, wie sie Lippenstifte aus der Grabbelkiste auf den Nylonkragen hinterließen. Nicht zu reden von den schlimmsten Schwerenötern, die die Menschen seinerzeit verängstigten, Bakterien gingen hin und her bei solchem Treiben, aber Wofasept war längst schon auf dem Markt, das feine abgestimmte Antiseptikum, das Peinliches vermied und Selbstvertrauen wiedergab. Die schweißtreibende Mode späterer Jahre forderte auch weiter Derbes, wenn die Zeitgenossen aus den Muffelblusen stiegen, neues Material wie Dederon und falsche Seide fand in exquisite Läden, die Bakterien kamen kaum noch aus den Achselgrüften, doch der Kleinzerstäuber sprühte sein Parfüm so lange in die letzte Höhle, bis das Spray den Druck aufmachte, dessen der Schwung des gutgelaunten Zeitgenossen noch ermangelte.

Schon seinerzeit erwiesen sich die *Männermoden* nebenan noch strapazierfähig und exklusiv zugleich, und mancher Name schien dem Hersteller viel mehr historische Verpflichtung als Bedrückung; wenn zum Beispiel Goldfasan im Logo einer volkseigenen Feinstrickbude glänzte, durfte man auch Stoffe für die festlichste Gelegenheit und selbst den zugeknöpftesten Galan erwarten. 1953, wie so oft in unserer Geschichte im November, war ein Ruck durch die ermüdeten Verhältnisse gegangen, Frieda Hockauf webte über ihre Norm hinaus fast fünfzig Meter von dem Stoff, aus dem die Träume werden sollten, und erläuterte: »So, wie wir heute arbeiten, wird morgen unser Leben sein.« Ein wahres Wort, gelassen ausgesprochen, doch zu viele dachten seinerzeit schon umgekehrt und schreckten vor den Anziehpuppen unserer *Herrenmoden* leicht zurück. Die saßen in so mancher frühlingsfrohen Joppe locker im Traktorensitz; samtpfotenweicher Wellbeton und wollhaltiges Stichelhaar waren damals die gefragten Materialien, wenn man mit gewandtem Schick und mit dem Slogan »Eleganz hat Vorfahrt« vor die Menschen trat. Für kalte Tage ein Paar Grimma-Handschuhe dazu, mit äußerem Webpelz und der kunstledernen Innenhand, Verbrechen lohnte sich da wieder, trug sie doch ein jeder tapsig in der blinden Menge, ob nun blondgelockter Jüngling oder nur der Sünder mit dem kahlen Scheitel. Mode wollte alles andere als käuflich sein, denn schließlich war man nicht im Westen, wo man »Mode für Millionen« zu entwerfen vorgab und mit Mode die Millionen einfuhr. Hier war Kleidung stets »modern und praktisch«, jede Oma wurde glatt »zum Backfisch«, für den einen wie die andere aber war die Mode nicht mehr auszudenken ohne ihren handfesten Bezug zum Neuen Menschen, der sich in der Arbeitswelt und in gesellschaftlich bewusst verbrachter Freizeit zu erweisen dachte. Spätere wissen, es gelang ihm so lala, doch mittlerweile gibt er sich in Seide als erfolgsverwöhnter Abenteurer auf dem Truck. Dennoch kam »Fritz, der Traktorist«, der morgens stets am Feld der Erste ist, auch früher hier schon eher selten ein, um in der neuen Hauptstadt den Erwerb des Binders aus Trevira zu erwägen, der beim Ernteball die Puppen hätte tanzen lassen. Schließlich hatte sich der Klassenkampf auch auf dem Dorf massiv verschärft, wie es der letzte Klassiker in seinen vielempfohlenen Schriften prophezeit hatte, da galt es wenigstens beim Feiern eine ausgezeichnete Figur zu machen, wenn der Neubauer dem Altbauern schon sonst nicht an die Wäsche konnte. Zwar war allen Grundbesitzern schon vor Jahren jeder Boden unter ihren Flurentretern weggezogen worden, aber man war noch um Jahre weit entfernt vom großen Bauernlegen, welches 1960 auch die letzten Unwilligen in die staatsbestellten Kollektivwirtschaften trieb. Die jungen Volksagitatoren suchten Jahr um Jahr all die verstockten Höfe heim, um auf dem Lande endlich ihren Frühling und die Saat des Sozialismus einzubringen. »Früher brummte es in der Luft, und heute bumst es an die Tür«, so suchte man die Aufklärer ironisch abzuklären, vielleicht deshalb reichten manchmal bis zu dreihundert der ungestümen Weltveränderer beispielsweise nicht, ein Dorf mit fünfzig Höfen zu bekehren, und so schlugen irgendwann nicht nur die Bäume aus, sondern die Staatsorgane zu und fuhren mit dem Trecker Stalinez die letzten Ackergrenzen platt. So manchem Traktoristen wurden bis zu fünf Umkreisungen des Erdballs nachgerühmt, auch wenn er mit dem Furchenzieher auf der Scholle blieb und seine Weltexpedition nur in die lichte Perspektive seines immergleichen kollektiven Ackers führte. In den Fünfzigern fuhr selbst der Präsident noch häufig über Land, wo er zum Beispiel die Labore des Saathauptzuchtgutes interessiert besichtigte, um schließlich einen Blick ins Mikroskop und zwei ins kollektive Glück der kleinen Borstentiere zu riskieren, denn die Ferkelaufzucht in den Freiluftställen hatte von der Tierhaltung der Kolchosbauern kräftig profitiert. Als immer wieder gern gesehener Gast gab auch der Maisbauer Chruschtschow so manchen guten Rat für die Erziehung deutscher Hirse, und als Agronom zu arbeiten bedeutete inzwischen, Bauern- wie auch Apothekerqualitäten zu besitzen, beides für den Klassenkampf ansonsten nicht gerade gefragte Fertigkeiten. Dreißig Jahre früher hieß es in dem Riesenland noch »Auf die Pferde, Donkosaken«, jetzt rief man die Jugend auf Traktoren, und die Jugendzeitschrift *Frösi* – Fröhlich sein und Singen – referierte die Empfehlung, viel mehr Traktoristen sollten von der Aussaat bis zur Ernte nach der Manukowski-Technik arbeiten und so zu Musketieren ihrer Königin, der Maisfrucht, werden; und ein Dichter schrieb der mehligen Monarchin gleich ein ganzes Buch – *Die Maisfibel* fand 1960 in die Bücherschränke aller zehnklassigen Schulen. Die vier Brummers trällerten

Der Mais, der Mais,
wie jeder weiß
das ist die Wurst am Stengel,

ein besonders strammer Bengel. Oh, frivol ging es im Fern sehen zu, und Meisterbauer Heinrich Sänger stemmte seinen Siebenpfünder lieber in die Titelseite einer Illustrierten und erzählte aus der Rübenstiege: »Drei Teile Stallmist und einen Teil Erde zur Miete. Das erwärmt sich auf sechzig Grad. Wir kühlen mit Jauche ab und ... haben den besten Mist.« Klar, dass man bisher mit Stallmist allenfalls auf zwei Pfund kam, mit kollektivem Erdmist aber würden sieben Pfund zur Regel. Mühelos »ist der Ertrag von zwei Ernten so hoch wie sonst bei dreien«, und zwar mindestens, ergänzen wir mit Adam Riese, und mit Friederike Kempner hadern wir in diesem Fall von wegen »Nimmer duftig ist der Mist«, unwissend nur und grau ist alle Poesie. »Ihr steigert die Hektarerträge durch die Anwendung sowjetischer Agrarerfahrungen!«, so forderte das neue Bildungsmonopol die alten Schollenhacker rumpelnd auf den Plan. Der hieß dann freilich auch schon Soll, und wer es nicht erfüllte, galt als Spitzbube und fuhr statt seiner kümmerlichen Ernte häufig selbst ein. In Zeitungen und Filmberichten führte man die Saboteure vor, die voller böser Absicht ihre Scheunendächer undicht hielten, ihr Getreide mutwillig verschimmeln ließen und Erfolgsplakate in der Dorfgaststätte mit dem dritten Kornbrand schändeten. Das galt für groben Undank, denn die gleichen Medien zeigten etwa Mecklenburger Dörfer, deren Katen noch im Winter 1953 ohne Strom und Wasser waren und der jungen Volksmacht eine nun fast großstädtische Lebensart verdankten. Jene Störenfriede rekrutierten sich nach Auskunft der Experten maßgeblich aus den Enteigneten, die 1946 selbstherrlich wie engstirnig das Angebot der Staatsmacht ausgeschlagen hatten, sechzig Kilometer weit von ihrem alten Grund das Leben eines Neubauern zu wagen. Flegel dieses alten Schlages wollten weder ihre

Juni 1955: »Die ersten Familien zogen ins Hochhaus Nord am Straußberger Platz ein. Rainer hilft der Mutter, Frau Hacke, tatkräftig beim Gardinen anmachen. Familie Hacke ist seit zwei Tagen stolzer Bewohner des Hochhauses.«

Ernte dreschen noch sich selbst drillen lassen, schließlich hatten sie die Felder dieser neuen Politik nun wahrlich nicht bestellt. Der Frühling 1960 aber schließlich stellte sich auch ungerufen ein, den kollektiven Flächen prophezeite man ein großes Blühen, das selbst Yankees und Kartoffelkäfer nie mehr hindern würden. Aus dem Werktag zweier Welten konnte man nur eine wählen, denn »Wo friedliche Völker bebauen ihr Land, / wirft Amikäfer die Verbrecherhand«. Doch »Von Schädlingen zu säubern die reiche Saat, / setzt Flugzeuge ein der Sowjetstaat«.

Schon zu Beginn der fünfziger Jahre hatte Gerhard Eisler, Bruder des bekannten Komponisten und nicht schlecht mit dessen ständiger Verwechslung lebend, sein Amerika entdeckt und ihm gedroht, dem Weißen Haus die Schädlingsausfuhr nachzuweisen. In den Sechzigern besorgte er ein säkularisiertes Wort zum Sonntag, welches regelmäßig engagierte Jugendliche aus der Pein gesellschaftlicher Unklarheiten retten wollte, während Willy Brandts Kolumne seinen Westberlinern Rede stand, »Wo uns der Schuh drückt«. Auch im Radio gab sich der Professor später unamerikanisch: »Sind die Astronauten aus Amerika genauso mutig wie die Kosmonauten der Sowjetunion?«, dem jungen Heimbewohner wurde salomonisch Antwort: »Aber ja, wenn man bedenkt, wie wenig sicher die amerikanischen Raketen im Vergleich zu den sowjetischen gebaut sind.« Walter Ulbricht hatte da als selbsternannter Agronom Fundierteres zu sagen, als er in Erwartung voller Scheuern zu den Bauern, den natürlichen Verbündeten vom Lande, sprach. Die abendliche Aussprache im Dorfgasthof kam zum Befund, die Decke Adenauers sei sehr dünn, und mit Erstaunen hörten unsere Landarbeiter weiter, dass der Vorsitzende dies dem Kanzler immer schon gesagt hätte. Den neuen Ackerbürgern, die mit Schnaps und Bier den Schritt vom

Ich zum Wir begossen, um ihn nicht zu sehr als harten Tritt in ihren Bauernhintern zu empfinden, winkten in der Klause beste Noten, Walter attestierte ihnen: »Ihr seid gute Außenpolitiker. Ihr wollt den Siebenjahrplan schon 1963 erfüllen, und ihr sorgt dafür, dass wir Westdeutschland ein- und überholen«, offen ließ er dabei listig, ob das eine Feststellung war oder eine seiner subjektiven Korrekturen am kommoden Fortschrittsschwung. Denn mittlerweile kämpften die Genossenschaften nicht nur auf der Überholspur ihrer Ackerfurche, sondern auch um Namen, die sie wirklich schmücken würden, wer noch wollte in der Mitte des Jahrzehnts zum Beispiel Fortschritt, Frohe Zukunft oder Vorwärts heißen, wenn selbst jede Schusterinnung in Geschichte machen konnte. Einer Absatzbar, die hier nicht Jakob Böhme hieß, stand beispielsweise immer noch Hans Sachs zur namentlichen Wahl, und dazu musste man auf Philosophens Rappen ganz genauso wenig tippeln, wie man wissen sollte, dass der Fastnachtsdichter sich schon vor Jahrhunderten an selbsternannten Paradiesvertretern delektierte. Da war es auch in den Dörfern geradezu historisch angezeigt, als kollektiver Landherr für den Titel »Thomas Müntzer« oder »Florian Geyer« alles aufzubieten, schließlich sagte man dem Ersten nach, er sei ein früh schon aufgestandener Bodenreformator, und dem zweiten stand man einfach wegen seiner unkonventionellen Taktik nahe, die man gern vom Schwarzen Haufen übernommen hätte. Gleich den Schusterjungen mussten auch die werktätigen Bauern nichts Genaues über ihre Namensgeber wissen; dass sich Pater Müntzer nicht nach aussichtslosem Kampfe einem öffentlichen Tribunale stellte, sondern morgens aus dem Bett heraus verhaftet wurde, oder dass die Bauern schließlich sich den Zündelhauptmann Florian fast selbst vom furchtgeschnürten Halse schafften, das waren allenfalls Geschichten für Kartoffelfeuer und nicht für Brigadebücher. Besser hätten damals schon die Kollektiven, aber ohne Wimpel und Pokale, um den einzig angemessenen Namen kämpfen sollen: Kohlhaas; der indes war Anarchist und obendrein inzwischen wie sein Autor faktisch Westberliner. Beide wird man ohnehin nicht in der Nähe gerade dieser Straße wähnen, dabei hat vor mehr als vier Jahrhunderten das Vorbild für die Kleistfigur nur einen Steinwurf weit entfernt vor seine Richter treten müssen. Das Berliner Hochgericht sprach 1540 in der Großen Frankfurter den Bürger Kohlhase in allen Punkten schuldig und verwies ihn an den Henker. »Nie sah den Gerechten ich verlassen«, waren die letzten Worte des berühmten Delinquenten, vornehmer sprach nach ihm kein Berliner, nicht ein Preußenkönig, ganz zu schweigen von den später zugezogenen Herrschern.

Neben unseren *Männermoden* residiert jetzt Ostberlins erster New Yorker für die ewig Jungen, die vor kurzem noch mit einem einzigen azzurroblauen Hemd und mit genauso vielen englischen Vokabeln ausgekommen sind und nun das knallige Wort *Cash* im Fenster häufig erst beim Kassenfiepen ganz begreifen. Die Erfahrung nur macht halt den Meister, und auch Bildung, wie die Bibliothek gleich nebenan sie bietet, hilft so manche all der Klippen elegant umschiffen, die den Neuen Menschen in dem völlig neuen Leben nun so oft bedrohen. In den fünfziger Jahren gab es kaum etwas so häufig wie die Bibliothek, denn schließlich war man angetreten, das verfluchte Bildungsmonopol der Bürgersöhne zu zerbrechen und die eigene Weltanschauung wissenschaftlich zu begründen mit der Wissenschaft als Weltanschauung. Komplizierte Dialektik gerade für ausgeschlafene Jugendliche, die am Puls der Zeit, wenn nicht gar nahe der Sektorengrenze lebten, galt es täglich beizubringen, manche Wendung in der Theorie war jäh und überraschend wie sonst nur die Schulranzenkontrolle, die den Schund- und Schmutzerzeugnissen des Westens klassen kämpferisch den Garaus machen wollte. Ganz besonders heftig tobten jene Schlachten zwischen unteren und oberen Klassen, denn die jüngeren mussten vor den älteren Schülern demonstrieren, dass nur Unverfängliches zu ihrer Habe zählte – eine pädagogische Gemeinheit. »Kennen Sie die Mappe Ihres Kindes?« fragten furchteinflößend die Kampagnen, und die Schulen machten manchem Elternpaar ein allerletztes Angebot, bedenkliche Versäumnisse in kameradschaftlicher Weise aus der Welt zu schaffen. Zwar war die Geduld der Staatsmacht eine revolutionäre Tugend und dem ganzen Land geläufig, doch sie hatte ihre Grenze, die aber war immer noch sehr weit geöffnet für die kleinen Schmuggeleien im großen Stil. Gewiefte aber machten damals schon die Konterbande nicht mehr in den Taschen der gebeutelten Eleven aus, vielmehr erkannten sie Verbotenes im Schnitt der Hemden und der Hosen, und Gefahr war im Verzug, solange unsere künftigen Erbauer nur verschossene Garderobe einte.

Daher lag die Bücherei unmittelbar am ehemaligen Revier der Polizei des Volkes, und nur Ignoranten können das für Zufall nehmen. Wie wir eben sahen, wollte auch der Geist von Zeit zu Zeit geordnet werden, und zum anderen hätten all die Witze über den berühmten Lesehunger unserer Ordnungshüter hierzulande selbst die Bibliotheken füllen können. Das blieb aber eher anderen Verdiensten vorbehalten, etwa jenen freiwilligen Wacheinsätzen auf der damaligen Großbaustelle, die dort tausendfach die Ruhe wahrten und Agenten ohne Chance, ja selbst den Mond nur noch sehr stille gehen sahen.

Das Legoparadies, der letzte Laden hier auf unserer Seite, machte früher Kinderträume wahr, zum Beispiel den, in einer Kapsel um die Welt zu kreisen, und der VEB Galvanik stellte plangetreu und vorweihnachtlich seine vielen Sputniks ins Regal. Doch spielerische Höhenflüge waren seinerzeit sowenig populär wie später; in der drei Minuten weit entfernten Mainzer Straße gingen bei der Räumung der besetzten Häuser auch die neuen Ordnungshüter mit Gebühr zu Werke, wie der Steuerzahler es erwarten darf. Der rote Schal des Bürgermeisters wehte über seinem ersten Ostengagement so heftig, dass er sich in ihm verhedderte und es zugleich sein letztes wurde; bei den nächsten Wahlen siegte gut gekämmt der Vorgänger im Amt, und manche Mutter zwischen Steglitz und Frohnau schlief wieder ruhiger.

Wir sind am oberen Ende der Allee, am östlichen und mithin an der selbstgesetzten Wendemarke angelangt und schlagen wie in einer oberen Stadionkurve und in streng olympischer Manier den Weg ein, der bekanntlich nie zu spät und stets der rechte ist: den Weg der Umkehr. Hier aus dieser Richtung kamen 1945 von der Oder her die russischen Soldaten, denen die Befreiung nicht nur materiell entgolten wurde. Ihnen setzte die Allee auch insofern ein Denkmal, als sie sich nicht nur am deutschtümelnden Schinkel orientierte, sondern noch viel mehr am Generalbebauungsplan von Moskau, mit dem 1935 die wohl markigste Kritik an jeder Form modernen Bauens vorgetragen wurde wie ein Angriff von Budjonnys Reitern. Die Logiergäste aus Moskaus Edelhotel *Lux*, die dort das gute Dutzend ihrer Jahre im Exil verbrachten, revanchierten sich beim größten Sohn des großen Landes so fürs Überleben. Mancher ahnte wohl in Stunden unverklärter Rückbesinnung an die Säuberungen eineinhalb Jahrzehnte früher, dass es um weit mehr ging als die fristgemäße Übergabe von potemkinschen Gebäuden.

Die Enttrümmerung begann auf dieser Höhe, und von außen wühlte man sich schnell nach innen. Trümmerhaufen schmolzen fort wie die vom Hörensagen gut bekannten Butterberge in der Sonne, denn die Zahl der Freiwilligen überwog bei weitem jene der Getriezten.

Es fällt nicht schwer,
so brummt der Bär,
drum halte Schritt
und baue mit.

Schließlich auch waren immer noch nicht alle Helden aus den Weiten Russlands heimgekehrt, so dass die Wochenendeinsätze eher großen Damenwahlen glichen, als dass wirklich »Mit dem Namen unserer deutschen Hauptstadt auf den Lippen« oder mit der Losung »Trümmerfrei zum Ersten Mai« Geschichte reuevoll entrümpelt worden wäre. Der gefurchte Traktor Famulus erledigte auch seine Wege durch die Trümmer dienstbar und mit wundersamer Zuverlässigkeit, der Schlepper Aktivist war mehr in der Umgebung von Berlin beschäftigt. Dort half er, die eingeschlagenen Wälder naher Forste abzufahren, denn die Baugerüste für die Blöcke der Allee entstanden noch aus echten Kiefernbalken, und der Zimmermann war so ein achtbarer Berufsstand. Brecht imaginierte damals einen Brief an einen jungen Bauarbeiter, und in diesem gab er sich in Sachen Stadtbewuchs und Grünanlagen ratlos: »Deine Allee hat / noch keine Bäume, / ich weiß nicht woher du es nehmen sollst, / was ich von dir verlange.« Nur wenig früher, im Exil, war ihm ein Plaudern über Bäume nur vergleichbar mit Verbrechen, doch auch später war es hierzulande eher schwierig, bei verholzten

Staatsbeamten ungesunde Wälder ins Gespräch zu bringen.

1952 rodeten die Kettensägen erst mal ganze Landschaften, in die man dann die Reißbrettstädte und die Industriegiganten pflanzte. Jeder lernverdrossene Junge tröstete sich noch bis in die späten sechziger Jahre mit der Möglichkeit, als gutbezahlter Hilfsarbeiter über Land zu ziehen und Montageabenteuer zu bestehen. Jack London war ein Muss und außerdem das absolute Maß, er stand in allen Schaufenstern, auch wenn man sonst die nordamerikanischen Romane eher misstrauisch und in nur kleiner Zahl verlegte. Offenbar hat nie ein Pädagoge auf das subversive Potential des König Alkohol so richtig Acht gegeben, denn so mancher Jugendfreund hat Dawson-City schnell nach Eisenhüttenstadt verlegt und seinen Klondike in die Oder fließen lassen; doch was für die Volkswirtschaft ein zeitweiliger Segen schien, war auch das frühe Ende einer allmächtigen Schule, die bei Wohlverhalten Universitätsbesuche offerierte, die schon damals viele als zu kleinen Lohn für eine ganze brave Jugend ansahen. Und der Mann der Arbeit, dessen Allmacht stets im Einerlei der Klippklappschule angerufen wurde, fand so ungewollt sehr viele Jünger, und zudem schuf er die seltsame Fiktion, als Goldgräber zu leben, wo nur Kohle lag.

Nur leicht zurückgesetzt, wenn auch im Leben unserer kleinen Sparer schwer nach vorn drängend, lagert die Filiale der Berliner Bank die blanken Nickel. 1948, als man in Berlin die Währung erstmals reformierte, wetterte Klaus Gysi, der Kulturpolitiker und Vater seines Sohnes Gregor, diese sei das »letzte Attentat auf Deutschland«. Sicherlich ein gut gemeinter, wenngleich mutiger Exkurs in Sachen Nationalökonomie, denn seine tapfere

These, »zehn Prozent des guten Willens« hätten für das Miteinander zweier Währungen genügt, gemeinsam eine »Lösung zu erzielen«, fand schon damals wenig mehr als milde Nachsicht. In der noblen Zeitschrift *Aufbau* trug er den Gedanken vor, und deren vornehmem Konzept stand er gewiss um vieles näher als dem desolaten Alltag. Immerhin war 1950 hier noch manche Münze messingschwer, doch spätestens seit 1958 war der letzte Taler nur noch Aluminium wert. Die Aufbaulotterie, die große Friedenssparkasse des deutschen Volkes, war schon längst geplündert, doch es gab seit 1954 wieder echte Aussichten, sein Glück zu machen, wenn man mit dem Staate einmal in der Woche Lotto spielte. 1961, gerade hatte sich die ganze DDR zum gut verschlossenen, aber vorerst leeren Safe gemausert, machte man mit müder Ironie die Bürger auf die neuen Zwänge aufmerksam und kündete das Ende ihrer »Wechseljahre« an, und keine Frauenzeitschrift hob die Stimme gegen die Geschmacksverirrung. Doch die Männer blieben ebenfalls gelassen, wenn mit Fügungen wie

Meine Mutter ist der Plan, mein Vater ist die Arbeit

Zeiten wie unter Penthesileas Schwert heraufzuziehen drohten. Drei Jahrzehnte später, fast war jenes Aluminiumkomma der Finanzgeschichte schon vergessen, wusste man sich doch noch einmal zu erinnern, von welch hoher Reinheit diese Währung all die Jahre war; nur drei Prozent Magnesium trübten siebenundneunzig Anteile des reinen Aluminiums, welches mittlerweile im markantesten Symbol des alten Gegners, dem Mercedes, unterkam, wenngleich es auch in Form der Türgriffe fürs Erste wieder einmal draußen bleiben musste. Auf dem Dach der Bank ist Kunst am Bau zu sehen, doch die Galionen hier am First gehören nicht zum Kreis um Hermes, wie es sonst im Bankgewerbe üblich ist, vielmehr zum Kollektiv des Bauarbeiters, der von oben auf die ärmlichen Couponabschneider hiesiger Geschäfte niederschaut. Auch Kunst ganz anderer Art ist reichlich zu bestaunen, wenn vielleicht auch nicht so recht am Platze; auf den noch vorhandenen Rasenflächen stehen hochmoderne Kreationen, deren stadtbekannte Kosten manchem für den Kunstwert stehen mögen, doch Betrachter, die die neuerworbene Freiheit auch des Kunsturteils so richtig auszuleben trachten, machen ihrem Unmut über nackte Kaiser lautstark Luft. Dabei ist es nicht ausgeschlossen, dass hier Kunst- und Stadtbauamt in einem pädagogischen Impuls gemeinsam an der Volkserziehung wirken wollen, schließlich wohnt in diesen Häusern noch so mancher unverbesserliche Kunstverhinderer von damals, wie so mancher Weltgewissensträger und Kulturfreund aus der Gegenwart ganz unverbesserlich vermutet. Bei den schmückenden Details der Aufbauzeit hingegen, etwa all den Figurinen über vielen Hauseingängen, ist es beispielsweise eher schwer, sich zu entscheiden: Liegt da über uns der ausgeschlafene und vielzitierte Arbeiter, der in der kleinsten unverhofften Pause noch den Blick ins Buch warf statt in seine liebevoll gefüllte Stullenbüchse, oder liegt da nur der eingeschlafene Leser, welcher schlecht gekleidet damals schon beim Heldenepos aus dem neuen Alltag überm Türbalken verwitterte? Wir sehen uns auf Vermutungen zurückgeworfen.

Früher wand sich unter ihnen jedenfalls die Käuferschlange quer durch alle Schichten der Bevölkerung, der Musenfreund erstand hier billig Faschs Trompetensoli und der Mann der Arbeit seine Rockerscheiben in

Lizenz; doch jetzt ist Klassik nicht mehr billig, und die Popmusik ist nicht mehr lizenziert. Besonders schmerzlich ausgesungen haben »Unsere Schlagersterne«, die ein Buch im Jahre 1963 unter gleichem Titel präsentierte. Es war höchst kurios und ebenso verdreht wie unsere Schlager, die behaupteten, dass ganz Paris stets von der Liebe träume, aber nicht die Liebespaare hierzulande von Paris. Die Proportionen in den Schlagern waren nicht belangvoll, dafür wurde umso mehr darauf geachtet, dass sie zwischen ihnen stimmten. In den Tanzlokalen galt die Sechzig-Vierzig-Klausel, die den unlauteren Wettbewerb der westlichen Musikvertreiber unterbinden sollte und dem Frohsinn aus den landeseigenen Studios eine mehr als faire Chance gab.

Dank AWA und HO
wird das Jugendleben froh.

In den Tanzlokalen spielte man die eigenen Titel zur Erwärmung oder in den Pausen, und so wahrte man die gute Stimmung und die Rechte der verstimmten Sänger gleichermaßen. Von den Kämpfen um die Dielen des Gesellschaftstanzes aber unbekümmert, offenbarte sich das Lied der Zeit – so hieß das Haus, in dem das Buch erschien – als einerseits gewieft und andererseits komplexbeladen, wenn die Dame im Herausgebergewande schrieb, die Tanzmusik der DDR sei international gewichtig, nicht nur in Berlin, in Warschau oder Moskau, sondern auch in London, in Paris und in New York. Die immanente Schmähung der erblühten Hauptstadt wie der Metropolen aus den Bruderländern hatte offenkundig niemanden gestört; vielleicht war sie sogar ein Extrawürstchen für die Chefansagerin des Deutschen Fernsehfunks, die sonst am ersten Feiertag alljährlich im Verein mit einem kleinen, dicken Ganter aus der Flimmertruhe guckte, bis die letzte Weihnachtsgans zum Böhlener Brikett geworden war. Die Unbedachtsamkeit war nicht die einzige, so musste man im Folgenden zur Kenntnis nehmen, dass zum Beispiel Manfred Krug ein Großer im Chansongewerbe werden könnte, wenn Berlin doch näher an der Seine läge, wo der damalige Kommunarde Yves Montand das Singen hatte und noch jeder Dritte kommunistisch wählte. Und zu Hause sei es Krug sogar geglückt, das DEFA-Eis zu schmelzen, wer wollte bei so notorisch unverfrorener Formulierung noch vom Zensor glauben, der sei ein besonders aufmerksamer Zeitgenosse und stets auf der Hut gewesen. Datenschutz war überdies noch gänzlich unbekannt, man maß die Füße des Begabten – 46,5 – und machte öffentlich, dass ihm das Leben öfter ein Gedichte sei. Man kann sie nachlesen, und manche Zeitschrift sieht sich heute froh, sie seinerzeit gedruckt zu haben, aber 1976 und danach erwiesen sie sich als ein echtes Senkblei, und die frühen Nummern wurden Bibliothekstrophäen. Nur wenig später mussten selbst die Bücher von loyalen Belletristen, die das Leben realistisch zeigten, wie es war, und es so belle wie triste beschrieben, aus so manchem öffentlichen Bücherbord heraus – man hatte sie verfilmt und unbedacht die Hauptpartie mit Krug besetzt.

Wo mittlerweile niemand mehr in Schlangen steht, sind auch Oasen des Verschnaufens obsolet, und so betrachten wir den Umbau des bekannten Nationalitätenrestaurants *Bukarest* zu einem Steakhaus argentinischer Fasson wie ein Scharmützel auf den Falklands – absolut gelassen. Denn als routinierte Globetrotter des erlebnisgastronomischen Gewerbes wissen wir natürlich, dass das *Bukarest* in seinen guten Zeiten neben unserem *Café Warschau* und dem *Budapest* zum Dreigestirn der

Volksdemokratien gehörte, welche uns in die Folklore ihrer Küchen lockten. Unser Telekoch aus Adlershof beherrschte Back- und Fernsehröhre gleichermaßen souverän und warb für die Lokale wie für sich und für den neuen Freundesbund: »Was man in sieben Ländern isst, das schmeckt auch uns«, jonglierte er die Glückszahl über den illustren Klausen in der Hoffnung, diese drei seien nicht das letzte Wort des Internationalen Kulinariats. Und während er der Kamera noch treuherzig ins Angesicht zu widerstehen wusste und behauptete, man könne nun das Angerichtete sofort den überraschten Gästen »tischfertig servieren«, hörte man im Hintergrund den Deckel eines Eimers quietschen, abgelenkt noch von der Überlegung, woher wohl die Ingredienzen kamen, welche mit den Rezepturen eingeblendet waren. Sein Kollege von der anderen Seite wusste solche Pannen zu vermeiden, er behielt sich eine kleine Pufferzone vor und trug erst auf, nachdem die Spuren auch des letzten Schwenks vollständig aus der Welt beziehungsweise aus der Küche waren – er bat erst »Zu Tisch in zehn Minuten«. Überdies hatte der visionäre Kulinariker aus Mainz gerade die mit Hölderlin gefüllte Erdbeere kreiert, und während er die Mandel in die Öffnung einer seiner überreifen Früchte führte, sprach er zu den Zuschauern erloschenen Blicks: »Ein Gott ist der Mensch, der träumt. Ein Bettler, wenn er nachdenkt.«

Damals galt der Nachbar, welcher hin und wieder auch ein Dichterwort zur Kenntnis nahm, fast noch genauso viel wie jener, der kulturvoll die Serviette auf die Bratenplatte knüllte; in dem Maße, wie es besser, immer besser wurde, lebten sich die Nachbarn auseinander, und die Jahre, als die Leute mancher Redewendung nach noch Bücher fraßen, blieb als Zeit des Mangels nicht in eben freundlicher Erinnerung. Das vielleicht letzte Zeichen der Gemeinsamkeit, ein Kultbuch aus dem Jahre 1954: »Was Männern so gut schmeckt«, natürlich aus dem Westen und selbstredend aus der Feder einer Frau. Vorbei war endgültig die Langeweile in den deutschen Töpfen, welsche Düfte zogen durch die Flure, nicht nur dänisch wie bei Hamlet oder ungarisch, was man noch habsburgisch erklären konnte, wurde jetzt gekocht, auch spanisch, italienisch und in mancher Küche sogar serbisch garte man mit deutscher Gründlichkeit. Für diplomatische Verwirrung sorgten Kochkompendien, die man weniger genau erwogen hatte und die Speiseöl ins Feuer gossen; denkbar bleibt es immerhin, dass Emigranten mit dem Buch »So kocht das Volk in der Ukraine« auch Düpierendes im Schilde führten, kaum dass sich das Riesenreich ein wenig lockerte. Eindeutig niederträchtig früher schon dagegen die »Boulette à la Bonn«, die in den Sudelküchen als Proviant für bundesdeutsche Wahlen anempfohlen wurde, denn schon vorher wisse man Bescheid, in beiden herrsche nur – Beschiss. Doch klar, »Damit ham Sie kein Glück in der Bundesrepublik«, den Eintritt in die Sechziger besang für Hypertoniker und Völlerer in Ost und West dann folgerichtig Heidi Brühl – »Wir wollen niemals auseinandergehn«, und jene Hymne aller Schwergewichtigen erinnerte noch einmal an die Atemnot der Wespentaille, die der Fresswelle zum Opfer fiel und niemals wiederkehrte. Aber hier wie auch in allen anderen Lebensdingen lag die Wahrheit wieder einmal in der Mitte, etwa so wie zwischen Twiggy und Marianne Sägebrecht.

Im *Bukarest* saß man dagegen nicht bei russischen und anderen Eiern; vielmehr lümmelte man in der Bauernstube original walachischen Formates sehr gemütlich vor sich hin und ganz besonders auch um vieles weniger besorgt als etwa in der Walachei der Wirklichkeit, wo man den Urlaub in Ermangelung anderer Abenteuer oft verbrachte und wo man sich sicher wähnen durfte unterm Schutz des letzten Dakers vom Karpatenstamm. Nur wenig höher hielt Rumäniens Kondukator, fälschlich oft als ›Schaffner‹ aus dem schönen Wort *Konduktor* übersetzt, mit seiner Fluggesellschaft Tarom einen zweiten Posten, dessen Name eine Mischung aus Tarok und Omen nahelegt und so für eher schlechte Karten stehen mag, da er aus einleuchtender Muße wohl demnächst dem Gegner überlassen werden muss.

Zwischen irdischen Genüssen und Verhimmelungen Ceaușescus liegt der alte *Ruhla*-Laden, und die Kinder strapazierten oft genug den Witz, die Uhren aus dem thüringischen Städtchen gingen nach wie vor und hätten allesamt zwei Steine, einen zum Darauf- und einen zum Darunterlegen. So fiel es auch feierlich gekleideten Beamten schwer, die Losung für den Ersten Mai im Jahre 1955 tätig zu erfüllen: »Eisenbahner! Achtet die Minute!« hieß es da, doch das war leichthin angewiesen, schließlich gingen Ruhla-Uhren lieber mit der Zeit und wussten zu gefallen, hatte manche doch die Form und Größe einer gut gewachsenen Kartoffel; mittlerweile fühlt sie mancher wieder gern am Puls und zeigt auf diese Art zugleich den Trotz des Patrioten wie urbanen Chic. Im Jahre 1952 gab noch mancher Gold für Eisen, und die Zeitung präsentierte einen Zweiundachtzigjährigen, der seine Eheringe dem Berliner Baugeschehen zur Verfügung stellte.

Vergangenheit hat wieder Zukunft, doch ein Blick in den Salon der Easy Rider macht uns schmerzlich klar, dass wir nun niemals wieder den Berliner Roller oder auch das Kraftrad Schwalbe fahren werden und sich nie mehr ein betuchter Pferdeschwanz auf unseren Sozius schwingt. Wenn er es jemals wirklich tat, vermutlich ist auch das schon sehr verklärt, und diese Straße ist noch nie in einem Petticoat gegangen. Vielleicht ist aber eben dies ihr Faustpfand, nie zu einem Kudamm der Plebejer zu verkommen. Damals jedoch galt dem kleinen Mann das Moped als mobile Vorhut eines späteren Wagens, schon zwei Drittel aller Arbeiter und Angestellten waren glückliche Besitzer eines Zweirads, wussten hier die Medien zu berichten. An den Wochenenden sah man schon am Waldrand Motorradkolonnen und allmählich erste Pkw-Verbände, welche Zeugnis davon gaben, wie die Arbeiter- und Bauernmacht mobiler wurde. Und im Westen trat ein weiteres Mal ein Gottesmann ins öffentliche Licht, um allzu Weltliches zu preisen; diesmal segnete der Stellvertreter Gottes selbst die Rollerfahrer dieser Erde und erklärte sie zu guten Schafen seiner Herde. Als das zweimillionste Zweirad eines weiblich abgerundeten Modells das Band verließ, da hob Pius XII. seine Hände segnend über diese Heilige und sprach von der »la vostra magnifica Vespa«, die er auch als »süße Hilfe« seiner Priester lobte, welche so selbst in entlegensten Regionen noch Versuchern und Verführern in ihr Handwerk fahren konnten.

Wir stehen mittlerweile wieder vor dem Stadttor, das uns östlich einlässt, praktisch endet nun die Gegengerade unseres Dakapos. Das wird hier vom Haus des Sports markiert, so hieß es beinahe vier Jahrzehnte, und es war im Namen wie in seiner äußeren Erscheinung ein Pendant zum Haus des Kindes, das wir zu Beginn besuchten und das hier geschwisterlich nun dessen Schicksal teilt – auch der Athletenturm ist jetzt ein Kaufcenter geworden und nicht länger Nachschubbase sportentschlossener Trimmdichs. Früher galt er als das Eldorado aller Camper; *my tent is my castle – bicycle, bicycle – streetfighting man,* hier konnte jeder noch sein Leben frei bestimmen und sich in Varianten wiegen: Leinwandvilla oder Eigenheim, Individualtouristik oder Massenurlaub, wie ihn billig die Gewerkschaft auf den Herrensitzen alter Krautjunker zu bieten hatte; Fahrrad oder ein Jahrzehnt des Wartens und des finanziellen Ruinierens für den vierräderigen Liebling; im forschen Turnschuhstep oder im Gleichschritt modischer Gebrauchsschuhe von derbem Charme, bei denen noch der Preis das Anziehendste war.

Schon damals galt das Fahrrad vielen als Alternative, im gesellschaftlichen Leben gut voranzukommen, allerdings nur bis das Auto endlich vor der Tür stand; als Entscheidung, die aus angestauter Wut getroffen wurde, machte es erst jüngst wieder Karriere. Bei den halbwüchsigen Rennradfahrern damals ging der Wettbewerb noch um die Art der Bremsvorrichtung; wer die alte Stangenbremse fuhr, war schon gesellschaftlich geächtet, denn die Felgenbremse hatte jeden Fuhrpark vor den Schulgebäuden längst erobert. Für die Kinder war der Umstieg von der einen auf die andere Bremse ein sozialer Aufstieg, der nur dem des Pkw-Besitzers aus dem Westen zu vergleichen ist, der in den Fünfzigern den Sprung von der geteilten Frontscheibe zur ungeteilten seines Wagens schaffen musste. Wer nun damals sogar zwei der noblen Backenzwingen für die Tempodrosselung nutzte und sich vor den Jugendfreundinnen im Leerlauf drehen konnte, war schon fast ein pubertärer Parvenü, dem allenfalls noch Täve glich. Der Amateurweltmeister auf dem Rade war Idol und Markenzeichen, als die DDR noch nicht dem Leistungssport die Zentren ihrer Städte opferte und als das Staatssäckel noch Ausgaben für beide vorsah. Jährlich traf man vor dem Haus des Sports die Rennradfahrer im Kriterium, die Friedensfahrt geriet zum Volksfest eines Alltags, der ansonsten eher ohne Attraktionen auszukommen hatte. Wenn das bunte Stoppelfeld der Amateure in die Straße wehte, wurde sie zum »Logenplatz« für jedermann, die Rennradfahrer und die Logengäste waren eines Sinnes: Für den Frieden lohnte es, sich abzustrampeln. War ihr Ziel das neuerbaute Walter-Ulbricht-Stadion, fiel der Rundfunkkommentar in weidmännische Bilder und entwarf das große Rudel, welches sich ins Stadioninnere stürzte, das zum Schlachtfeld wurde und von Positionsgefechten der so friedfertigen Sportfreunde erbebte. 1950 hatte die Arena ihre Tore aufgemacht und allerhand zu bieten, die Tribüne aus Naturstein sowie hochmoderne Lautsprecher und nicht zuletzt kyrillische Willkommenstafeln für die Ehrengäste aus der ganzen Welt, nur eines hatte es ganz sicher nicht, ein königliches Fundament. Seit sich die Hauptstadt als Olympiaort bewarb, war es vorbei mit seinem Schattendasein im beschaulichen Ambiente der Berliner Mauer; früher mussten vor den sonntäglichen Fußballspielen Treiberhorden die Karnickel hinters Niemandsland verjagen, nun war es der auserkorene Standort der Olympiahalle, und man wollte die Arena schleifen. Doch die Diaspora der Olympiagegner fusionierte mit den Stadtschlossfreunden kurzerhand und startete zur Köpenickiade. Auf den Trümmern seiner späteren Sprengung sah der Freundeskreis des Königshauses das zuvor erbaute Stadion errichtet und verfügte einen Baustopp. Doch die Fortschrittsbremsen, namentlich für progressive Investoren, wurden Opfer eines Gegners in den eigenen Reihen, der zum Hörer griff und chronologisch wieder Klarheit schuf und der das Gold nicht sehen wird, das dieser Anruf wert war: Denn noch war das Schloss nicht abgerissen, als das Stadion schon stand! So mancher mag das Tempo der Vereinigung an diesem Vorgang ganz besonders deutlich nachempfunden haben,

»Am 16.6.1957 stand die Berliner Stalinallee vollkommen im Zeichen des Tages des Rundfunks. Auf 9 Bühnen und einem Laufsteg spielte sich von früh bis in den Abend ein ausgewähltes, buntes Programm ab.«

das selbst den Historikern die Muße eines Blicks ins eigene Fach schon längst nicht mehr erübrigt. Doch zu Zeiten unseres Rennidols ging man getrost von malerischen Perspektiven aus, und selbst der Rektor der Berliner Kunsthochschule hatte Täve schon ins Bild genommen, auch zwei Bücher hatten unseren Sympathieträger aus Anhalt bereits durchmassiert; das Erste hieß noch ganz bescheiden *Täve*, doch nach weiteren Siegen nannte man das Zweite patriotischer schon *Unser Täve* und behauptete im Titel, dass es sich vom Ersten unterscheide. So viel literarische Präsenz war selbst dem Mecklenburger Zigarilloraucher Uwe Johnson Grund zur Unruhe, der Jahre früher von der Ostseeküste auf die Insel Westberlin getrieben war. Missmutig griff er so zur Feder und verfertigte das dritte Buch, nicht über Täve, sondern über einen Strampelmann, der Achim hieß. Und das beschreibt die Schwierigkeiten eines Journalisten, einen Champion adäquat zu porträtieren, und die Redakteure aus den Rezensionsabteilungen bestätigten sie ihm sofort und warfen ihm die Irrtümer gleich bergeweise hinterher. Der realistischen Verwechselungen seiner wachsamen Kollegen aus den sechziger Jahren nicht genug, griff dreißig Jahre später abermals ein abgesessener Täve-Anwalt nach dem Thema und verfertigte ein viertes Buch, das gleichermaßen ins Panoptikum des DDR-Sports wie in das des hingegangenen Leselandes Eingang finden sollte. In der Bibliothek des Paradieses steht es sicher auf dem Index, schließlich ist es ein Gebot der Pietät, Autoren der Fasson von Uwe Johnson ungeschoren in Erinnerung zu halten.

Im Tordurchschreiten nunmehr schon trainiert, betreten wir die *Galerie im Turm*, wo wir uns übers künstlerisch gebotene Maß hinaus nicht künstlich und bemüht vertrödeln wollen. Vier Jahrzehnte war sie für die Laien der Umgebung ein Refugium, gut gemeinte Näherungen an die Kunst zu präsentieren. Sie gehörte zu den vielen rührend-rührigen Versuchen, den Orchestergraben zwischen Kunst und Volk zu überwinden, doch sowohl die Volks- und Zirkelkünstler als auch ihre proletarischen Sponsoren aus den umliegenden Groß betrieben sprangen meist zu kurz und fielen immer wieder in das schwarze Loch, das zwischen gut gemeint und gut gemacht in dunkler Tiefe unbarmherzig gähnt. Beim *Treffpunkt Wandbild* gab es freundschaftliche Mahnung für den Künstler, doch auch die Betrachter sahen sich vor die bohrenden Probleme eines realistischen Entwurfs gestellt und mussten ihrerseits die Frage zur Person beantworten, ob das Naturvorbild nur ganz genau zu konterfeien sei oder der Künstler sich auch Freiheiten in der Gestaltung leisten dürfe. Mancher der hier Porträtierten hätte sie ihm sicher gern abgesprochen, doch zum guten Ende schließlich wurde doppelt das Mandat erteilt – die Delegierung zu den Arbeiterfestspielen und der Vorschlag für den Kunstpreis der Gewerkschaft. Vielen Porträtisten glückte es dagegen selten, inneres Empfinden und gesellschaftliche Wahrheit malerisch verbunden vorzustellen, Landschaften erwiesen sich als weniger verfänglich für so manchen, lagerten idyllisch grün im Vordergrund der pittoresken Flächen, hinter ihnen Schlote mit schneeweißen Kräuselfähnchen, ja, es war, als hätt' des Himmels Blau die Erde still geküsst, und in der Mitte lag ihr beider Kind – der Neue Mensch. Doch oft genug geschah auch Umgekehrtes, wenn das Werk nach vorn drängte und die prima Gegend in den Fond geriet, noch allenfalls erahnbar in den Herden ihrer Schäfchenwolken. Mancher Unmut kumulierte mit den Jahren heftiger, und wenn auch später hin und wieder in den Achtzigern ein Underdog der »Szene« seine kleine Personalausstellung hier eröffnen durfte, hat sie sich doch nie zum Tribunal gemausert, wenn man sie auch noch so oft als schillernde bezeichnete. So kam die Assoziation von Galerie im Turm und Elfenbein hier niemals auf und wohl zu ihrem Glück auch keinem der Verwalter ein. Zu dicht auch lagen Kunst und Leben oft beisammen, und nur wenige, die heut den Bastlerladen nebenan betreten, können wissen, dass vor den Beschaffungsdramen vieler Werkzeuge im Sozialismus die Beschreibung aller Kunst versagte. Auf nicht einem Spielplan fand sich all die Jahre ein Theaterstück, das mutig sich dem Thema »Unser Leben ist ein Hammer« hätte stellen wollen; die Autoren, die die Welt bedeuteten, was wussten sie von Brettern. »Ich bin Bergmann, wer ist mehr?« frohlockten allenfalls die Wismutkumpel, die an Hacken, Spaten oder schweren Eisen keinen Mangel kannten, schließlich machten sie mit ihrem Untertagewerk die Schulden des vergangenen Krieges wett. Und Walter Ulbricht konnte später auch nicht mehr so schwungvoll reimen, etwa

»Jedem Mann in jeder Kammer
jährlich seinen neuen Hammer«,

der war längst schon abgesägt. Man darf vermuten, dass es von dem Werkzeug für zu dicke Äste noch bis in die letzten Tage eine stille Staatsreserve gab, aber die allerletzten abgestumpften Exemplare konnten gerade noch das Stuhlbein des schon wanken Staatschefs attackieren, dann entglitt das letzte Heft der kollektiven Führungshand. Im besseren Jahre 1959 aber feierte die DDR ihr zehntes Jubiläum, und sie deckte ihre Kindertafel endlich mit dem lang ersehnten eigenen Fahnentuch. Und das besaß in seinem Zentrum jenes mutige Emblem, in dessen Mitte wiederum der stolze Hammer prangte.

Schön ist das Wappen unseres Lands:
Hammer, Zirkel, Ährenkranz.
Einen Hammer hab ich, der ist klein,
doch er schlägt auch größere Nägel ein.
Einen Hammer braucht man überall,
wo man fleißig ist auf dem Erdenball.

Doch als er drei Jahrzehnte später fiel, zerfranste auch der mürbe Ährenkranz, und selbst der ungespitzte Zirkel wurde vollends stumpf, der stets das Land als runde Sache zeigte, bis es wirklich eingekreist wie kapitulationsreif war und überlief.

Doch auch die Wirtschaftswunderrepublik saß nicht am ungedeckten Tisch zu ihrem zehnten Namenstag, sie schenkte sich nun endlich einen neuen Präsidenten, Heinrich Lübke, einen Rhetor vom Format antiker Sitzenbleiber. Hierzulande hieß er in den Medien kurz und schmerzhaft nur »KZ-Baumeister«, denn er hatte manche Lagerskizze unachtsam mit seiner Unterschrift versehen, und zu allem Unglück wirkte offen- wie auch aktenkundig das geschriebene Wort bei ihm um vieles klarer.

Wir sitzen nun bereits im Café *Kosmos*, wo wir nicht nur auf den Grund der Tasse sehen, die laut Speisekarte einem derben Mokka Wohnung gibt; vor allem ist ein Wandbild zu betrachten, das im ohnehin geschützten Haus des Straßenzuges selbst noch einmal unter Denkmalschutz zu stehen kam. Dem Volk verbunden und sympathisch schauen Berliner Originale auf die Nachgeborenen mit den übervollen Kuchentellern, niemand ahnt den Nationalpreis und die Professur, die Schöpfern solcher Werke winken konnten.

Nebenan befindet sich das Kino *Kosmos*, dessen kulinarischer Appendix unser gleichnamiges Café ist. Es war das erste Großkino von Ostberlin und über alle Maßen stolz auf den Komfort, der neben dem »mit perforiertem gelben Kunststoff ausgeschlagenen Vorführsaal« für 1000 Leute einen Gong zu bieten hatte und Beleuchtungskörper, die »allmählich dunkler wurden«, wenn bei Filmbeginn die Vorhänge zur Seite fuhren, wahre Wunderwerke der Chemie, die durch die wenig märchenhaften Streifen auf der Leinwand nur noch schöner im Gedächtnis blieben. Vor dem Hauptfilm gähnte man beim »Augenzeugen« wie bei jeder anderen Wochenschau, die Chroniken der jeweils sieben letzten Schöpfungstage wurden später erst zu Klassikern erhoben und zu Kultprodukten eingefleischter Cineasten. Selbstverständlich war ihr Name irreführend, denn der »Augenzeuge« wurde nie zum Spanner an der Wirklichkeit, auch wenn er forderte: »Sie sehen selbst. Sie hören selbst. Urteilen Sie selbst.« Er zeugte von gesellschaftlichen Höhepunkten, welche auch das *Kosmos* hin und wieder miterlebte, allerdings nicht immer aus der Vorführperspektive. Wenn zum Beispiel bei den Manifestationen, ob sie nun den Ersten Mai oder den ersten Kosmonauten feierten, bereits auf seiner Höhe erste Lücken die geschlossene Begeisterung zerteilten, sprangen aus dem Kino scharenweise gut frisierte Jubelperser, die mit hudlerischen Sprüchen und Plakaten die verlorengegangene Einheit wiederherzustellen wussten. Irgendwann verschwanden sie dann wieder rechterhand und hasteten zum Ausgangspunkt zurück – wir hatten das Prinzip bereits am oberen Ort –, um mit Gesichtern wie beim ersten Mal sich neuerlich in den so anfälligen Zug zu mischen. *Kosmos* schrieb man daher auch stets unamerikanisch nur mit »K«, doch auch noch heute sieht man keine Lovestory aus Übersee gemütlicher als hier in diesem Musentempel. Hinter unserem Kino übrigens befindet sich ein Wohnkomplex des Hinterlandes; in der

Löwe-Auer Straße plante man noch anfangs einen Bau, der stark an Wiens Karl-Marx-Hof zu erinnern schien. Die große Feste der Moderne, die schon in den Zwanzigern den inneren Zusammenschluss genauso wie den Schutz vor künftigen Attacken gegen ihre altmodischen Widersacher in der Anlage zu demonstrieren schien, hat selbst Figuren Anna Seghers' eine literarische Kulisse aufgebaut, doch hier blieb es im Wortsinn ein zurückgenommener Entwurf: Er rückte in die zweite Reihe und beschränkte sich auf einen Bruchteil seiner ursprünglichen Dimension.

Doch wenn aus unserem Kino junge Paare strömen, furchen andere Gedanken unsere Stirn; so hält sich das Geschäft mit Brautkleid, Schwalbenschwanz und anderem Aufputz nebenan trotz aller Leinwandhappyends in Grenzen, seit sie offen sind; verliebter Wagemut und die Bereitschaft, jemandem zu trauen, sind perdu, seitdem sich Deutschland wiederfand, doch früher sah man Paare hier in Hülle und in Tülle. Aber da man schon seit Jahren Hüte nur auf den Tribünen sah, trägt heute noch viel seltener ein Bräutigam hier am Zylinder, denn die Schwellenangst ist groß geworden wie die Furcht, dem Scheidungsanwalt später das Gesparte zu vermachen. Eine Hochzeit für die Ausstatter sieht vorerst niemand, und die großen Tanzlokale, wo noch mit »Bon soir, bon soir« so manches nette Ehepaar zum Tisch geleitet wurde, sind den unbewegten Völlerern gewichen.

Wenig höher wusste in den Fünfzigern der Lebensmittelladen seine Kundschaft noch mit Waren zu verführen, die den Heutigen zum Teil wie Nachrichten aus einer fernen Welt erscheinen müssen, wirklichen Erfindungen, die ganz allmählich aus der Wirklichkeit verschwanden, als man zunehmend von Kreationen sprach. Der volkseigene Einzelhandel damals aber sah sich noch als Seismograph des Wohlstands, der die leisesten Erschütterungen sorgsam registrierte, um Versorgungsbeben schon im Anzug zu erkennen. Schließlich sah zumindest der Plan so ziemlich alles von der Südfrucht bis zum frischen Fisch aus hohem Norden vor, und keine Wirklichkeit sollte ihn Lügen strafen. Wenn auch die Beschaffung solcher schönen Dinge später vielen eher Hitze und so manchen Bückling nötig machte, für die Poesie war er bereits erfüllt, und Jurij Brězan dankte ihm am Ende des Jahrzehntes mit einem gut gebauten Pfefferkuchenhaus: »Er nahm mir den Morgen-Mehlsuppenteller vom Tisch ... Und entschädigte mich mit knusprigen Brötchen ... Er machte die Kohlroulade zur echten ... Und Heringssalat aus wirklichem Hering«.

Echt – das war viel mehr als nur ein angemaßtes Attribut; es wollte demonstrieren, dass die Zeiten ausgestanden waren, als so viele Dinge noch zusammengesetzte Namen trugen. Meistens endeten die klangvollen Komposita mit dem ernüchternden Begriff »Ersatz«, zugleich verwiesen sie auf solche Art jedoch von Anbeginn und voller Hoffnung auf das Provisorische, mithin Vorübergehende der ungeliebten Improvisationen. Der historische Spagat, mit dem man jene Kluft, die zwischen »Vorkriegsqualität« der dreißiger und Plasteunverwüstlichkeit der fünfziger Jahre gähnend offen lag, zu überspannen dachte – er hieß »echt«. Es mag auch echte Kontinuität im Spiel gewesen sein, dass vor der Kluft der zwei Jahrzehnte schon die Ära IG Farben allem Volke wahre Wunder offerieren wollte und dass nach ihr nun die Plaste und Elaste aus der Schkopauer Region das neue Glück verheißen würden.

Für die Jahre bis dahin versprach der echte Kautabak zum Beispiel eine echte durststillende Wirkung, falls man ihn korrekt im Mund zergehen ließ, statt ihn wie ein dahergelaufener Stümper zu zerbeißen. Gute Butter hielt die echten Weihnachtsstollen ebenso zusammen wie die echten Jubiläumskekse, Pralinés in ihren Pappetuis waren vollgestopft mit echter Kokosbutter, und ein Beipackzettel schrieb beruhigende Zeilen, einen grauen Film betreffend, der sich manchmal auf das Naschwerk legte, er bezeuge nur, dass der Gehalt an echter Kokosbutter stimme. Irgendwann gelangte so ein Kästchen aus der Glasvitrine jeder Kneipe stets auch in den Schoß der echt verstimmten Ehefrau, wenn sich der gut organisierte Gatte wieder einmal echt verspätete, zum Beispiel von geladenen Debatten, wo mit echten Argumenten in der Art von Kokosbutterbeipackzetteln auf den Gegner eingehauen wurde – überall ging es in eben jenem Maße echter zu, je weniger die Echtheit nachzuweisen war. Und umgekehrt gab es die wirklich echte Schlagsahne noch bis zum Ende des Jahrzehntes zwar nur auf Marken, doch erinnerte sich in den frühen Sechzigern schon sicher niemand mehr daran, wenn er die echte kondensierte Vollmilch in den echten Bohnenkaffee goss, der aus der linken unteren Ecke des geprüften Westpaketes stammte. Schlagsahnegefüllte Windbeutel erregten Schwindel nur bei dem Gedanken, ob sie sonntags wieder auf der Kaffeetafel residieren würden; dass die Sahne frei zu kaufen war, hieß schließlich lang noch nicht, dass man sie sich schon jedes Wochenende leisten konnte, doch auch individuell hantierten viele mit dem volkswirtschaftlich sanktionierten Trick, indem sie sonntags ihre Gäste überholten, ohne sie schon werktags eingeholt zu haben – und die Sahne rahmte jede sonntägliche Vesper.

Als es 1962 zu prekären Mängeln in der Butter-, Fleisch- und Wurstversorgung kam, erschien der Geist der Lebensmittelmarke wieder, er hieß »Kundenkarte« und ermöglichte durch strenge Zählverfahren eine indirekte Rationierung. Doch auch skeptische Naturen aus den Sechzigern waren überrascht, dass es noch einmal selbst im Kulinarischen ans Eingemachte ging; man sprach zwar in den Siebzigern nicht wieder offen vom »Ersatz«, doch bot man hier und da schon freundliche Alternativen, falls das Echte wieder seltener würde – vorerst wurde es nur teurer. Zwar waren lange auch die Brieftaschen noch echt, sie steckten nach wie vor in echten Kammgarnjacken, und beim Kauf lag ihnen jener schon erwähnte Zettel bei, demnach die Fehler ihrer Oberflächen nur die Echtheit ihres Leders unterstrichen; in der Kunst der wohlgeformten Nullaussage musste sich indes inzwischen auch der Handel wieder stärker üben. Überdies ließ er den Worten Taten folgen und erfand die Ladenkette Exquisit, gewissermaßen volkseigene Boutiquen mit speziell geschultem Personal, das man in die Geschäfte delegierte, und mit eigenen Fabriken, die ausschließlich jene exklusiven Sortimente produzierten. Später gaben die das Vorbild für die Delikat- und Intershop-Geschäfte ab, in denen man schon wie in einer Peep-Show einen Blick durchs Loch der Mauer werfen konnte, selbstverständlich gegen angemessene Bezahlung.

Eine zweite Drogerie aus jener Zeit, als sich zumindest dem Slogan nach noch Brot, Wohlstand und Schönheit der Chemie verdankten, lässt uns innehalten. Kühle Köpfe kamen damals noch von Russisch Kölnisch Wasser, und ein Bad in Fichtensekt, das der Alleinhersteller Erlemann unter die Leute brachte, war schon fast so dekadent wie das Geplansche in Champagner, das die Filmschauspieler aus Amerika angeblich jeden Morgen unternahmen. Wem indes die äußerliche Anwendung nur unzureichend Linderung verhieß, bemühte zusätzlich den herben Saft nervöser

Pinien, der als Nervbranntwein Nervpin für Rumor sorgte und sich großer Nachfrage erfreuen konnte. Zugegebenermaßen war das Leben hier noch längst kein Puderzucker und der Glanz der Augen eher selten, doch den Glanz der Nasen konnte man schon damals unaufwendig mittels einer Pudercreme beseitigen, die für nur eine Mark den jugendfrischen Teint herbeizustumpfen wusste. Barberine hieß ein Tonikum für schöne Beine, und der Name suggerierte Ballerinen mit barbarisch elegantem Schritt. Und wenn man dann noch eine Rheinsberger Zitronen- oder Pfefferminzpastille unterm Gaumen schmolz, von der die Werbung sagte, sie sei wie ein kleiner Urlaub, wusste auch der Unzufriedenste, was hierzulande frische Ferien waren. Es genügte, sich die engere Heimat zu erschließen, denn die Tummelplätze jener alten Schicht von Parasiten waren mittlerweile längst mondäne Ferienhäuser. »Unsere Heime müssen Kraftquellen für unsere Urlauber sein! Macht aus jedem Heim eine Festung des Friedens, ein Haus der Freundschaft und ein Heim der kulturellen Betreuung!« Klar, dass man in diesen Paradiesen nicht in jedem Jahre unterkam, doch auch für diesen Fall war guter Rat unter Gewerkschaftern hier leicht zu haben. War die Fremde selbst ausgebucht, so holte man sich Ferne einfach in sein Haus, zum Beispiel Kinder streikender Metallarbeiter aus dem Bayernfreistaat, die man sich für vierzehn Tage und zum Abholpreis vom hiesigen Gewerkschaftsbund vermitteln lassen konnte. 1954 traten für die Illustriertenfotos Lederhosenseppen auf den solidarischen Balkon der Gastgeberfamilie, um mit berggewohntem Blick in den verregneten August der menschenleeren Straße einzutauchen; bleibt im nachhinein zu hoffen, dass auch sie zumindest eine Pfefferminzpastille auf der Zunge trugen, deren urlaubsreife Wirkung uns erst kürzlich staunen machte. Folgerichtig schützte auch die Pflegecreme Mont

Blanc vor Sonnenbrand und übertriebenem Fernweh gleichermaßen, wem die Berge und die Heime aber nichts bedeuteten, der träumte sich nach Afrika und glipschte mit der Seife Elfenbein am fahlen Bauch entlang. Exotisch klang fast alles, Männer schützte vor Geheimratsecken beispielsweise Exlepäng, ein Pflegesatz, der schon im Namen tausend Jahre alte Wunderkräfte aus dem Reich der Mitte in das Neue Leben importiert zu haben schien, denn war auch überall die lichte Zukunft angezeigt, auf ihrem Scheitel sollte man sie nie erblicken. Die Frauen vor den Männern wiederum beschützte Mondos-Gummischutz vom VEB Plastina, der sich weltumspannend titulierte, aber Eingeweihte wissen, es war nur die kleine Welt, die er umspannte. Schon sehr früh hingegen hatte August Bebel prononciert erklärt: »Die neue Gesellschaft will nicht proletarisch leben, sie verlangt, als ein hochentwickeltes Kulturvolk zu leben, und zwar in allen ihren Gliedern, vom ersten bis zum letzten.« In den Qualitätsrubriken Luxus, Gold und Silber wahrten nun die angerufenen Glieder hier die Emanzipation der Arbeitswelt, doch die Familienplanung war niemals ein Monopol nur des Verhüterlis; auch Chlorodont, die Zahncreme ohne Zusatz und Geschmack, verkündete in ihrer Werbung: »Es darf kein Kind mehr geben ohne regelmäßige Zahnpflege.« Hygienisch sollten die Verhältnisse gestaltet sein, noch heute schließlich gilt die Zeit für muffig und als schlecht durchlüftet. Selten wohl hat etwa eine homogene Waschmittelpalette so viel Vielfalt vorgeschützt, denn ganz egal ob Wolle oder Seide, Fewa jedenfalls beherrschte beide. Und »Millionenfach erprobt / wird Fewa überall gelobt! / Nicht bei Seide nur und Wolle / spielt es eine wicht'ge Rolle, / nein, man kann in tausend Fällen / Fewa für den Haushalt wählen …« Fewa stand für Feinwasch, doch schon 1949 läutete das Silbenwort den strahlend hellen

Morgen ein und stand zugleich für sehr viel mehr, wenn man in Chemnitz las: »Gebannt sind die Sorgen der letzten Jahre, denn jetzt gibt's wieder Fewa, und erweckt zu neuem Leben und Wirken ist auch Johanna, die Schaum geborene …« Johanna gab es früher schon einmal, sie war als Einzige aus der Geschichte sauber 'rausgekommen und pries ihr Vermögen auf der Vorderseite deutsch und auf der Rückseite der Packung in der Sprache der Befreier. Andere Werbeträger standen wirtschaftlich auf schwachem Fuß beziehungsweise auf dem alliierten Index; Letzteres ließ sich beheben, wenn die Vorbilder nur unaufdringlich nachempfunden waren und die Kinder der Familie Schneeweiß aus den dreißiger Jahren von Persil zum Beispiel als Wittol-Familie in den fünfziger Jahren einen eigenen Messestand benötigten. Ihr Emulwachs für alle Fußbodenbeläge lag im gut sortierten Angebot der Drogerievitrine friedlich neben Biox Ultra, einem Zaubermittel gegen Zahnbelag, denn schließlich war für alle noch so unterschiedlichen Beläge klar, sie wollten keimfrei sein. Und auch der Hausfrau Lachen konnte wieder blitzen, sie war das Geschirrpolieren los, denn

Skat spielt jetzt die Mutter mit,
das Abtrocknen erledigt FIT,

das stärker schäumte als die Elbe, die die Reste dieses Wunders unbemerkt nach Norden schwemmte. In den fünfziger Jahren zeltete man noch an ihren Ufern, wer sich aber später in die Strömung wagte, fühlte sich im Fluss der Jahre schon mit Glätt-Frisiercreme imprägniert anstatt vom Bad erfrischt.

Die Drogerie grenzt an das hiesige Philatelistenparadies. Die Inflationsmetapher von der DDR als »abgeschlossenem Sammlerzeitraum« ist inzwischen fast noch mehr verhunzt als der reale Wert, den die gezackten Kleinkunstwerke hatten. Für die vollständigen Editionen aus den vier Jahrzehnten DDR, darunter immerhin die Freimarken- und Dauerserie Walter Ulbricht, die von 1961 noch bis 1990 galt, oder auch jene Sondermarken, welche man zum VIII. SED-Parteitag emittierte: Vorsichtig begann man mit der Startauflage von nur sieben Millionen Stück und musste schließlich zwei Milliarden drucken, bis die sprichwörtliche Sammlerwut allmählich matter wurde, sozusagen eine Schadstoff-Emission, wie sie selbst Bitterfeld nicht kannte, jene Stadt, die einen volkseigenen Schatz im »Silbersee« verwahrte, einem Tümpel, der die Hauptlast ihrer Abwässer beherbergte. Doch auch die Sondermarken machten auf die Sammler selten Eindruck, schließlich konnte nicht in jedem Jahr der erste Deutsche in den Himmel stürmen oder die erblühte Hauptstadt auf ein Dreivierteljahrtausend Rückschau halten. Auch im Westen jagten sich nicht gerade die Gelegenheiten, manche reichte nur für einen Sonderstempel, etwa zehn Millionen Zuschauer, die seinerzeit das *Schwarzwaldmädel* sahen, waren der Bundespost die Ehrung wert, die fünf Millionen Toten in Korea brachten es hingegen hier wie da nicht zur postalischen Verewigung. Ein Schöpfer vieler Marken hierzulande war ein Mann des Namens Grünewald, und dem Betrachter scheint, dass er Altarbildmalerei und Heiligenverehrung nicht nur zufällig erinnert. Man kann alle diese Schätze für gerade mal fünftausend Mark erwerben, da bricht jeder Patriot noch einmal schwer gekränkt ins Knie.

Wo wird nun heute dem Enttäuschten Linderung in seiner Not – der schon erwähnte Restaurantimport aus Polen ist im Umbau, unser *Café Warschau* muss zum *Brauhaus* werden mit lokalem Kolorit. Das freilich ist nur konsequent, denn in den Jahren, als die DDR bereits ein spätes Mädchen war, probierten einige hier schon den kollektiven Ausstieg, namentlich am Ersten Mai. Im Biergarten des Kaffeehauses endete für ganze Gruppen individuell und also vor der Zeit statt der Tribüne jene feierliche Andacht, die dem Landesgroßvater die Huldigungen seiner Kinder vor die Brüstung flunkern sollte. Hopfenselig lauschten die indes bereits den Combos, die nicht selten Namen wie Tornados oder Sorgenbrecher trugen und Musik servierten, die nicht weniger zerstörerisch und krachend klang. Verdiente Pausen überspielte der Record Player Granat mit adäquatem Wohllaut, doch die frühen Jahre kannten solche Aushilfsrunden nicht, vielleicht auch deshalb schrieb man Combo in den Fünfzigern bereits mit »C«.

Da war der demonstrierte Undank noch undenkbar, und es ging erst sauber durch den Zielstrich hinter der Tribüne und hernach mit seiner Hausgemeinschaft auf den Dachgarten, der attikenumsäumt dem ausgelassenen Fest die würdige Kulisse gab. Zwar fanden alle wesentlichen Dinge hier erst später und mit dem schon angezeigten Zeitverzug so manchen Jahres zu den Bürgern, viele Stunden früher aber fanden sich die Menschen ihrerseits zur Polonaise, wenn mit Siebenmeilenschritten einschlägige Feste vom Beginn bis hin zum kräuterbitteren Finale froh durchmessen wurden, die im Westen gänzlich unbekannt und folglich seinen Bürgern vorenthalten waren. Während aus den Lautsprechern noch Warschaus Mauern ganze Liederstrophen nachgesungen wurden und am Restauranteingang Plakate ernst behaupteten,

Die Bonner Clique ist ergrimmt,
weil unsere Kompaßrichtzahl stimmt!,

war unbemerkt im *Warschau* schon in jenen Jahren Polens Avantgarde zu sehen, selbstverständlich ohne den am Eingang unserer Wanderung erwähnten Kardinals-verteufler, doch die Filmplakate etwa, die in aller Welt Furore machten, konnten hier die Gäste niemals irritie-ren. Offenbar verirrte sich auch selten nur ein polyglot-ter Musenfreund hierher, so blieb der epochale Lapsus einfach unbemerkt, der eine jener Ausstellungen zierte: Kommunismus, das ist Sowjetmacht plus Elektrifizie-rung, wusste früh schon jedes Kind zu repetieren, doch im *Warschau* gab man Polen längst noch nicht verloren, und die Kommission aus Freundesland schrieb voller Tücke: Kommunismus, das ist sowjetische Macht plus Elektrifizierung. Aber niemand nahm die Übertragung krumm, vielmehr ließ man sie leis geschehen und so die Räte gern und stille gehen, die doch nach allem Wissen der Geschichte stets nur Wirrsal in die Reihen trugen statt sie auszurichten.

Die schon damals harte Gastronomenkonkurrenz des *Hauses Budapest*, das wohl als Herzstück im Triumvirat aus Freundesland zu gelten hatte, machte immerhin dem Personal des *Café Warschau* hin und wieder Kopfzerbre-chen; ganz besonders sein Mathiaskeller war für Gäste wie für Gastronomen fast schon etwas wie ein Sünden-babel und sah daher manchen hier bei Tische, der sich nicht nur für die kalkulierten Speisen, sondern auch für ungleich schwerer kalkulierbare Verhältnisse verantwort-lich empfand. Denn das Gemisch aus Teufelssauce und aus Teufelsgeigern, das rund drei Jahrzehnte vorher von der Donau an die Spree gekommen war, schien jenen Wechsel schon vorwegzunehmen, den die Schlemmer zwischen Fichtelberg und Kap Arkona 1989 massenhaft und umgekehrt in Angriff nahmen. Der Besuch der no-blen Souterraingewölbe blieb besonderen Gelegenheiten vorbehalten, auch besonders zwielichtigen, denn schon damals waren hier natürlich auch die Preise freier, wie das meiste andere im Land des Gulaschkommunismus auch. Hier dachte man durchaus nicht mehr so oft an Piroschka und Lilo Pulvers Einfachheit, hierher lud man den Westbesuch, so dass es dann auch niemanden zu sehr verwunderte, wenn in der Speisekarte folgerichtig nachzulesen war: »Besuchen Sie auch unsere anderen Mathiaskeller«, nämlich die in München, Wien und selbstverständlich auch in Prag. Der Lieblingswitz im *Budapest* war dafür harmlos, was man nicht von vielen sagen konnte, die das Volk erheiterten, und handelte von einem tränentrüben Gast, der auf die Frage eines der fidelen Musiker, ob er auch Ungar sei, nur traurig zu erwidern wusste, nein, er sei bloß Musiker. Vielleicht auch deshalb hat nur diese feine Gruft als Einzige den Sprung aus ihrem trüben Schnapsmilieu geschafft, unser Mathiaskeller wurde radikalsaniert – er dient jetzt einer großen Bank als stattlicher Tresorraum.

Wirkliche Bastionen, über die noch ein gemütliches Palaver oder mittelschweres Räsonieren lohnte, sind von nun an bis zu unserem »Eingangstore« nicht mehr auszumachen, denn auf dieser Seite ist das *Budapest* der letzte Platzhalter der ehemals so groß entworfenen Kollektivgelage. Deshalb stehlen wir uns wie die meisten nun aus unserer ausgetretenen Bummelgegend, und die Schuhmodelle, wie sie Stiller oder Leiser in den Fenstern präsentieren, bieten nebenan genau den Trageluxus, den die Duckmäuser und vielgeschmähten Leisetreter dafür in dem Schuhimperium suchen. Früher gingen sie auf zentimeterhohen Sohlen ihrem dunklen Tagewerke nach und fanden auf gekrepptem Grund zu unverhoffter Größe; Grund genug auch, dass die Damen sich besinnen mussten und mit falschem Dutt daherspazierten, eine niemals wahrgenommene Eskapade früher Frauenrechtlerinnen, die die Männerwelten auf die Füße stellten und auf ihre Art darauf verwiesen, dass die Herren der Schöpfung den Kothurn im Kopfe trügen. Als die ausgetretene Mode noch aus Großbetrieben kam, die hier als Roter Stern, Banner des Friedens oder Patriot inzwischen einen Namen hatten, da schien Westdeutschland schon vielen eher schwierig einzuholen und zu überholen, allenfalls noch barfuß. Erst den Enkelinnen blieb es vorbehalten, mit dem Trümmerfrauen-Look das Unmögliche noch einmal zu wagen und, wenn auch nicht Westdeutschland, doch wenigstens den Zeitgeschmack zu überholen, wenn nicht sogar zu generalüberholen. Hochgesteckte Ziele deuteten die auftoupierten Rita Hayworths an, wenn sie mit aufgerollten Socken über nackten Fesseln durch die winterliche Straße stakten, nur von einem zweireihigen Herrenjackett und dem fahlen, abgetragenen Seidentuch geschützt, da fehlten nur noch Schuhe aus Igelitt, igitt, und auch dem letzten elterlichen Stutzer wurde langsam klar, er sei nicht länger zu ertragen und schon gar nicht aufzutragen, und er würde demnächst selbst eingemottet. Niemand mochte ihnen das verdenken nach den Jahren dottergelben Knautschlacks und der Klobeschuhe, nach den maskulinen Helmfrisuren mit Koteletten und taillierten Hemden, deren Riesenkragen all die Stoffreste der Minimode fassen mussten, welche nicht mehr in den Schlägen ausgestellter Hosen unterkamen.

Stiller Glanz erhellt auch nachbarlich den Lampenladen, man entdeckt die frühen Sechziger und deren wohlgeformte Biegsamkeit, wenngleich die Tütenlampenschirme jetzt in Edelstahl und längst nicht mehr in wunderbare Plastemäntel oder Ölpapier gehüllt sind, die bei vierzig Watt stets weihnachtlich zu schmoren anfingen. Von anderen Versuchen, Lampenmöbel zu entwer-

»Am 30.11.1957 erhielt der bisher namenlose Platz am U-Bahnhof Bersarinstraße durch den Vorsitzenden des Rates des Berliner Stadtbezirks Friedrichshain, Höding, den allen älteren Berlinern vertrauten Namen ›Frankfurter Tor‹.«

fen, war schon in den Siebzigern der letzte Schleiflack ab und ein Licht nach dem anderen ausgegangen.

Jetzt liegt vor uns noch einmal das so bizarre Loch unserer Alleegeschichte, jene feiermüde und dafür geschleifte Deutsche Sporthalle; wir überspringen es von seinem anderen Rand, um uns dem Eingangstor vom Anfang unserer Wanderung zu nähern. Schnell noch einen Blick ins Eldorado aller weinseligen Tabakfreunde,

Erst besinn's,
dann beginn's,

lud ein Plakat gemäßigt zum Verkosten edler Rebensäfte, schlechte Hopfenernten zwangen auch im Trinkverhalten saisonale Kultiviertheit auf. »Trinke nicht wahllos – greife zum Weine«, ging die kulinarische Belehrung fort und lobte ganz besonders die Karaffen aus den Bruderländern, mancher der gestandenen Bierverbraucher fühlte sich mit Recht brüskiert und brachte Parodien in Umlauf, die dem Handel schweren Schaden und der Freundschaft einen schlechten Dienst erwiesen, wenn sie vor dem Trunke aus Bulgarien mit makaberem Hohne warnten: »Töte nicht wahllos – greife zum Gamza.«

Kaum nachsichtiger verfuhren die Raucher mit der Zigarettenindustrie, wenn sie die Favoriten ihrer Marken lobten:

Siehst du die Gräber
dort im Tal,
das sind die Raucher
von Real,

zum Glück kam die Palette farbiger daher, das Lungenbrötchen Salem gab es gleich in gelber, blauer und in selbstverständlich roter Packung, Karo gab es im Pepi-talook, und Jubilar verschwieg den Namen des Geburts-tagskindes, dem sie sich verdankte, doch im hiesigen Casino endete das preiswerte Carré, und das Terrain ge-hobener Ansprüche begann mit einem wirklichen Juwel. Noch heute greifen viele zu F6, zu Cabinet und Club, auch ihnen drohte fast, in Rauch und blassem Dunst sich aufzulösen wie vor vielen Jahren der Convent, die jakobinisch eingepackte Lulle fand für ihren Preis nicht zwischen demokratisch ungeübte Lippen, die nur selten Dampf abließen. Sprachlos machte denn auch die be-rühmteste Zigarre, doch die Stillnaturen zündeten sie so lange am falschen Ende an, bis jene trügerische Ruhe schließlich aus dem Schleuderascher fuhr.

Die vorletzte historische Adresse auf dem Strausber-ger Rondell ist *Esda*, der berühmte Feinstrumpfladen, denn hier machte man Geschichte, namentlich und in besonderem Maße die der werktätigen Frau. »Nahtlose Trümpfe« sorgten seinerzeit im Kabarett für Frohsinn, doch im Alltag wechselte nur allzu willkürlich die Mode zwischen Strümpfen mit und ohne Naht, und unwägbar blieb oft, ob man gerade jetzt den Nahtlosen mit einer schwarzen Schummellinie auf die Beine helfen musste oder ob es eben angezeigt erschien, ihn wieder auszuwa-schen. Hier im Osten waren immer gerade die anderen zu haben, und so manches junge Mädel setzte seinen guten Ruf aufs Spiel und alles auf die eine Desperado-karte – auf den individuellen Sockenschmuggel. Seiner-zeit beschäftigte selbst Schriftsteller das Phänomen der Fußbekleidung; ein zu jener Zeit noch hoffnungsvoller Autor, der es in der Folge aber nur zum namentlich nicht nennenswerten Zigarettenraucher brachte und sich in den späten siebziger Jahren mittels eines *Kippen-*

berg-Romans selbst ein Denkmal setzen wollte, schrieb die Reportage von der »Dame Perlon«, die die Wunder der Chemie aus volkseigenen Alchemistenküchen holte und zu Prosa vollsynthetischer Natur verzischte. Mancher, dem der feine Unterschied am Damenballen weniger bedeutet, mag sie leicht mit jener Evelyn Nylon durcheinanderbringen, die sich lange vor der Perlondame in diversen Comics spreizte. Später gab ihr Schöpfer zu, die Millionärstochter verdanke sich wie viele seiner hingeworfenen Geschöpfe nur der Vollanästhesie mit Rotwein, diesen Mut vermochte der kaum weniger versüffelte Reporter seiner Dame Perlon gegenüber niemals aufzubringen. Heute aber setzt hier niemand der Jeanne-d'Arc-Bewegung vor dem Strumpfregal von damals einen Stein, obwohl der Unmut über eine unerwünschte Masche seinerzeit mehr Lebensweichen eingerichtet hat als alle frohgemuten Überholversuche, welche männerbündlerische Sokkengremien hier ersonnen. Auch die Stützstrumpfhose Form-Fit mochte nicht verhindern, dass das Rückgrat mancher Bürgerin sich patriotisch leicht verschlissen zeigte; zwar verkaufte sie sich über alle Maßen gut, doch auch die Bürgerinnen setzten sich noch immer fleißig ab, und so erfüllte sich der Slogan

Mit der Zeit geht auch die Frau

ganz unerwartet schnell und ausgesprochen häufig, und die feingerippten Unterhemden hatten immer öfter durchgeschwitzte Träger. Schade, schade umso manche gut gewachsene Frauenbrigade!

Wir erreichen nun endgültig unsere Start- und Zielgerade, die am Haus Berlin entlangläuft, das wir ganz am Anfang

in den Stand des linken Turms erhoben hatten. In den
Zeiten der geschlossenen Gesellschaft war es immer weit
geöffnet und berühmt. Natürlich nicht, weil es Franz Füh-
mann unter seinen Mietern hatte, nach Bobrowski wohl
der einzige aus unserem Land, der noch im Pantheon der
großen Dichtung dieser Welt ein Unterkommen fand.
Vielmehr bei Dienstreisenden stand es hoch im Kurs
wie bei Berufssoldaten und bei Fanten artverwandter
Sparten, die sehr gern den frischen Gruß erwiderten,
mit dem man zum lasziven Treiben unterm Dache bat:
»Guten Tag, Herr Nachbar! / Auch in der Nachtbar – im
13. Stock«, so holperte der Spruch hier durch die sesam-
hafte Glastür mit den handgemalten Punkten aus noch
besseren Tagen. Hinter ihr das Biedermeiermobiliar, in
dem der Ball der illusionslosen Alleinstehenden sich zur
festen Einrichtung gemausert hatte, komplettiert bei Re-
genwetter von Emailleschüsseln, die den Schmusesound
mit blechern-trübsinnigem Ticken untermalten. Schwung
besaßen hier allein die Treppenhausgeländer und die
messingeingefassten Schauvitrinen, ausgeschlagen und
drapiert natürlich nur mit preußischblauem Samt. Nicht
feine Zirkel sollten sich im Haus Berlin zerstreuen, man
hieß statt »Welcome in the club« die Schaffenden im Klubsessel willkommen. Deren Damen trugen Malimo, das
machte knitterfroh und ihre Kleider anfangs bügelarm
und später dann ganz bügelfrei. Die Herren gefielen im
abwaschbaren Material der Binder, die ihr Dasein Lederi-
mitaten dankten, und die Rohstoffe für diese Moden wurden hier schon in den frühen Sechzigern recycelt, als auch
die moderne Wirtschaft noch nicht einmal von dem Wort
gehört hatte. Sie stammten allesamt vom Altstoffhandel,
der mit seiner unvergleichlichen Behauptung »Schätze in
deiner Hand« noch raunend für die Zuführung von alten
Lumpen, leeren Flaschen und diversen Altpapieren warb.

Und gegen allen kunstpolitischen Verstand »von oben« hatten in dem hohen Hause des Allee-Eingangs schon frühzeitig die »Tanzentartungen« des sittenlosen Westens ihren Sieg über den »sozialistischen Gesellschaftstanz« gefeiert, obwohl gerade der in weitem Maße »Anmut, Schaffenskraft und Lebensfreude« zu vereinen wusste. Auch der Orion und selbst der Lipsy, den die Eheleute Seifert aus der Sachsenmetropole an der Pleiße nur geschaffen hatten, diesen Rock 'n' Roll- und Twisttriumph dem Neuen Menschen zu ersparen, konnten ihn nicht mehr verhindern, und das Tanzstundenphantom erlag der dekadenten Fitness seiner Widersacher. Lipsy, der Lateiner hat es unschwer schon erkannt, hieß ungefähr soviel wie Leipzigerli und war nicht zuletzt ein nie gesungenes Loblied auch auf unsere Messestadt, die sich so gern als Klein-Paris erinnerte, obwohl sich niemals unterm Eiffelturm Besucher in Groß-Leipzig wähnen mochten. Schließlich lag Paris als Messezentrum höchstens auf den Plätzen, doch in Leipzig öffnete der Pavillon des Sowjetvolkes zweimal jährlich seine übergroßen Pforten. Dort, wo in den vierziger Jahren die Hangars für die Junkers standen, blickte man im Frühjahr und im Herbst ins »Schaufenster des Friedens«, das in paradoxer, aber wenig friedlicher Diktion versprach, es würde »alle Lügenmärchen westlicher Regierungen zerschlagen«. Aber weder Leipzig selbst noch die elektrisierte Jugend zeigte sich dem Lipsy aufgeschlossen, Federakrobatik aus den Knien und wildentschlossene Knisterposen galten mehr als das Umfassen einer hoffnungsvollen Mädchentaille; das war ohne Frage seltsam, doch mit Bossa Nova und Calypso sah man auch in Frankfurt und Hannover lange nichts vom Schmuseschieber. Den Verdruss am Lipsy mochte man indes wohl niemandem verdenken, wenn er aus den Boxen gurrte:

»Heute tanzen alle jungen Leute / im Lipsyschritt, nur noch im Lipsyschritt, / heute haben alle jungen Leute den Lipsy gern, / der ist modern. / Heute tanzen alle jungen Leute / im Lipsyschritt, nur noch im Lipsyschritt, / allen hat der Takt sofort gefallen, / sie tanzen mit im Lipsyschritt.«

Immerhin, er hatte Takt, wenn auch nur mäßigen Erfolg, und war den traurigen Versuch bei weitem wert, denn schließlich galt das Offentanzen als genauso schwierig wie das Offenreden, und es dauerte noch lange Zeit, bis beide aus den Nischen auf die Plätze kamen.

Diesen Sieg wird man als Ausgang unserer Geschichte gern und im milden Licht des Abschieds auch mit Frohsinn konstatieren, denn er ist nicht ohne Logik, mussten wir doch schon an ihrem Eingang den Triumph der übergroßen Lettern unseres neuen Lebens akzeptieren. Niemand ist versucht, den Lauf der Dinge festzuhalten, so wie keiner beispielsweise gleich zum Royalisten taugt, der das Berliner Stadtschloss wieder an die alte Stelle wünscht. Nach so viel Schmerz, Satire, Ironie und triefender Bedeutung mag so mancher doch begreifen, dass ein ideologisch abgestützter Bau noch längst nicht ganz dasselbe ist wie eine baulich abgestützte Ideologie, und noch bis zur Jahrtausendwende dauert unsere Straße die notwendige Rekonstruktion. Die kostet nicht nur Energie genug – kaum eine Schätzung setzt bei weniger als einer halben Milliarde überhaupt erst an, allein die Fallstudie für nur ein Haus belief sich auf rund zwei Millionen Mark, das Haus Berlin wird dafür aber nicht wie neu zu haben sein; denn um nur halbwegs wieder in den alten Glanz zu tauchen, braucht es gar zwanzig Millionen Mark, obwohl es unterhalb der Gürtellinie fast umsonst zu haben ist. Geliftet wird wie immer nur die obere Fassade, sie erhält die alten Fliesen wieder und lässt sich dafür nicht lumpen, der Quadratmeter beziffert sich inzwischen auf zweitausend Mark, da muss es unten mit ein wenig Schminke oder anderem Aufputz reichen. Ungewollt kommt so noch einmal fast Vertrautheit auf, Erinnerung an alte Renommierverfahren, wenn diversen Gästen strahlende Kulissen vorzuführen waren. Damals praktizierte man noch das Verfahren »Vorne Putz und hinten Schmutz«, doch mittlerweile heißt es nun dagegen »Oben hui und unten pfui«, gewiss erachtete man gerade im Unterteil des Hauses manches nicht für so erhaltenswert. Was wird zum Beispiel so mit Bechers holperforschem *Faust*-Pendant, das uns mit kindlich-wackerer Poesie aus der Allee entlässt, wie uns der »freie Mensch auf freiem Grunde« vis-à-vis am Haus des Kindes seinerzeit um Eintritt bat? Vielleicht auch hält man den furiosen Vers für gar nicht so erneuerungsbedürftig wie gemeinhin angenommen, milde Musen gibt es schließlich nach wie vor, die teure Poesie zu schätzen wissen, ganz besonders, wenn sie mit so direktiven Zeilen wie der ersten anhebt: »Als wir aber dann beschlossen …« Mancher dünkelhafte Poetaster mag die Schlappe schon vergessen haben, dass er sich an einem früheren Orte unseres Bummels fälschlich auf die Zeile »Hohe Leistungen in der Produktion – Walter Ulbricht zu Ehren, uns allen zum Nutzen« für die lächerlichste Reimvariante »Lohn« entschieden hatte, wir indes wollen ihn nicht ohne die poetische Gelegenheit entlassen, sich ein letztes Mal am Realismus zu versuchen und dem Wort »beschlossen« einen angemessenen Reim zu stiften. »Als wir aber dann beschlossen endlich unserer / Kraft zu trauen und ein schönres Leben aufzubauen haben Kampf und Müh uns …« Wer noch kann, wenn er bis hierher all den Zeilen folgen mochte, ehrlich von sich sagen, er sei nicht dabei gewesen, keiner von den vielen, übervielen, die an dieser Stelle fortgedichtet hätten, »die Genossen«, welche doch bekanntermaßen schöne Leben per Beschluss verfügten. Doch die starken Augenblicke des Kulturministers stehen heute in Stein gehauen und beschämen westliche Anakreontiker der schlichten Denkungsart, denn Becher hatte kummerlos und ohne größere Sendung schon geschlossen: »... nicht verdrossen.«

Teure, allzu teure Poesie, mag man zum Schluss sich noch einmal mit einem anderen großen Mann erinnern, dessen Worte irgendwann durch unsere Straße hallten und besonders den verstiegenen Luxus tadelten, der uns schon zu Beginn des Weges grübeln machte, doch: die Schönheit, sie soll bleiben, erst einmal vor allem billig und erschwinglich. Der erneute Baubeginn kann nicht mehr unbekümmert zu den Schaufeln rufen oder schelmisch Fragen stellen, deren Antwort die Geschichte des vereinten Volkes geben sollte:

»Ist es möglich? / Es ist möglich; / wenn das Volk seine Sprache, / die Sprache des Fortschritts zu reden beginnt, / ist jede Kulturtat möglich.«

Wir ergänzen mit historisch angespartem Wissen, wenn man sie bezahlen kann, denn ihre notwendigen Gelder kann man beispielsweise schlecht dem Hansa-Viertel nehmen, immerhin war es die Westberliner Kampfansage an die Wohnpaläste Walter Ulbrichts, so viel Anstand gegenüber der Geschichte muss gewahrt sein, außerdem liegt es wie unsere Straße an der großen Achse, deren Gegenpol wir schlechterdings in der vereinten Stadt dem neuen Wettbewerbe opfern können. Denn seit 1957 ist er alles andere als jung und schön geblieben, überdies ist jener Kampf Geschichte und verloren, denn das Hansa-Viertel ist nun ohnehin in unseren Besitz gegangen. So wie auch im übrigen der

zu Beginn unseres Spaziergangs bereits erwähnte Köl-
ner Dom, doch der wird ja sogar seit gut achthundert
Jahren schon nicht fertig.

2

Kohle zu Eisen –
Eisen zu Brot

Die Stalinstadt

»Gleichzeitig mit dem Eisenhüttenkombinat ›J. W. Stalin‹ entstand in unmittelbarer Nähe des Werkes die erste sozialistische Stadt der Deutschen Demokratischen Republik, Stalinstadt. Werktätige, die hier in der Nähe ihren Urlaub verbringen, schauen genauso voller Stolz und Bewunderung auf das hier Geleistete, wie die Bevölkerung, die hier eine neue Heimat gefunden hat.«

»Wie geht's, wie steht's« – so fragte Walter Ulbricht 1953 junge Stalinstädter scherzend, die ihn nach der Namensgebung ihrer Siedlung feierlich umringten. »Großartig«, erwiderten die jungen Stalinstädter scherzend – denn sie waren von keiner blassen Ahnung auch nur angekränkelt, welcher Vorsehung sie ihre Weihe dankten. Denn am siebten Mai, dem Vorabend des Tages der Befreiung, wären sie beinahe noch Karl-Marx-Städter geworden: Erst zwei Monate zuvor, der März gab längst noch nichts für Tauwettermetaphern her, war Stalin hingegangen – und das Leben unseres großen Sohns aus Trier ganz plötzlich zu entrückt, als dass man noch die Erste Stadt des Sozialismus, mitten in der Trauerzeit, auf dessen Namen hätte taufen mögen. Walter Ulbricht, Generalsekretär der Partei, gab sich in seiner Rede insofern weit souveräner, als er wirklich war, wenn er die so profane Taufe zur Entscheidung höheren Orts ernannte; tatsächlich aber war sie allerhöchsten Orts gefallen und kam also ausnahmsweise wirklich einmal von – ganz oben. Doch Genosse Ulbricht formulierte sie nicht als Ergebenheitsadresse an das Unvermeidliche, er sprach vielmehr von einer Kampfansage und dem Herzenswunsch der Werktätigen. Denn auch das konnte er seinerzeit beim besten Willen noch nicht ahnen: Wie wörtlich ihn auch die jungen Stalinstädter schon im Juni dieses Jahres, ein paar Wochen später nur und ganz im Sinne dieser Floskel, nehmen und aus ihrem Herzenswunsch tatsächlich eine Kampfansage machen würden.

Stalinstadt war also nicht in den Genuss des kleineren Übels bei der Namenszuteilung gelangt; die Messestadt am Pleißestrand wurde im Folgenden erkoren, ihren guten Namen gegen den des kapitalen Autors einzutauschen. Doch auch Leipzig musste von der Marxschen

Weihe leichten Herzens Abstand nehmen, wenn die Gründe dafür auch vitaler schienen als in Stalinstadt – der Standort etablierter Musterschauen sollte in der jungen Republik als Tor zur Welt gehandelt werden und bedurfte so auch weiterhin des alten Namens. Die Besucher Leipzigs aber lud in frühen Messejahren schon die gut gebaute Miniatur der Stalinstadt zur freundlichen oder auch kritischen Betrachtung: Das Modell war nicht nur äußerst plastisch und mit großer Liebe ausgeführt, es war zugleich von großer Wandlungsfähigkeit, denn wenn sich westdeutsche und Westberliner Messegäste nach dem Stand des Baugeschehens erkundigten, so wurde schnell noch eine kleine Kirche in den Pappmachéentwurf gesenkt, die unsere ungläubige Bevölkerung wohl besser nicht erst sehen sollte.

Leipzigs Tradition als Ort geschäftlicher Begegnungen war 1953 längst noch nicht Garant, auch künftig gutbetuchten Maklern aller Länder aufzuwarten; erst Nikita Chruschtschows livehaftige Rundgänge ein halbes Dutzend Jahre später halfen der sensiblen Messe zu der Popularität, die sie sich längst erhofft hatte. Schon Hunderttausende saßen da vor den Fernsehern in Ost und West und fieberten dem nächsten volkstümlichen Ausrutscher des angeblichen Maisbauern entgegen; denn für Chruschtschow war die angestrebte Überlegenheit nur eine Frage des Know-how – er sprach stets vom »How-Know« –, und das besorgte er sich eben bei den Wodka runden durch die Stände Leipzigs. Deutsche Ingenieurkunst war nur eine der Marotten von Nikita, namentlich die westdeutsche, mit der man, wenigstens vermeintlich oder für geraume Zeit, doch dafür wie im Handumdrehen, die Engpässe im eigenen Lande überbrücken konnte. Dreißigtausend Kühlschränke am linken, eine halbe Million Schuhe oder zwei Millionen

Plasteschüsseln gleich darauf am rechten Stand zu or-
dern, war inzwischen für Chruschtschow ein kleiner
Fisch, und zu Beginn der sechziger Jahre wusste er bereits genau, was die Sowjetunion an fortgeschrittenem
»How-know« benötigte. Noch ein paar Jahre früher war
er, nur beim Anblick eines Fahrradladens, beinah in die
Wagen einer Straßenbahn gelaufen, mittlerweile gab er
selbst den anfangs noch hofierten Unternehmern gern
Bescheid.

Böse Zungen allerdings behaupteten schon seinerzeit, dass Walter Ulbricht selbst dafür gesorgt habe, die
Messestadt um Marxens Namenszug zu bringen – er war
schließlich hier geboren, warum sollte seine Vaterstadt
auf einen fremden Namen hören? Und warum sollte,
nachdem er schon verschiedenen Fabriken, Sportarenen
und Akademien mit dem werten eigenen Namen ausge-
holfen hatte, nicht auch Leipzig dieses Privileg erfahren?
Für die Sachsenmetropole war so jedenfalls zumindest
der Marxsche Bart ab und der große Philosoph vom
Tisch – wohin mit ihm, in dessen Namen und Ideen sich
die jungfräuliche Republik für immer häuslich einzurich-
ten glaubte?

Walter Ulbrichts Einfall lag im Wortsinn nahe – er
umflorte 1953 das verrußte Chemnitz mit dem Namen
von Karl Marx, und er verband damit blasphemisch eine
ganz private Hoffnung: Wenn demnächst aus Leipzig
erst die Walter-Ulbricht-Stadt geworden sei, so wäre er
für alle Zeit der dritte in dem Bund der großen Denker,
Leipzig wiederum im Dreiklang jener nominierten Städte
die lebendigste der Ausgezeichneten – dank des sportiven sächsischen Patrons und Namensgebers.

Auf, Proletarier,
die Welt ist dein.

Nimm sie dir, nimm sie dir,
du bist im Recht.

Fürs Erste also blieb Genosse Ulbricht taktisch auf dem roten Teppich und begnügte sich in Stalinstadt damit, das Fußballstadion mit seinem Namen zu verzieren, auch wenn die Kicker Stalinstadts nicht gerade Führungsqualitäten hatten. Damals rekrutierte sich das Oberhaus des DDR-Fußballs noch aus so imponierenden Vereinen wie Favorit Brieske Ost und Empor Lauter, aber auch den Bolzern aus dem steilwandigen Ort Meerane, der die Friedensfahrer alle Jahre wieder zur Verzweiflung brachte. Selbstverständlich waren die ersten Straßen in der Ersten Stadt des Sozialismus für die Friedensfahrer mehr als irgendein Kriterium; bevor sie aber in das Walter-Ulbricht-Stadion der Stahlkommune sausten, mussten sie erst einmal durch das gleichnamige in der neuen Hauptstadt. Wilhelm Pieck war längst schon anwesend und wartete mit sechzigtausend Friedensfreunden und Geduld auf den verbummelten Patron, um ihn nun endlich stürmisch zu begrüßen. Schließlich konnte es bei größeren Verspätungen geschehen, dass die Friedensfahrer fälschlich die Begeisterung auf sich bezogen, wenn die Ovationen von den brechend vollen Rängen auf die Führung niederprasselten. Doch da sie glücklich erst im Schein der Abendsonne im Oval erschienen, blieb die schreckliche Verwechslung aus – schon hundertmal und mehr hatte der Generalsekretär seinen Strohhut in die Luft geworfen, als der erste Fahrer in der Stadioneinfahrt auszumachen war. Das Feld hatte sich seinerseits beinahe selbst vertrödelt und den herzlichen Empfang vom Vortag noch nicht völlig ausgeschwitzt: Mit echtem Schultheiß-Patzenhofer hatte sie die Bürgerschaft des kleinen Städtchens Treuenbrietzen zwischen unserer

Messemetropole und Berlin am riesigen Erfrischungs-
zelt begrüßt. Dabei gefielen sich die Sportberichte in
fast höfischer Diktion und hatten unsere Flitzer schon
zu Rittern des Pedals geschlagen, welche eine Lanze für
den Frieden und die werktätigen Mädels an der Piste
gleichermaßen brachen. Die bestaunten und bejubelten
die gut gebauten Friedensboten, während beispielsweise Schwarzwaldmädels leer und ohne solche Burschen
ausgehen mussten – da war Adenauers Unmut vor, dem
diese gut zweitausend Kilometer für den Frieden allenfalls als durchsichtige Tour erschienen.

Patrioten in Ost und West
hassen Adenauer wie die Pest.
Drum werden die werktätigen Massen
die Aktionseinheit schaffen.

Einheitlichen Übermut zeigten denn auch unsere festlich
angezogenen Stalinstädter, denen die willkommene Flucht
vom Arbeitsplatz und aus den Klassenzimmern die aben-
teuerlichsten Possen eingab. »Keine Blumen werfen!«
warnte eine Zeitung, wenn auch die Begeisterung unseres Volkes und insbesondere seiner Schuljugend mehr
als verständlich sei. Man solle dennoch »von der Geste
Abstand nehmen«, hieß es weiter, und im Übrigen noch
Hinweise beachten. Unsere Landsleute zum Beispiel, die
die ländliche Umgebung Stalinstadts bevölkerten, sollten
auf jeden Fall ihr »Kleinvieh einsperren«, damit es wenigstens in diesen Stunden keinen Mist verzapfe. Auch vor
falschem bäuerlichen Mitleid mit unseren Strampelba-
cken wurde abgeraten, und ein Kommentar wies sogar
an, nicht eimerweise Wasser auf die Fahrer zu vergießen.
Noch gefährlicher war freilich, einem Ritter bei Defekten
der Pedale beizuspringen, schließlich würde man gerade

so den Sportsfreund aus dem Rennen und dem Sattel werfen. Friedensfahrer waren Friedenskämpfer, die auch ohne fremde Hilfe fest im Sattel sitzen mussten – sehen würde man sich ohnehin, denn es war längst auch in Stalinstadt der gute Brauch, dem Patenbetrieb nach dem Rennen schlemmernd eine Visite zu vergönnen. »Jubel, Blumen(!), lachende Gesichter« und ein aufgeputztes Werktor sahen die Reporter, aber wer sich noch des volkseigenen Floralia-Angebots erinnert, wird die blühend-fantasievollen Berichte ohnehin für frei erfunden und es lieber gleich und faustisch mit dem renommierten Gatten eines Blumenmädchens halten:

Doch an Blumen fehlt's noch im Revier;
sie nimmt geputzte Menschen dafür.

Kehren wir von unseren Stadionrunden in der Hauptstadt nun zurück zu Chruschtschows Messerunden und auf diese Weise – manchen sicher überraschend – zur Geschichte Stalinstadts, das viele Launen unserer Großen mit Gelassenheit ertrug, jedoch auf einen prominenten ökonomischen Fauxpas des Ersten Kommunisten Nikita in der Messestadt mit Unmut reagieren musste: Denn geradezu als rufschädigend dürften es Erbauer und Bewohner unserer Stahlkommune seinerzeit empfunden haben, dass Chruschtschow bei Krupps Vertreter Berthold Beitz per Handschlag ausgerechnet um – ein Stahlwerk! –, also just um eine Eisenhütte einkam, als hätte sich nicht längst herumgesprochen, wer den Weltrekord im Aus-der-Erde-Stampfen solcher Traumfabriken innehatte. Der war sicher, als Nikita sich nach Westen wandte, schon ein wenig angejahrt, doch nach wie vor von keinem Kontrahenten eingestellt – wie war das eine und, vor allem, wie das andere möglich?

Als das Kraftwerk wurde Volkes eigen,
sprach ein Mann, das Werk ist eine Pein.
Volkes eigen – laß das Volk nun zeigen,
was es heißt, sein eigner Herr zu sein.

Hatte Chruschtschow etwa schon damals jene Langsamkeit entdeckt, die die Kenner heute loben? Oder war er des »How-know« aus Ostdeutschland so schnell überdrüssig, weil es ihn an die Affäre Magnitogorsk erinnerte? Dort hatte Stalin seinerzeit das größte Eisenwerk der Welt errichten lassen, weil Geologen meinten, die Umgebung hätte eine Förderung verdient. Die Annahme, es sei vernünftig, die heraufgeholten Erze und Metalle auch an Ort und Stelle einzukochen, scheint noch heute jedermann plausibel, der von Stahlgewinnung wenigstens so viel versteht wie seinerzeit der Marschall. Aber als die ersten Schätze an die Oberfläche kamen, konnten sie zwar zu beeindruckenden Stahlprodukten ausgeschmiedet werden, doch fand man keinen Weg, sie auf die Reise in das große Land zu schicken, denn Magnitogorsk lag selbst für russische Verhältnisse fernab von jeder Bahnverbindung, die die blanken Wunder hätte transportieren können. Erich Honecker, der damals unter den Erbauern war, hat das so wenig wie die Planer von Magnitogorsk bekümmert, aber Stalinstadts Entwickler hatten die Lektion gelernt. Denn in der Oderniederung verhielten sich die Sachverhalte umgekehrt, die zwanzig Jahre später den Grund für diese Standortwahl abgaben: kein Vorkommnis im Untergrund, nichts weit und breit, was man hier irgendwie zutage fördern konnte, doch günstigste Verbindungen nach Ost und West, auf Wasserwegen, Straßen oder abenteuerlichen Schienensträngen – selbst ein Eisenbahnerlied gehörte schon zum Repertoire der Gegend, in der künftig der Schornstein allein für die Werktätigen rauchen sollte:

Und die Lok, sie singt,
und der Heizer winkt,
und sein Mädel
trägt ein himmelblaues Kleid

– die Lore von der Werksbahn war vermutlich seine Maid – und unser Heizer ein gewiefter Kuppler, dem sie nicht allein anhing.

Damals hießen jene seltenen Züge, welche hin und wieder pünktlich Stalinstadt erreichten, noch »Verspätungsbrecher«, der weit größere Rest dagegen »kranke Strecken«. Deshalb gab's am Tag des Eisenbahners auch Geschimpftes von der Zeitung, wenn in einer Reportage Hemmschuhe und Eisenbahner unverblümt in einem Atemzug genannt wurden, sie waren längst noch nicht der sensationellen Methode des sowjetischen Neuerers Lunin aufgesessen, der vorschlug, die Lok durch sorgfältige Pflege ständig störungsfrei zu halten. Unsere flügelrädrige Abenteurer des Schienenstrangs in Stalinstadt focht solch Genie nicht an, sie hatten einen erstklassigen Freifahrtschein, der damals schon so galt wie vielen Zeitreisenden heute:

Doch so manche uns'rer Väter,
die zuerst dagegen waren,
sah man,
allerdings dann später,
um so fortschrittsaufgeblähter,
prompt nur Erste Klasse fahren.

Dennoch gab es hier bereits seit hundert Jahren eine feste Bahnverbindung bis nach Breslau, aber auch nach Frankfurt oder Guben. Die Textilarbeiterstadt im Süden trug fast dreißig Jahre lang den Namenszug des ersten Präsidenten Wilhelm Pieck; als dieser 1961 starb, war die Verleihung nicht, wie 1953 für die Stalinstadt, spontan entschieden worden – das hat unseren bärtigen Parteichef sicherlich gelassener gemacht, es würde auch für ihn ein Leben und ein Städtchen nach dem Tode geben. Walter-Ulbricht-Stadt gibt es noch immer nicht, doch dafür kann man sich inzwischen auch in Gubens *Panorama*-Hotel weiter aus dem Fenster lehnen und den wunderbaren Rundblick auf die umliegenden Pappdächer der Wohnblocks aus den Sechzigern genießen.

Unterhalb von Stalinstadt verlässt die Oder Deutschland Richtung Osten; vorher spaltet sie das Flüsschen Neiße ab, das stellenweise kaum auf einen Meter Tiefe kommt, doch wie der Mutterstrom als Grenze weiterfließt. Sie war zu keiner Zeit ein Hindernis, am wenigsten in der noch jungen DDR, die sie als Friedensgrenze deklarierte, die verbinden und nicht trennen sollte. Als die Nachbarn allerdings den Aufstand probten und man in den achtziger Jahren nur auf Einladung nach Polen kam, sind die Papiere für die Reise in die Nachbarrepublik des Öfteren mit Steinschleudern über die Neiße hin- und hergegangen – wahre Freundschaft soll nicht wanken.

Und wir stellen das Werk an die Grenze.
Und wir kennen keine Angst mehr.
Und wir fürchten nicht,
Daß dieses der Revanche verfällt!
Wir lehnen unser Werk an diese Grenze,
Wie uns selber an die Schulter eines Bruders!

Dennoch war auch 1950 die Idee des Hüttenwerkes und der Reißbrettstadt so nah der Grenze, mitten in den sandverwehten Forsten und versumpften Wiesen, durchaus manchem abenteuerlich genug; sie schien zudem selbst damals schon etwas von jenen Launen der Regierenden zu haben, wie sie uns dann später auch in Leipzig oder Chemnitz, Stalinstadt und anderswo begegnet sind und denen Walter Ulbricht und der III. SED-Parteitag sich auch damals schon sehr gern und scheinbar leichthin über-ließen. Durch die Teilung Deutschlands 1949 in zwei arg verkrachte Nachbarrepubliken war die Industrie im Osten allenfalls noch Episode und Erinnerung, denn in der DDR gab es gerade noch ein Hochofenquartett, im Westen im-merhin zehnmal so viele. Schuld daran gab niemand den zurückliegenden Kriegsereignissen oder gar den forcierten Demontagen durch die Sieger; Ursache war der Verrat der Schlot- und Stahlbarone, die an Rhein und Ruhr dafür die Schelte des Parteitages vernehmen mussten und zugleich die Kampfansage: EKO – das Eisenhüttenkombinat.

Von ihm versprach sich der Konvent die endgültige Unabhängigkeit vom Thyssenstahl; man wollte hier, mit proletarisch eingebrachter Energie, das Erz aus der Sow-jetunion und Steinkohle aus Polen in die eigenen Formen gießen und auf diese Art zugleich zum Bruderbund zer-fließen lassen.

Wir schmelzen das Erz aus der Sowjetunion
und polnischen Koks brennend heiß –
zum eisernen Freundschaftsbeweis.

Hans Marchwitza, Autor proletarischer Romane, die, soweit sie in den zwanziger Jahren spielten, in den Siebzi-gern selbst noch in Germanistenzirkeln westlicher Studie-ranstalten ins Gerede kamen, wurde in der jungen DDR zum Nationalautor, der wie Seghers, Bredel oder andere in den fünfziger Jahren nicht gerade die beste Hand be-wies. Doch Bredels *Väter* wurden damals immerhin als Fortsetzungsroman in einer Brandenburger Zeitung abgedruckt, und seine Helden sagten hellsichtige Sätze wie zum Beispiel: »Übrigens verschwinden wir bald wieder«, oder auch so seltsame wie: »Als der kleine Walter in der Unterhaltung auftauchte, da schlichen alle sich auf Fuß-spitzen ins Nebenzimmer.« Marchwitza hingegen forder-te, dass alle Feinde unsere Bücher fürchten sollten, und klang offenkundig dabei sehr bedrohlich, denn es gilt als sicher, dass es nur wenige dieser Feinde wagten, nach der *Kumiak*-Trilogie oder dem *Roheisen*-Roman zu greifen, nicht zu reden davon, sich an ihnen zu vergreifen – die verlangte Furcht grassierte längst bei potentiellen Lesern in der Adenauerrepublik.

Ein wenig unbekümmerter verschlangen unsere Men-schen die bizarren Werke, wo der Strom verirrter Wesen so lang durch die Wirren seiner Zeit mäanderte, bis er als Zug von neuen Menschen entweder auf kollektivem Grund und Boden oder vor dem Sockel eines Hochofens zum Halten kam.

Unsere Dichter also traten längst nicht mehr von ei-nem Versfuß auf den anderen, und Marchwitza brachte es als einer der prosaischen Chronisten Stalinstadts in dieser Zeit sogar zum Librettisten einer Chorkantate über das illustre Eisenwerk und legte den sowjetischen Befreiern, die die Stalinstadt mit Rohstoffen zum Freund-schaftspreis beliefern wollten, darin unvergängliche Er-mutigungen an das mitteldeutsche Mündel in den Mund, die heute manchen visionär und anderen wieder als Sar-kasmus der Geschichte anmuten:

Baut's ruhig, euer Werk,
wir geben euch die fehlende Kohle.

Als die DDR gerade ihren ersten Namenstag gefeiert hat-te, projektierte man in die verschlafene Oderlandschaft ein gigantisch angelegtes Stahlwerk. Neben attraktiven Löhnen sollte eine Mustersiedlung für den ausreichenden Arbeitskräftezulauf sorgen, eine später ferngeheizte Traumstadt mit zentralem Boulevard, der jedem alles bot, vom Kino bis zum Kaufhaus, vom Kulturpalast bis hin zum Autoladen, vom Spital bis zum Textilgeschäft und vom Theater bis zum Fremdenhof – selbst eine Kirche und ein Jugendwerkhof fanden sich in ersten Zeichnungen.

Auch ein Krankenschwesternheim und ein Revier, natürlich nicht allein zu deren Schutz, waren nachgewiesen; nachzulesen und dennoch nicht nur auf dem Papier war das Zusammenwachsen der bevölkerungsnahen Einrichtungen, die die ersten unsicheren Schritte miteinander und auf Stalinstadts Bewohner zu machten. Denn unsere junge Volkspolizei war nicht nur auf Wacht, um Volksschädlingen auf die Finger oder auf die Schiebermützen mit dem dort verborgenen Schmuggelgut zu klopfen, sie machte dem volksverbundenen Namen auch auf zärtlichere Weise Ehre. Listig und vor allem rechtzeitig hatte sie mit dem schönsten Teil des Volks von Stalinstadt, den Krankenschwestern, fusioniert und sich ihm sehr verbunden mit dem Antrag, ein Ensemble aufzubauen, um die Verbindung zur Bevölkerung auf Dauer zu befestigen. Das Unternehmen, im Galopp entwickelt, ohne bürokratischen Parcours zur Ausführung gebracht, verwickelte die jungen Häubchenträgerinnen in die Volkskunst und pikante Anfängerverlegenheiten gleichermaßen. Mit Erstaunen lasen die zivilen Normenbrecher an den Hochöfen von der gelungenen Bildung einer Tanzgruppe, wo es geschwind zur Aufstellung von engen Paaren kam. Zur Sache, Schätzchen, schien der stille Auftrag unserer grünen Jungs zu heißen, auch wenn sich die kniffligen Umschreibungen nicht sofort jedem Leser und schon gar nicht jeder Auserwählten zu erkennen gaben. Unverfänglich las man von den ersten Freundschaftstreffen, doch sie führten die noch unerfahrene Truppe flugs zur Generalprobe, in deren Folge schnelle Fortschritte gemacht wurden. Von Tagen freudiger Bereitschaft war die Rede, welche das Verhältnis zwischen Volkspolizei und den werktätigen Frauen Stalinstadts spürbar gefestigt und bewiesen hätten, dass man sich auf die Genossen in der Tat wie auch in jeder noch so schwierigen Situation verlassen konnte.

Damals hat vielleicht so manchen Schmelzer ganz genauso flugs nicht nur der soziale Neid gepackt und ihn zum einzig rechten Schritt veranlasst – schnellstens selbst ein Polizist zu werden. Denn noch die kleinsten Chargen zeigten ihre Schulterstücke damals so, als wären sie Eintrittskarten in die bessere Gesellschaft. Doch das Bild, die Stalinstädter Kameraden wären allesamt nur schlimme Finger, die, statt nach den Feinden unserer Volksmacht, lieber nach den Mädels griffen, zeigte sich als korrekturbedürftig. Auch die so umworbene Keuschheit schielte nur zu deutlich nach der Wurst und war auf reputierliche Gefährten aus, die mal mit einer Unterschrift von Wilhelm Pieck, ein andermal sogar mit einem heißen Stuhl der Marke RT 125 ausgezeichnet wurden – da hörten besonnene Gemüter unter den Genossen, welche ihr Salär lieber zusammenhielten, alle Nachtigallen strapsen.

Genossen der Volkspolizei!
Froh schafft das Vaterland.
An uns kommt kein Feind vorbei!
Vorwärts, Gewehr zur Hand!

Doch die Genossen waren unlängst ins Gerede und beinah um ihren Ehrentag gekommen, aber der Ministerrat begnügte sich mit einem ernsthaften Signal, als er beschloss, den Tag der Volkspolizei künftig auf den ersten Juli zu verlegen. Damit schien die Zeit der Kindereien vorbei, denn bislang hatten unsere Kameraden immer mit den lieben Kleinen gefeiert und schon am ersten Juni mit verrutschter Mütze das Revier durchstreift. Natürlich hatte der Ministerrat das Datum mit Bedacht auf den Saisonbeginn verlegt und somit darauf hingewiesen, dass die Ordnungshüter eine ganz besonders urlaubsreife Spezies unserer Staatsmacht waren, unvergleichbar jener ganzjährigen Frische der Minister selbst.

Das Schwesternheim hingegen expandierte später, bis zu tausend Maiden ließen sich pro Jahr zu Fachschulkadern ausbilden und jene guten Traditionen fahren, sich gezielt mit Angehörigen der Staatsmacht zu verbandeln. Dabei mauserten sich unsere Polizisten in den späteren Jahren zur VP-Bereitschaft, deren Jungs sich nach wie vor das Singen nicht verbieten ließen und gesellschaftliche Höhepunkte musikalisch untermalten, was mit einem Ehrenbanner des ZK der SED gewürdigt wurde, Eisenhüttenstadt jedoch den zweifelhaften Ruhm auch einer echten Garnisonsstadt eintrug.

Und wir haben kluge Kommandeure,
die schon and'rer Brut begegnet sind.
So ein Kämpfer gibt manch gute Lehre,
so ein Arbeiter- und Bauernkind.

Manche Nachlässigkeit noch aus frühen Tagen war da längst vergessen, und die Schlamperl waren inzwischen hohe Chargen im Revier von Eisenhüttenstadt, die niemand mehr an ihre allzu große Milde zu erinnern wagte, welche sie den Stalinstädter Fußballfreunden gegenüber walten ließen. 1954 ging die Weltmeisterschaft in der

Schweiz über den Rasen, unsere Spieler waren nicht dabei, doch Aktive wie Passive, die volkseigenen Rasenamateure wie die Profis von den Rängen drängten vor die Schaufenster der Radiogeschäfte, um im ausgestellten Leningrad die Spiele zu verfolgen. Der Patriotismus aber, den man vor und hinter den Vitrinen ausstellte, galt offenbar der falschen Seite, denn sowohl im Halbfinale gegen Titos Abseitspartisanen wie auch im Finale gegen die Magyaren galt der Jubel nicht etwa den Volksdemokraten, sondern all jenen, die der Adenauerrepublik und deren Wirtschaftswunder nun auch noch zu dem Fußballwunder verhalfen. Vor vierzig Jahren hatte der Triumph nicht nur an Rhein und Ruhr das deutsche Wesen, seit Jahren kümmernd auf der Bank, zum Genesen animiert, auch die sonst so aufmerksamen Polizisten unserer vorbildlichen Viertel unternahmen nichts gegen die suspekte Gruppenbildung vor den Mattscheiben. Finale Bern – der erste deutsche Fußballkrimi – war endgültig abgedreht, in bester Spielfilmlänge und mit hochdramatischen Momenten, wie man sie im Kino seinerzeit noch lange suchen musste, wo die Heide blühte oder sich gerade der Problemfilm etablieren wollte. Die bis dahin unbekannten Darsteller waren über Nacht nicht nur zu deutschen oder gar zu bundesdeutschen Stars geworden; Sepp Herberger und Fritz Walter mauserten sich auch zu Therapeuten der noch immer wunden deutschen Seele, die beim Fußball selbstverständlich erst einmal gesamtdeutsch litt und so den Sieg nicht nur am Rhein, auch an der Oder als willkommenen Balsam reichlich auftrug. Deutschland hatte Ungarn und die Österreicher auf die Rasenplätze zwei und drei verwiesen; vierzig Jahre früher wiederum waren die Plazierten noch als Habsburger Equipe in manche heißumkämpfte europäische Arena einmarschiert und hatten nach dem Untergang der

Donaumonarchie kaum weniger mit den versunkenen Seelenlandschaften zu kämpfen als die deutschen Wiederaufsteiger von 1954, als die neue Zeit nur als Nachspielzeit erscheinen mochte. Doch die Nachsicht unserer Stalinstädter Ordnungshüter konnte das schon damals nicht befriedigend erklären: Sicher tanzten eben auch die dienstlichen Gedanken nur um ihre keuschen Schwestern, die zu dieser Zeit mit ihnen noch in einer rührenden Behelfsbaracke jene erste Tänze aufführten. Sie lag genau der Kirchbaracke gegenüber, und wer weiß, wenn später Stalinstadt vielleicht sogar zu einem Priesterseminar gekommen wäre, ob die unschuldigen Mädels jemals so viel Sympathie für unsere Ordnungshüter aufgebracht hätten wie dank des Zufalls, welcher ihr Revier so sehr viel näher liegen ließ als das Barackenlager unserer raubeinigen Rodungstrupps.

Doch sonst kam in der jungen Stadt fast nichts von ungefähr – der Zufall war ein Feind des neuen Lebens und der Weltanschauung, welche es bestimmen würde. Alles war bis in das freundlichste Detail geplant, und selbst die Zahl der Restaurants war mathematisch aufgeschlüsselt: Tausend Einwohner erhielten etwa vierzig Kneipenstühle, gut ein Drittel davon in den noblen Speiserestaurants, die knappe Hälfte für den Mann der Arbeit in den rustikalen Bierkaschemmen nach dem rechtschaffenen Feierabend, und der Rest stand in Cafés herum. Knapp drei Jahrzehnte später boten an die dreißig Klausen gut dreitausend Plätze für rund vierzigtausend Einwohner, noch immer sehr viel mehr als die Trabantenstädte in der Republik, die bestenfalls für solche Größenordnungen noch eine Mehrzweckgaststätte, den sogenannten Fresswürfel, im baulichen Kalkül berücksichtigten.

Früher aber saß die Zukunft unserer Stadt schon mittags auf den Kneipenschemeln, wo die Pioniere und die mehr als dreitausend angehenden Gesellen aus den Lehrbrigaden ihre Essenmarken auf den Tisch knallten, um sich bei Nudelsuppe und paniertem Schweinebauch über die volkseigene Verpflegung zu mokieren. Nachmittags wurde gebohnert und »neu eingedeckt«, dann zog sich das Bedienungspersonal in schwarze Anzüge zurück, der schichtfreie Kollege aus dem Werk in sein Präsentjackett – und los ging's mit der Gattin ins mutierte Speiserestaurant, wo einladend ein Stuhl mit einem Schild die Tür verstellte, das versicherte, der Kellner würde bei der Platzwahl gern behilflich sein. Noch heute ist es eines der wohl größten Rätsel der dahingegangenen Republik, wie ausgerechnet ihre führende Gesellschaftsgruppe, unsere gut organisierten, kampferprobten Arbeiter, sich Jahr um Jahr von Elementen aus dem Kleinbürgermilieu freiwillig kujonieren ließen, statt ihnen den Bierhahn zuzudrehen und sie in ihre schmuddeligen Tischdecken zu wickeln, die schon damals täglich einer Wende unterzogen wurden. Abends seien die Stahlarbeiter fast nicht wiederzuerkennen, hieß es unter einem Bild von damals, das die abendlichen Anstrengungen der verkleideten Plebejer durchaus freundlich wiedergeben wollte, und vielleicht auch daher hatte manche Stalinstädter Stampe mittlerweile bereits eine handfeste Karriere hinter sich: Das alte Gasthaus Schleicher war zum Staatlichen Kulturhaus aufgestiegen, das den Namen von Ernst Thälmann trug. Dagegen nannte sich das Gasthaus Goldener Löwe zwar auch weiterhin gesellschaftliches Zentrum, doch verbarg sich hinter seinen Mauern nur noch das Vereinszimmer einer Betriebsgemeinschaft, die hier regelmäßig Pingpong spielte; dabei war das Haus der Tagungsort, an dem die Fürstenberger Ortsgruppe der SED gegründet wurde, also einst das sprichwörtlichste Wahllokal – die gegnerischen Kräfte aber hatten offenkundig längst mit

Vorbedacht die Pinte um die klassenkämpferische Tradition gebracht.

Lest die Handschrift, die wir schreiben,
blanker Stahl und Erntepracht;
was wir schaffen, wird uns bleiben,
hüten wir des Volkes Macht.

Stalinstadt dagegen selbst war noch bewusst als Kunstprodukt geplant und nannte sich mit großem Stolz die »Stadt ohne Vergangenheit«; das hinderte sie jedoch nicht, ihre Alleen nach Thälmann oder Lenin, aber auch nach Heine oder Puschkin zu benennen; vielmehr sollten gerade die traditionsgedeckten Straßen unumkehrbar in die Zukunft weisen. Stalinstadt bemühte sich von Anfang an, das Image einer bloßen Siedlung zu vermeiden und sich als moderne Großstadt zu verstehen, wenn auch ihre Einwohnerzahl ursprünglich kaum auf die Hälfte mancher anderen Kleinstadt kommen würde. Lediglich rund dreißigtausend Menschen sollten ursprünglich hier wohnen, doch die untrennbare Liaison von Werk und Stadt erforderte von vornherein auch einen Grundriss, der sich scheinbar jeder meistersingerhaften, altfränkischen Ausdrucksform entzog.

Die Presslufthämmer gingen,
sie schlugen Schlag auf Schlag,
und um der Menschen Lippen
Ein stolzes Lächeln lag.

»Auf Pfeifers Acker haben wir gebaut« – das meinte damals sicher auch im übertragenen Sinne: Auf die Armut pfeifen wir. Im Sommer 1950 legte man auf einer gleichnamigen Armeleutewiese vor dem Städtchen

Fürstenberg die mittlerweile legendären Fundamente, die in nicht so ferner Zukunft auch die Grundlagen des Sozialismus bilden sollten. Pioniergeist rauschte durch die Kiefernforste und – den Blätterwald. Auf Zeitungsfotos sah man Scharen ausgesuchter Raubeine, die hier direkt vom Zeichentisch in die verschlafene Landschaft eine Wohnstadt übertrugen, die den umtriebigen Hilfsarbeitern eines Tages vielleicht sogar Heimat werden sollte. Abenteurer, Kriegsheimkehrer, Männer ohne Bleibe und Beruf gehörten zu dem Tross der ersten volkseigenen Kolonisten; unweit des bekannten Klosters von Neuzelle aus dem dreizehnten Jahrhundert bauten sie die »Erste Stadt des Sozialismus«, ein geradezu historischer, fast shakespearescher Epochenknall auf engstem Raum, der endgültig das alte Brandenburg entrümpeln und es zur modernen Industrieregion erhöhen sollte.

Doch der scheinbare Zusammenstoß so unterschiedlicher historischer Gebilde wie des alten Klosters und der neuen Stadt ließ sich genauso gut als Wiederkehr urkommunistischer Ideen lesen, und die stammten nirgend anderswoher als von den Klöstern. Die heilige Dreifaltigkeit von Arbeit, Wohnen und vor allem einem festen Glauben kam aus jenen Mauern früher Selbstversorgungseinrichtungen, welche nur noch die Gewinne an die gläubige Zentrale abzuführen hatten und zum Lohn von dieser alle Jahre wieder nichts als goldene Lebensregeln einstrichen, nach denen irgendwann die glänzende Epoche nahte:

> *Sing' ich von Stalinstadt euch,*
> *so künd' ich: jung ist die Saat,*
> *die Ernte wird neu sein,*
> *golden das Zeitalter.*

Auch dass die Mönche sich nicht gerade aus der Upperclass ihrer Gesellschaft rekrutierten, lässt Verbindungen zu Stalinstadt vermuten; doch auch Robert Owens utopische Gemeinwesen könnten als Paten angeführt werden, weit unverfänglicher jedoch als Mönche und verträumte Utopisten hat vor vierzig Jahren sicher manche Schrift von Friedrich Engels Stalinstadts Erbauern das Bewusstsein eingeschrieben, am gelungene Finale einer langen Tradition zu bauen. Brecht sprach damals von den Mühen der Ebenen, die den Mühen der Gebirge folgen würden – ein gelungenes Manöver: Niemand sollte unterstellen, dass es wieder einmal nichts als Berge waren, die der neue Glaube umstandslos versetzte. Und – gottlob – lebten die Gründer Stalinstadts auch nicht so zölibatär wie die ahnungslosen Kuttenträger vormals – sonst wären sie nur schwerlich bis in unsere Tage im Gespräch geblieben.

Ins Gerede damals aber kamen Klosterbrüder an der innerdeutschen Grenze, welche in den fünfziger Jahren Kapuzinerklöster skrupellos zu militärischen Agentennestern umbauten; doch unseren wachsamen Organen war es nicht entgangen, dass die scheinheiligen Mönche sämtlich vollmotorisiert waren, Großgaragen für VW besaßen und zudem perfekt das Deutsche (!), Polnische und Russische beherrschten. Allenfalls heilige Einfalt hätte solche Ballungsräume übersehen, nicht so unsere Kundschafter, die ihren ruchlosen Kollegen sofort an der schiefen Kuttenspitze identifizierten und sich nicht der Illusion ergaben, Stalinstadt sei zu weit weg, um ins Visier einer unheiligen Allianz von Stahlbaronen und verkleideten Spionen zu geraten.

Jede Havarie galt seinerzeit als Anschlag feindlicher Gruppierungen und so als Ritterschlag des Gegners, auch wenn mancher Hochofen vielleicht nur zu sehr in

Eingang zum ›Eisenhüttenkombinat J. W. STALIN‹. Im Hintergrund der im Bau befindliche Hochofen V.

der Sonne stand, wie manche unkten. Die ambitionierte Bretterstadt war längst noch nicht als uneinnehmbare Bastion des Fortschritts ausgemacht – im Gegenteil. Noch heute scheint es unerhört, dass unser damals größtes Jugendobjekt anfänglich kaum nennenswerte Mitgliedszahlen in der FDJ zu bieten hatte, ganz zu schweigen von Parteimitgliedern, die wie grüne Hunde auf den Baustellen bestaunt oder belächelt wurden und sich durchaus selbst genügten. Später erst, als das Verhältnis sich längst verkehrte, hoben musikalische Kolonnen neue, unverbrauchte Weggefährten aus:

Wir sind schon viele,
doch die Zukunft braucht mehr.

Das bunte Personal der ersten Jahre Stalinstadts war sicher neugierig und unternehmungslustig, aber alles andere als gut organisiert. Und paradoxerweise ist gerade diese ungleich wildere Existenz der ersten Siedler in der Oderniederung ein Grund, dass auch der oft zitierte Fundus DDR-eigener Goldgräbergeschichten seine besten Exponate Stalinstadt verdankt; in späteren Jahren wurde er nur allzu gern und allzu oft geplündert, um von der inzwischen eingetretenen Tristesse im ganzen Land ein wenig abzulenken: Niemandem fiel scheinbar auf, dass so der freiwilligen, undisziplinierten Anarchie des Anfangs unbedacht das Wort geredet wurde. Zu diversen Jubiläen kramte man die »Gründerjahre«, jene Zeit der großen Perspektiven und der Läuse, wie ein Dichter schrieb, gern wieder aus und nannte Stalinstadt – in späteren Jahren Eisenhüttenstadt – in einem Atemzug mit anderen Großprojekten wie der Maxhütte in Unterwellenborn, die auch die ersten Schmelzer Stalinstadts geformt und auf das Leben vorbereitet hat und daher gern zur »Mutter der Metallurgie« geadelt wurde. Jahre früher war sie offenkundig noch ein junger Mann, da hieß es: »Max braucht Wasser«, später brauchte Max noch Schrott, und sehr viel später brauchte er sogar – Kultur; doch da war Max nur noch die alte Hütte, die so wie die Wiesen der versumpften Wischelandschaft oder auch der Hafenbau in Rostock hin und wieder als geschichtliches Idyll heraufbeschworen wurde, bis es auch die Jahrestage nicht mehr gab, die solcher Anfänge gedenken wollten.

Unser Wille, fest wie Eisen,
Metallurgen, 'ran.
Wo die Feuerschlangen gleißen,
stehen wir unser'n Mann.

Die eher zögerlichen Anfänge des Baugeschehens allerdings markierten lediglich die Handvoll neugieriger Burschen und die wenigen, noch eher vagen Direktiven ihrer damaligen Auftraggeber in der neuen, selbsternannten DDR-Hauptstadt. Vereinzelte Berichte über Stalinstadts Entstehung lesen sich wie ein Diarium verregneter Romantiker und rissen seinerzeit schon Brecht zu der Empfehlung hin, bei Schriftstellern von Rang gehobene Reportagen in (Partei-)Auftrag zu geben.

Manche der Verfasser brachten es sogar zum Nationalpreisträger, und Eduard Claudius wurde in der DDR so lange selbst mit Hemingway verglichen, bis auch der für längere Zeit nicht mehr so oft Erwähnung und doch noch unverhofft Erlösung von dem zeitweiligen Konkurrenten fand.

So ist die Welt von heute, ja, so stürmt sie vorwärts, resümierte dessen Bullendorfer LPG-Geschichte, die ihn in die Nähe Gottfried Kellers hätte rücken können, doch als »Keller unserer neuen Dichtung« wollte man ihn auch nicht ohne weiteres bezeichnen.

Dass die Kommune und ihr Eisenwerk sogar Roman-gestalten würden, ahnte sicher selbst der dialektische Theatermeister nicht. Marchwitza aber, der Verfasser unserer schon erwähnten Chorkantate, förderte zum Beispiel fast ein Kilo »Roheisen« von jenem frühen Heldentum ans Licht, das nie in den Verdacht geraten sein dürfte, der Autor habe es je einer weiterführenden Veredlungsstufe zugeführt. Die gut fünfhundert Seiten Schullektüre hat vermutlich nie ein Pionier von vorn bis hinten durchgehalten; Arbeitergestalten hatten kantige Gesichter, einen festen Händedruck und einen klaren Blick, sie waren zuversichtlich und geradeaus, die Buch-halter und Ingenieure zeigten sich dagegen dünn und skeptisch, dünkelhafte Brillenträger ohne proletarische Vision – allein die Mädels waren seinerzeit schon Ab-gründe, mit blanken Augen sorgten sie dafür, dass sich die Männer um die Prämien kümmerten und so den Wettbewerb um ihre Gunst auch auf das Baugeschehen übertrugen. Noch ausführlicher als das Draufgängertum der Erbauer lobte Marchwitzas Eloge Walter Ulbrichts tapfere Kritik an solchem zentralistisch kaum berechen-baren Ungestüm, das sich in keiner FDJ-Versammlung sublimieren und zu planwirtschaftlich überschaubaren Aktivitäten stutzen ließ.

Auch eines zweiten Autors soll in der Erinnerung mit jener frevelhaften Frage nachgehangen werden, die seit Klopstock hier zum ersten Male wieder aufgeworfen werden muss: Wer wird nicht einen Mundstock loben; doch allein, las ihn ein jeder? Als er in den frühen Tagen auf nicht minder vielen Seiten luziferisch »Helle Nächte« im Roman und über Stalinstadt erstrahlen ließ und später in diversen Skizzen eine Landschaft porträtierte, »Wo der

Regenbogen steigt«, erwarteten die Leser sicher vieles, was sie nicht bei Marchwitza gefunden hatten, anderes dagegen hofften sie vielleicht getilgt. Doch die nicht eben materialistischen Metaphern stimmten seinerzeit das Hohe Lied auf Stalinstadt genauso wie das Lohelied auf seine Hüttenwerker an, nur Stalin war aus den verklärten Werken in den Sechzigern verschwunden.

Es wird Licht,
und seht, das Licht
sind wir.

Nur weniges davon ist heute noch nachvollziehbar, und am allerwenigsten gewiss der Glaube. Manches las sich wie in Kriegsromanen wenig früher, doch der Gegner lag nicht mehr im Schützengraben vis-à-vis, sondern als havarierter Hochofen im Heidesand; der alte, gut getarnte Unterstand war nun das Provisorium einer Baubaracke, frühere Kompanien entwickelten sich in diversen Produktionsscharmützeln zu eingeschworenen Kollektiven Neuer Menschen, und der Unteroffizier wurde zum Brigadier, der in die friedlicheren Schlachten führte.

Ohne Eisen keine Schiffe,
denn die Schiffe sind aus Stahl.
Ohne Schiffe keine Seefahrt,
und die brauchen wir nun mal.

Erst als sich der Glaube an die Traumschiffe der Zukunft mehr den Ankern zuneigte und in den Sechzigern den Prüfungen, die ihm die Zeiten auferlegten, nicht mehr ganz so unbeschadet standhielt, schrieb Joachim Knappe ein sehr eindrucksvolles Buch über die Anfänge der seinerzeit bereits verklärten Aufbauzeit, und sein Roman beschrieb die Odergegend und die Stalinstadt bereits als »Namenloses Land«, als Brandenburgs volkseigene Primaner noch die hohe Kunst des dreistimmigen Kanons nach Hans Marchwitzas zitierter chorischer Verdichtung »E-K-O« erlernten: Reihe eins sang »E«, die Mittelreihe »K«, die Fensterreihe »O«, bis sich am Schluss die vokalistischen Rivalen wechselseitig oder reihenweise so schwer in die melodiöse Rede fielen, dass die Chorleiterin dirigistisch ihre angeschwollenen Unterarme überm Dutt zusammenführte und sich die gespitzten Kindermünder im gemeinschaftlichen »Oooohhh« gekonnt vereinten.

Doch schon seinerzeit las oder hörte niemand freien Willens jene Hymnen, heute kennt sie kaum noch jemand auch nur dem Namen nach, obwohl die Holzfällergeschichten sich in manchem ausnahmen, als hätten sie sich bei Jack London und am Klondike oder Hudson-River zugetragen; auch waren sie zudem erweitert um den fortschrittlichen Zug, dass jene Schürfungen der werktätigen Literaten ab und zu selbst führende Genossen vorführen konnten. Eigens aus Berlin war der erst frisch berufene Industrieminister in die Oderniederung gekommen, eine Kuschel auszureißen oder, wie die Zeitung schrieb, die denkwürdige erste Kiefer umzuhauen, doch Nichtsnutze aus jenem Kreis gesellschaftlich noch nicht gefestigter Kollegen schliffen seiner Axt die Schneide stumpf. Im Fortgang dieser Anekdote jubelten ihm die Phönizier von der Oder schließlich eine Wette unter, die für jeden Axtschlag einen Kasten Bier in Aussicht stellte. In der *Wilden Sau* soll ihre Einlösung begangen worden sein, der Name des Lokals schien mit Bedacht gewählt; der hohe Gast hingegen trug den Namen Selbmann, was im Angesicht des praktischen Desasters wiederum nicht ohne Komik war. Auch der Ministerpräsident war damals anwesend, doch seine Worte, die dem »Aufschwung« galten, offenbaren später erst den ungewollten Witz, wenngleich nun dafür umso nachhaltiger. Seinerzeit versenkte man im Wappen der Gemeinde noch beziehungsreiche Worte, die sich heute wie ein ungläubiges Daumenhalten lesen, aber dennoch etwas von der infantilen Unschuld atmen, die zumindest vor Ort gewaltet haben mag:

Gegründet im fünften Nachkriegsjahr,
bewohnt von den Erbauern,
sorgt, daß die Städte dauern!

Als im August des Jahres 1950 der Minister nicht allein zum Schlag gegen den dürren Nadelbaum, sondern vor allem auch zu dem gegen die linksrheinischen Stahlbarone ausholte – der Feind saß auf dem Petersberg –, war seine Axt vielleicht eine der wenigen, die überhaupt verfügbar waren. Die zum Festplatz aufgeblühte Lichtung war mit Fähnchen, Spruchbändern sowie Emblemen überzogen, die so hilflos wirkten wie der lose Haufen junger Männer, der sich kichernd zum Spalier formierte. Fünfzig Arbeitskräfte, die am Tag zuvor noch per Annonce oder Händedruck geworben wurden, sich am achtzehnten August hier einzufinden, hörten mit Vergnügen dem Kollegen aus der Hauptstadt zu.

Wir haben das Werk in die Heide gesetzt,
mit Hacke und Spaten ging's los.
Und was daraus wurde, das seht ihr ja jetzt:
Das Wort E-K-O schreibt man groß.

In knapp fünf Jahren nur würden auf diesem Flecken die Retortenstadt und das modernste Stahlwerk in Europa stehen, sagte der Minister, und die Anwesenden lächelten betreten, der Fanfarenzug stieß hastig eingeübte Töne unbekannter Jugendlieder aus – die Einheimischen aber grummelten von Russenbau und Panzerwerk. Befreit von Hemd und Hose hätten sie die Russkis allenfalls, und die Fabrikerrichtung schien erneut bedrohlich; gerade hatten sie sich mit der ersten Einquartierungswelle aus dem Osten leidlich abgefunden und die Umsiedler allmählich eingemeindet, drohten ihren Häusern neuerliche Zwangsbelegungen, wenn nicht gar Schlimmeres. Der angejahrten Führung brachten sie so viel Vertrauen entgegen wie den jungen Zugereisten, die hier eher auf das frohe Jugendleben als auf eine kleinstädtische Bleibe hofften.

Achtzehn Jahre alt waren sie im Durchschnitt, als der Bau begann, denn als der erste Axthieb sich zum fünften Male jährte, lag das Altersmittel schon bei dreiundzwanzig Jahren und die Zahl der Einwohner bei rund zehntausend. Mitgegangen, mitgefangen waren nämlich mittlerweile jene, die noch in den ersten Jahren Stalinstadt als neuen Abenteuerspielplatz angesehen hatten, den man an den Wochenenden mit leichter Hand in Richtung der alten Spielgefährtinnen verließ: Doch nun war aus so manchem Abenteuer nach der Schicht für gar nicht wenige schon Ernst geworden.

Was in frühen Darstellungen als ein seltener Vorzug an gesehen wurde, galt nicht mehr: Selbst die so junge Stadt besaß inzwischen eine kleine, aber umso muntere Vergangenheit, und manche harmlose Umarmung zwischen Maurer und Entrosterin am abendlichen Lagerfeuer war nicht halb so folgenlos geblieben wie die sicher keuscheste Geschichte aus dem Jahre 1954.

Karin, bist du's wirklich, fragte ungläubig der kleine Klaus, und Karin fiel ihm um den Hals. Ich wusste gar nicht, dass du auch hier bist. Sie achteten der Spanner rund ums Feuer nicht, die sie mit neugierigen Blicken musterten, und zogen sich in ihr Quartier zurück. Sie hätten sich so vieles zu erzählen gehabt, doch Klaus kam sofort mit der Frage, die erkennen ließ – er wollte alles: Singst du eigentlich noch immer so gern? O ja, ich mag die Musik noch immer, hauchte Karin, und sie gingen auf die Bretter einer Fensterbank, wo Klaus sie unumwunden und zur Sache bat: Sing mir noch einmal »Suliko – Feinsliebchen«. Da verstand sie endgültig, er wollte ihr ganz nahe sein, denn gerade diese Melodie war Stalins Lieblingslied; sie sang es leis und innig, glockenrein war ihr Gesang, und Klaus war so ergriffen, dass er ganz vergaß, nach ihr zu greifen, sondern nur der tiefen Liebe zur Sowjetunion noch fähig war. Sehr lange sprachen sie danach kein Wort mehr miteinander, bis der Jugendfreund das feierliche Schweigen brach und vorschlug, zu den anderen zurückzukehren, um die Eindrücke und wertvollen Erfahrungen der letzten Schichterfolge nochmals auszutauschen, welche schließlich, ausschließlich sogar, nur ihnen ganz allein zugute kommen würden.

Nicht zum Nutzen fremder Herren
fließt der Stahl in heller Glut.
Hart ist unsere Hand,
doch auch mit Verstand
tun wir unsere Arbeit gut.

So geschah es; kein gesungenes Schäferstündchen abseits unserer Kollektive, keine flüchtige Amour, sondern bleibende Erinnerungen würden sie fortan verbinden und niemals verzagen lassen. Eine Brandenburger Zeitung druckte seinerzeit die lupenreine Lovestory vermutlich, um den potentiellen Delegierten des bevorstehenden Pfingsttreffens, zu denen sicherlich auch manch Stalinstädter zählen würde, allzu abenteuerliche Ambitionen auszutreiben, die sie mit der frühlingshaften Festwiese und den exotischen Besuchern vielleicht verbanden.

Nicht nur pfiffige Koreaner beispielsweise sahen die späteren Berichterstatter, die im Wuchs umso viel kleiner waren als wir. Wie würden wir uns wohl verständigen, war eine bange Frage des Reporters, die bei solchen Höhenunterschieden auf der Hand lag, doch die Delegierten von dem fremden Erdteil demonstrierten nicht nur für den Frieden, sondern eine polyglotte Streckphase – sie konnten beide Deutsch.

Nicht minder unverzagt, so hieß es damals, mühten sich die fortschrittlichsten Jugendlichen Westdeutschlands, zum Treffen in die Hauptstadt zu gelangen und die innerdeutsche Grenze – ausnahmsweise umgekehrt, von West nach Ost – zu überwinden. Bangemachen galt schon längst nicht mehr, wenn auch die Adenauerpolizei behauptete, der neue Limes sei garniert mit fast vier Meter hohem Stacheldraht und Minen. Die beherzten Grenzverletzer konnten teilweise die Drohungen von Amts wegen sogar bestätigen – zwar hätten sie beim Übertritt nicht gerade Stacheldraht gesehen, aber Mienen umso mehr, und zwar die freundlichen der Polizisten aus dem DDR-Revier. Mit solchen ziemlich derben Possen lagen damals Redakteure auf der Kalauer, um sich den Stalinstädtern als salopp und unverbraucht zu präsentieren.

Wenn wir, vom Schauen müde,
zurück ins Lager ziehen,
dann wird auf blauen Hängen
der letzte Strahl verglühen.
Das Reh im Wald geht schlafen,
die Schwalben unterm Dach,
nur unsere Heimatliebe
bleibt im Traum noch wach.

Wenn jedoch die jugendlichen Kollektive, anders als im Feuilleton, am Abend ihre Unterkünfte suchten, fand sich ungleich häufiger so manches junge Glück in der Barackenstadt, die mehr als fünftausend Bewohnern Nachtherberge war. Nur wenige logierten in den umliegenden Dörfern oder auf den strohgedeckten Tanzdielen der Fürstenberger Kneipen. Der weit größere Teil verschwand im Camp der Bretterbuden, dem geteilten Lager, dessen Grenzen zwischen Frauen- und Männerschlafstätten sich in der Dämmerung verloren wie so manche Unschuld, die vom Lande kam und tagsüber den Wettbewerb organisierte. König Alkohol, der in den langen Fluchten unumstritten herrschte, war im Bunde meist der dritte und erst immer dann entthront, wenn wieder ein Rivale siegreich von den Platzhirschkämpfen abtrat, um sich als Familienvater in den ersten Blocks der neuen Stadt ein Nest zu bauen. Im September 1951 waren die ersten beiden Wohnhäuser bezugsfertig, bis Weihnachten schon immerhin ein halbes Dutzend Blöcke. 1953 waren es schon mehr als zwanzig – einschließlich des Kindergartens, einer Schule, des zentralen Waschhauses und einer kleinen Ladenstraße –, sie beherbergten inzwischen gut und gern die Bevölkerung eines demographisch respektablen Dorfes: fast zweitausendfünfhundert Einwohner. Für ihre ersten Mieter war erreicht, wovon weit mehr als doppelt so viele träumten – eine Wohnung in der Stalinstadt.

Tag und Nacht wird bei uns Stahl gemacht,
er dient dem Aufbau und dem Frieden.
Für die Heimat stehen wir auf Friedenswacht,
die Partei führt uns, wir werden siegen.

Die ersten Blocks jedoch bezogen also eher die Verführer und die wenig wachsamen Gespielinnen, die nun als glückliche Familie das verruchte Camp verließen. Doch die anderen schlugen sich fürs Erste weiter durch das Leben der Barackenstadt, gelegentlich im Wortsinn, denn der Pfarrer Stalinstadts war zwischen Trauungen – nach glücklich ausgegangenen Rangeleien – und Beerdigungen – nach den härter ausgetragenen Begegnungen – vollauf beschäftigt. Nicht allein die ersten jungen Paare liefen in den Stalinstädter Ehehafen ein, auch Aufgebote schwerer Jungs im Lager forderten so manche tröstliche Zeremonie, wenn ab und zu im Oder-Spree-Kanal ein Opfer der noch offenen Paarungskämpfe auf die neue, stolze Hauptstadt zutrieb. Damals hielten sich die weißen und die schwarzen Messen noch die Waage, denn die Hochzeiten wurden zumeist in den entfernten Heimatorten, also nicht in Stalinstadt, gefeiert, und die Hahnenkämpfe gingen oft genug auch gütlich aus, so dass sie nur zur Sanitätsbaracke, also unseren Schwestern, und nicht gleich an die Gemeinde überwiesen werden mussten. Die besaß inzwischen einen eigenen Stützpunkt mitten unter den Beladenen und stand dem Himmel kein Stück näher als die große Herde der Verirrten, denn auch er war einer jener flachen Typenbauten. Das Quartett der weltlich-exklusiven Buden, das als Küchen-, Konsum-, Kranken- und Kulturbaracke zum Bestand des Lagers zählte, war im eigentlichen Sinne ein Quintett – doch die Kuriositäten vor der Aufstellung der Kirchbaracke gaben ihr von vornherein einen besonderen Bonus, den die anderen – bei Gott – nicht für sich reklamieren konnten.

Auf den Tag genau ein Jahr, nachdem die Stadt auf Stalins Namen eingeschworen worden war, also am Vorabend des Tages der Befreiung 1954, hatte die kulante Führung in Berlin ein Zeichen setzen wollen und erklärt, die Stalinstadt erhielte demnächst gleich zwei

Kirchen – unvorstellbar, mitten in den fortschrittlichen Bauten. Otto Nuschke, CDU-Vorsitzender und stellvertretender Regierungschef, hatte es in Berlin im engen Kreis erwogen. Unvorsichtig, unvorsichtig, hätte er es lieber nur genuschelt, nun stand es am nächsten Tag schon als Versprechen in der Zeitung und war – einzulösen. Schließlich fuhr der oberste Nuschkote selbst nach Stalinstadt, wo er – ex ärmelo – je zwei Bezugsscheine für abgelagertes Barackenholz hervorzog und sie an die jeweiligen Hüter, die noch ohne Haus waren, überreichte. Ökumenische Bezugsscheine gab es wohl nicht, sie hätten Geld am Bau erspart, doch hinter den Kulissen, oder besser, hinter den Barackenfenstern mit dem Bleiglas-Jesus munkelte man damals unverhohlen schon etwas von Immobilieninteressen: Teile der geplanten Wohnstadt würden auch auf altem Kirchbesitz entstehen, so dass ein Gebietsaustausch erforderlich war, der sich aber als Präsent der Republik verstand. So manche Zeitung schrieb, im besten Glauben sozusagen, dass ihr Staat an die verträumten Kirchenfreunde wirklich etwas zu verschenken hätte, und die Männer im Talar bewiesen sich und anderen, dass es auch im Frühjahr 1954 und sogar in Stalinstadt nicht ohne weiteres möglich war, das brache Kirchenland in fortschrittliche Maurerhand zu legen. Ein verhasster Bischof aus der Adenauerrepublik, der angeblich Atomkanonen segnete, ließ allerdings ganz andere Töne läuten; jener scheinheilige Würdenträger, der in unseren Medien alternierend mal als Ratten-, mal als Kinderfänger angesprochen wurde, hieß Dibelius, und er unternahm es, wenn auch nur mit mäßigem Erfolg, unsere ungläubigen Rangen aus den Pionierhäusern in seine Buß- und Betstuben zu locken. Nicht genug der unchristlichen Wühlarbeit, erklärte er mit maliziösem Hintersinn auf die Offerte Nuschkes, dass die Kirche in der Tat den Arbeitern und ihrer Klasse viel verdanke, wenn auch nicht den Aktivisten, sondern jenen, welche diese Klasse selbst in Stalinstadt gezeigt hatten – beim Juniaufstand 1953. Viel Erfahrung mit gesellschaftlichem Rumor hatte der kommode Landstrich nicht gerade, hier war eben nicht das Mansfeld oder irgendeine sächsische Proletenhochburg. 1848 etwa blieben Fürstenbergs Familienväter erst einmal zu Hause, und fast fünfzig Jahre dauerte es, bis sich deren Enkelinnen gegen ihre langweiligen Traugötter erhoben und die erste Frauenversammlung nicht nur gegen sie, sondern sogar wider den Kaiser und die viel zu vielen Leutnants abhielten. Als Wilhelm II. nach Holland floh, waren Fürstenbergs Bewohner selbst zu müde, den Achtstundentag herbeizudemonstrieren, und verließen sich schon damals lieber auf Berlin. Nicht hundert, sondern tausend Jahre schliefen sie dann schon ein bisschen vor, um für die neue Zeit bereit zu sein, denn auch die volkseigenen Chroniken, die selbst die allerletzten Ecken proletarischer Geschichte ausfegten, um gerade hier das Gute aufzustöbern, haben keinen größeren Widerstand vermerkt: Allein der Name eines Sanitätsgefreiten, der die Rotarmisten des Gefangenenlagers vor dem Schlimmsten rettete, geriet an eine Schule.

Mehr als ein Jahrhundert also waren die Fürstenberger Nachtmützen im Klassenkampf geblieben; 1953 aber zeigten sich mehr als die Hälfte aller Stalinstädter, also rund dreitausend aufmüpfige Arbeiter, zum Streik entschlossen und marschierten in den Nachmittag hinein und auf das Rathaus zu, um klarzumachen, dass der neue Kurs nicht ihre Route war. Den Weg, den sie vor Augen hatten, aber kreuzten auch in Stalinstadt gepanzerte Kolonnen, die die Freundschaft höher hielten als den kurzzeitigen Unmut und das junge Stadthaus schützten. An den Hochöfen dagegen wurden jene

Fahnen hochgehalten, die am Rathaus eingeholt und nie mehr aufgezogen werden sollten, und die Schmelzer auf der Ofenbühne drohten manchem Streikbereiten an, ihn in den Lavastrom des Abstiches zu werfen. Sie verdienten sich an diesem Tag den Titel »Rote Hochöfner« und waren vielleicht ein Grund dafür, dass in den Monaten danach so mancher Prominente kam und es mit Stalinstadts Plebejern noch einmal versuchen wollte, unter ihnen FDJ-Chef Erich Honecker und die, juristisch strenggenommen, ungelernte Chefin des Justizressorts, Minister Hilde Benjamin.

Man braucht deshalb auch nicht
mit guten Worten sparen –
und an Zitaten gibt es keine Not.
Zieht sie heran,
und sei es an den Haaren,
denn die sie prägten,
sind zumeist schon tot.

Sie alle wiederholten ihre Anträge an Stalinstadt, umso ein anderes Eisenwerk in Brandenburg zur bösen Schwester zu erklären. Der ungleich größere Aufmupf ihrer Hennigsdorfer Stahlwerker blieb unverzeihlich und selbst gegenüber späteren Werbungen der Führung fest – mit der waren unsere eisernen Rucksackberliner über Kreuz wie mit den Stalinstädtern, die nach ihrer Meinung in den Junitagen schwer versagten. Hennigsdorfs Kollegen waren dagegen neben den verdrossenen Bauarbeitern in Berlin am aufgebrachtesten und wurden Jahre später noch als unsichere Kantonisten von den Zeitungen beschrieben, weil sie sich sogar Komplimentierungen der Obrigkeit verbaten. Scheinbar hatten sie so gut wie nichts hinzugelernt und kritisierten beispielsweise gutgemeinte

ADN-Artikel über die Errungenschaften ihres Werkes als zu schön gefärbt, wenn sie in Antwortschreiben an die Lobhudler von Kilometermärschen zu den Klos berichteten. Für Eingeweihte war das alles andere als nur Korinthenkackerei, viel eher eine pointierte Drohung der so grenznahen Belegschaft; manchem Ortskundigen unter den Verantwortlichen dürfte vor dem dreizehnten August noch einmal bang geworden sein, auch wenn die Zeitung weiter schrieb, wir würden es mit solchen Menschen dennoch schaffen.

Stalinstadts Bewohner hatten sich hingegen offenbar den Bonus einer nibelungentreuen Festung ungewollt erstreikt, was bei dreitausend Unzufriedenen verwundern mag; ihr guter Ruf jedoch hielt weit bis in die achtziger Jahre, als die Führung Eisenhüttenstadt zum Dank sogar verkabelte und ihm vier Feindprogramme zu den beiden eigenen schenkte – nur die Kernkraftwerker Greifswalds konnten noch auf dieses Privileg und damit selbst darauf verweisen, wo die Republik auch zukünftig und zuverlässig ihre Energien beziehen wollte. Mittlerweile ist dafür der Streit der alten Stahlkollegen wieder aufgeflammt, die Hennigsdorfer fühlen sich erneut zurückgesetzt, da Eisenhüttenstadt aus Brüssel so viel Geld erhält, die Eisenhüttenstädter neiden Hennigsdorf den Speckgürtel, durch den es fest der Westberliner Lebensart, vom harmlosen Boutiquenbummel bis zum anrüchigen Barbesuch, verbunden scheint.

Der schlitzohrige Bischof blieb derweil in seinem Glauben fest, die zahlreichen Erleichterungen, einschließlich der Baugenehmigungen für die Gotteshäuser, seien den Arbeitern zu danken. Stalinstadt erhielt mehr Wohnungen als ursprünglich für diesen Zeitraum vorgesehen, selbst Details wie Straßenlampen oder Bordsteinkanten kamen wieder in den Blick, zwei Dutzend Läden wurden

neu eröffnet, und der vorzeitige Baubeginn der Großgast-
stätte *Aktivist* soll sich sogar direkt den dreitausend Kollegen danken, die in jenen Junitagen nach dem besseren
Leben dürsteten. Von ihnen wiederum zog mancher, der
sich vor dem Rathaus offenbar ins Abseits der Geschichte hatte stellen wollen, auch in der Barackenstadt noch
einmal an den Rand der aufgebrochenen Gesellschaft
–ins Gefangenenlager, welches ebenfalls zur hölzernen
Bastion des Fortschritts zählte und dessen Bewohner
auf die eher unfreiwilligen Erfolge ihrer Aufbauarbeit
sicher gern verzichtet hätten. Stalinstadt indes hätte sich
eines solchen Lagers wiederum enthalten sollen, dessen
unrühmliches Vorbild kein Jahrzehnt zuvor viertausend
russische Gefangene das Leben kostete und Fürstenberg
die einzige Erwähnung eines Widerständlers, unseres
Sanitätsgefreiten, brachte.

Im April des Jahres 1945 traf die Dnjepr-Flotte an der
Oder ein und rettete die Hafenstädter vor dem endsieg-
haften Untergang. Dafür hat Fürstenberg den russischen
Matrosen einen Roten Platz gestiftet, und in Stalinstadt
errichtete man im November 1952, fünfunddreißig
Jahre nach der russischen Revolution, den Platz der
Deutsch-Sowjetischen Freundschaft als endgültige Antwort der Geschichte. Dreieinhalb Jahrzehnte wiederum
nach Einlaufen der russischen Matrosen in den Hafen
Fürstenbergs, im Frühjahr 1980, gab's ein Wiedersehen
mit ihrem Kommandanten, einem General, der überall
umjubelt wurde und nur eine Antwort schuldig blieb –
warum war er denn eigentlich kein Admiral?

Der feierliche Unernst aber einiger Kollegen bei der
Namensgebung Stalinstadts und Walter Ulbrichts zu
Beginn erwähnte Floskeln zeigten so bereits nach Wochen jene Folgen, die wir schon auf unseren ersten Seiten
absahen. Allerdings war in den Junitagen 1953 sicher

»Der ersten sozialistischen Stadt beim Eisenhüttenkombinat Ost wurde am 7. Mai 1953 der Ehrenname ›Stalinstadt‹ verliehen. An den Feierlichkeiten nahmen Vertreter der Regierung, des Diplomatischen Corps und Delegationen aus der Sowjetunion und den Volksdemokratien teil. (V.l.n.r.: Walter Ulbricht, der Leiter der Sowjetischen Delegation Jefanow, daneben der sowjetische Botschafter Iljitschow)«

nur den wenigsten schon klar, dass unsere Schaffenden den westdeutschen Kollegen einen Feiertag in schönster Jahreszeit erstreikt hatten. Statt sich jedoch der Werktätigen dankbar zu erinnern, fuhren stets am Jahrestag des Juniaufstands Hunderttausende ins Grüne; unsere Proletenklasse aber drückte stille ihre Werkbank. Während sie fürs Volksvermögen schinderten, erhoben sich die Ausgebeuteten von Westberlin, im Weiteren instinktlos, in den Strandbädern von Müggelsee, Grünau und Oberspree, welche Rekordbesuche zu verzeichnen hatten, höchstens von den Liegewiesen, bis die Bädertore Ostberlins für sie geschlossen blieben und sie sich in Wannsee sprichwörtlich – herumdrückten. Alljährlich sprachen unsere Zeitungen an diesem Tag vom jämmerlichen Reinfall der Putschisten, was im nachhinein als journalistisch ziemlich ausgebufft erscheint, denn stets blieb unklar, wer mit der Putschistenpleite eigentlich gemeint war: Unsere Streikenden von damals, die den Schaden hatten und allein den Spott umsonst bekamen, oder jene wenigen, versprengten Sonntagsredner des Senats von Westberlin, die den Enttäuschten immer wieder zuriefen, sie stünden abermals auf ihrer Seite, wenn sie es denn noch einmal versuchen würden.

Als die führenden Genossen nicht nur aus Berlin, auch aus Magnitogorsk, Warschau und Moskau in der Oderniederung erschienen, um der Siedlung ihren ehrenvollen Namen zu verleihen, lagen die Proteste noch in wochenweiter Ferne. Wunder nimmt es nicht, dass sich die Führung Zeit und die zahlreichen Versammelten ein wenig warten ließ; der altbewährte Trick selbst abgewirtschafteter Knattermimen, ihre Zuschauer ein wenig hinzuhalten, zeigte auch bei dieser Freilichtinszenierung seine kalkulierte Wirkung. Das von Herrschern früherer Jahrhunderte in diesem Landstrich schon geläufige

Betragen sorgte kaum für Unmut, allerdings hielt Friedrich II., anders als Genosse Ulbricht, nur die wirklich
Interessierten an den Flötentönen seiner Majestät so hin.

Die feierlichen Kinderchöre probten umso länger
musikalisch die Verklärung Stalins, dessen Himmelfahrt
ihr wenig früher erst vorausgegangen war; in Bechers
Nekrolog war selbst ein scheues Reh am Bodensee der
Trauer mächtig, was so einfach niemand überprüfen
konnte, und Hermlins Passionsgeschichte schrieb, dass
Stalin nur für uns gestorben sei, was wiederum sehr viele
sofort glauben mochten – doch die Pioniere tirilierten:

Immer die Sonne scheint,
Heimat, nun sei vereint,
banne den Schatten der Nacht.
Stalin gibt Klarsicht,
Stalin, das Goldlicht,
Stalin steht für uns auf Wacht.

Walter Ulbricht, welcher selbst als Bauherr häufig von
sich reden machte, würdigte in seiner Rede Stalins Rat-
schläge gerade für den Städtebau, der eine wesentliche
Rolle für die Volkserziehung und die kulturelle Wohlfahrt unserer Menschen habe, schließlich taufte er – im
Auftrag der Regierung – die Baracken und die ersten
Wohngebäude auf den Namen des Verblichenen.

1961, also erst fünf Jahre nach dem XX. Parteitag,
der in Moskau Stalins Missetaten öffentlich gemacht
hatte, entschied sich Walter Ulbricht, ihn auch hierzulande aus dem öffentlichen Leben zu entfernen und sich
so Nikita Chruschtschows Sympathie zum Mauerbau
noch einmal zu versichern. In der Stalinallee in Berlin
war man genauso überrascht wie in den Stalinwerken
Treptows, und natürlich ganz besonders Stalinstadts

Bewohner sahen sich überrumpelt. Noch am Samstag fuhren sie von Stalinstadt ins Grüne, und am Sonntag kehrten sie nach Eisenhüttenstadt zurück: Auf Wunsch der Einwohner von Stalinstadt und durch Beschluss der Stadtverordnetenversammlung kam es zu der neuerlichen Namensgebung – längst nicht mehr im Auftrag der Regierung, die hatte sich offenbar aus Kommunalentscheidungen zurückgezogen. Stalin fiel von unbekannter Hand und seinem Denkmalssockel direkt in den Oder-Spree-Kanal; und da der Marschall, ausgerechnet in der Stahlarbeiterstadt, nur eine Gipsnachbildung jenes bronzenen Originals der Hauptstadt war, trieben die Bruchstücke, wie vordem unsere trunkenen Prügelopfer, nach Berlin zurück, um die Regierung doch nicht ganz aus der Verantwortung zu lassen.

Jahre vorher noch war Stalins anspruchsloses Dasein Gegenstand verschiedenster Betrachtungen; zu jeder Wiederkehr des Todestages hob sich der geheimnisvolle Schleier, der vor seinem Leben wisperte, ein kleines Stückchen höher; die Salamitaktik seiner Biographen ging mit seiner Existenz zu Werke wie die Ablasshändler weiland mit dem Leib des Herrn – sie ließen erst einmal die unverfänglich anmutenden Jugendjahre Stalins in ein Büchlein binden, und die fortschrittlichen Brandenburger durften schon einmal im Vorabdruck der Heimatzeitung kiebitzen.

Mit Freudscher Gründlichkeit durchstöberte die russische Autorin Josefs Kinderstube, wo bekanntermaßen auch die Wiege allen Fortschritts stand. Selbst Stalins Schlaflied, das ihm Mutter Dshugaschwili abends in die Ohren säuselte, war nachzulesen, in gelungener Übertragung eines Dichters und beeindruckender metrischer Manier. Der kleine Stalin hatte oft im Mondlicht schlafen und in Wasser baden müssen, das so kalt war, dass es netzeweise Eis ansetzte. Niemals durfte er mit anderen gemeinsam aus der Tasse trinken, einerseits des Wachstums, andererseits auch der Verhütung ansteckender Krankheiten zuliebe. Seinem Wachstum war die Vorsicht offenbar egal, doch unter seinen Spielgefährten, schrieb die Zeitung weiter, blieb er dennoch stets der Erste und Gescheiteste, denn seine Einfälle begeisterten die Freunde; sie sahen zu ihm auf, der doch nicht eben aufgeschossen war, und er nahm dies mit der ihm eigenen Bescheidenheit entgegen. Sein Examen für den Schulbesuch jedoch bestand er schon auf jene Weise, die ihm später zur Natur und seinem Riesenreich zum Grauen geriet: Der Neunjährige stellte sich unter das Fenster eines reichen Jungen, um zu hören, was der Lehrer diesem in dem exklusiven Unterricht erklärte. So bestand der junge Stalin – zum Erstaunen aller seiner Lehrer, wie die Zeitung ausdrücklich hervorhob – sein Examen, doch vor allem zur Verblüffung vieler unserer Leser, die ihn bisher schließlich nur als Lehrmeister der Völker kannten. Nun erklärte eine Veteranin seiner näheren Umgebung ihn zum frühen Paranoiker, der seinen Becher krampfhaft festhielt und schon unter fremden Türen stand, als nachweislich der große Lauschangriff noch nicht erdacht war; selbst die hochfliegenden Pläne seiner Mutter trug die Biographin breit, die ihn mit jenem Wiegenliede scheinbar sogar schon auf die verschärften Klassenkämpfe mit dem Brandenburger Adler vorbereiten wollte:

> *Doch da packt ein Vögelein*
> *mit scharfer Kralle,*
> *birgt in dichter Wolke sich im Schwunge.*
> *Wachs heran, mein lieber Junge,*
> *stürz den Räuber, daß er köpflings falle.*

1953 aber baten unsere Medien noch zum Tanz der Superlative, und Stalinstadt war abwechselnd die »Stadt des Volkes« und natürlich die »Stadt Stalins«, auch die »Stadt der Zukunft« und die »Stadt der Gegenwart«, nur eben nicht die Stadt der schaurigen Vergangenheit. Stalin allein erschien als Architekt des Glücks, denn – Stalin, das bedeutet Hoffnung, Stalin, das bedeutet Sieg, behauptete das Neue Deutschland, und die Stalinstadt geriet zum schönsten Sinnbild dieses Glaubens an die Zukunft selbst. Über den Hauseingängen hingen riesige Porträts von Stalin, auch die Dörfer, sonst um diese Jahreszeit meist mit dem Aufstellen von Maibäumen beschäftigt, hatten Transparente aufgehängt, und Ulbricht kam in seiner sowjetischen Luxuslimousine – durchgehende Windschutzscheibe, Weißwandreifen, schlauchfrei selbstverständlich – auf den Platz der Kundgebung, wo all die vielen aus dem »Namenlosen Land« der Taufe durch den Stellvertreter, wenn auch nur eines Ministerpräsidenten, harrten.

Wie der Kumpel aus dem Schacht
stehen wir vor Ort.
Sprüche werden nicht gemacht,
doch wir halten unser Wort.

Auch Otto Nuschke, uns bekannter Kirchbarackenstifter, war bei so viel Glauben mit von der Partie, doch Walter Ulbricht räumte alle Zweifel aus der Welt, dass es um einen anderen Glauben als um den an Stalin und natürlich an ihn selbst gehen könnte. Seine damaligen Worte gingen nicht nur in die ruhmreiche Geschichte Stalinstadts ein, vielmehr wurden sie als »Turmrede« im ganzen Land berühmt. In ihr verwies er darauf, dass die Stalinstadt ganz sicher eine Reihe repräsentativer Türme haben würde, etwa den der Hochschule – die nie errichtet wurde – oder den des Rathauses und den eines Kulturpalastes. Türme aber von »Verdummungsanstalten«, so nannte Walter Ulbricht seinerzeit die Gotteshäuser, würden nie die Linien Stalinstadts verunstalten; der dienstälteste Pfarrer Eisenhüttenstadts, welcher zum Zeitpunkt jener Rede noch in eigener Sache, anders als die weltlichen Versicherungsvertreter heute, an den ersten Wohnungstüren klingelte, um Mitglieder für die Gemeindearbeit zu gewinnen, hat die Rede sinngemäß der Nachwelt überliefert und den damaligen Widersacher auch politisch überlebt – er wurde erster Ehrenbürger der Kommune, seit die Zeiten sich auch in der Ersten Stadt des Sozialismus so hart wendeten, dass mancher schon an ihre letzte Ölung dachte.

Für die frischgetauften Stalinstädter selbst begann die Stadt nur langsam, von der Vorstellung allmählich zur Gestalt zu finden; annähernd zehn Jahre dauerte es, bis die mittlerweile unter Denkmalsschutz befindlichen Komplexe das Gesicht annahmen, dessen Schönheit manche heute erst und auf den zweiten Blick bemerken, wo die Stadt bereits ein wenig wie ein spätes Mädchen wirkt.

Und Vierundzwanzigtausend
bekommen eine neue Stadt,
unsre Hochöfen brennen,
und hunderttausend Menschen,
die werden wieder satt!

Kurt Leucht, der die Kommune auf dem Zeichentisch entwarf und der für Stalinstadt die Rolle spielte, die beim Bau der Stalinallee in Berlin von Hermann Henselmann gegeben wurde, hatte sie indes als jugendliche Schönheit konzipiert, und so, wie die Allee sich als der lebensfrohe

Laufsteg unserer jungen Republik und ihrer Hauptstadt zeigen sollte, galt die Stadt im Heidesand als Born des neuen Lebens überhaupt, aus welchem – allerdings erst mit dem goldsprühenden Stahl – bald nur noch Milch und Honig fließen würden. In der Milchküche und in der Frauenmilchannahmestelle, welche nah dem repräsentativen Zentrum lagen, war ein Teil dieser Vision schon wirklich; die schlaraffenhaften Einrichtungen zeigten überdies von vornherein den Unterschied zur hauptstädtischen Renommiermeile an, die sich sehr viel stärker dem Zitieren steingewordener Machtsymbole und dem neuen Pathos als der Funktionalität und täglichen Bedürfnissen verschrieben hatte.

Unvorstellbar blieb es, dass zum Beispiel bei der Planung der Paradestraße Ostberlins auch die Errichtung dreier Zeitungskioske – einschließlich der dazugehörigen Bedürfnisanstalten – hätte Erwähnung finden können, selbst wenn die Lektüre unserer Zeitungen tatsächlich ein gewaltiges Bedürfnis war, wie deren Leitartikler stets beteuerten. Doch dafür wollte es die Ironie des Schicksals, dass die Stalinstadt ein äußerst feines, herrschaftliches Rathaus und ein imponierendes Kulturhaus aufzuweisen hatte, die bis in die jüngsten Tage in Berlin und seiner ersten Straße blieben, was sie schon vor vier Jahrzehnten waren: hochfahrende Pläne.

Widersinnig wirkt heute auch so manches andere Zusammenspiel, das beiden Bauvorhaben damals noch gemeinsam zugedacht war; schließlich war die Stalinallee immerhin der erste völlig neue und geschlossene Straßenzug der Nachkriegszeit in ganz Deutschland, selbst Arno Schmidt verwehrte ihr nicht die Bewunderung und fand sie 1956 »unbestreitbar eindrucksvoll«, als er, die Blaublusige eingehakt, der Straße wie der Freundin aus dem Osten sein *Steinernes Herz* zu Füßen legte.

Unbestreitbar eindrucksvoller noch gilt Stalinstadt dagegen manchem mittlerweile, jene erste Stadtgründung in Deutschland nach dem Kriege überhaupt, und wenn ihr auch nicht so pathetische Funktionen wie der ersten deutschen Nachkriegsstraße zugedacht waren, nahm sie still – und oft nicht ohne paradoxe Folgen – die verstiegenen Ambitionen der Allee im Kleinen auf.

> *Und sie hören die jungen Lieder*
> *und die frohe Melodie,*
> *und sie stehen und sie zweifeln,*
> *Denn sie bau'n und glauben nie.*

So sollten sich die Kuppeltürme beispielsweise, die das Frankfurter Tor in Berlin verzierten, seinerzeit ganz selbstverständlich auf die beiden Dome des Gendarmenmarktes beziehen, obwohl doch deren Schicksal in den frühen fünfziger Jahren alles andere als sicher und die Stadtschlosssprengung längst noch nicht als letzter Akt des Dramas gelten musste – Stalinstadts Kulturhaus wiederum, von jedermann als unbestrittenes Hauptgebäude der Gemeinde angesehen, und seine Dachaufbauten zielten optisch nach den ersten beiden Hochofengeschwistern und als Silhouette so auch zweifellos auf eine Ewigkeit, die heute wiederum kaum jemandem noch etwas gilt. Der Boulevard der Werktätigen in der Hauptstadt brüstete sich stets mit seiner grünen Überbreite, die ihn heute ruiniert, da sie geschützt ist und fast jegliches Geschäftsinteresse schmälert – Stalinstadt hingegen, welches stets mit seinen schmalen, grünen Promenadenwegen kokettierte, musste sie verbreitern, für die Feuerwehrfahrzeuge wurden sie zu klein.

Die Einkaufsmöglichkeiten in der Renommierstraße waren selbstverständlich ungleich größer als in Stalinstadts Geschäften, dennoch spürte man in ihr die Abwesenheit des Privaten beispielsweise viel dramatischer als in den Läden Stalinstadts. Man kann es sich inzwischen auch in Eisenhüttenstadt wohl nicht mehr vorstellen, dass es in den ersten Vierteln keine Art von Einzelhandel gab, keinen privaten Bäcker, Fleischer, Klempner oder auch Friseur; ho und konsum regelten allein Angebot und Nachfrage, und dennoch boten all die Kioske, die Pavillons und kleinen Ladenzeilen mit dem Charme der volkseigenen Pächter und Betreiber mehr als nur das einheitliche Angebot des Fortschritts – heute noch tun Verkäufer beim Betreten eines Ladens so, als würden sie den Kunden gleich mit seinem Namen und mit Händedruck begrüßen.

War die Allee architektonisch auf kaum etwas so stolz wie auf die geschwungenen Platzwände am Strausberger Rondell, so erwiesen sich die ersten vier Komplexe Stalinstadts als Schwung einer kompletten Stadt. Noch heute ist man überrascht, wenn nicht gerührt oder begeistert, wie noch jede Straße sich in sanfter Kurvenhaftigkeit verliert oder auch plötzlich auf ein imponierendes Gebäude zuläuft, während man sich in den großen Blocks der Prachtstraße oft eher selbst verloren vorkommt. Jener seltene Zusammenklang bescheidener, moderner Eleganz und Funktionalität, wie etwa bei Le Corbusiers durchgrünten Wohnstädten, und gleichzeitig der populäre Wunsch, sich mittels repräsentativer Bauten scheinbar über seinen Alltag zu erheben, war in Stalinstadt auf geradezu vollkommene Weise eingelöst, wenn nicht herbeigezaubert worden – und noch heute empfindet man beim Gang durch seine fünfgeschossigen Gebäude ein fast heilsames Gefühl von Harmonie. Vielleicht dankt sich auch diese wiederum nur paradoxen Umständen, die beispielsweise allzu große Ausbrüche verhinderten und Teile der geplanten, repräsentativeren Kolosse gar nicht erst zur Ausführung geraten ließen. Der Zentrale Platz gilt als berühmteste von allen unbekannten Segnungen, die Stalinstadt erspart blieben. Doch auch die Hochschule und der Theaterbau, das Werktor von barocker Dimension und andere sprichwörtliche Höhepunkte prägten nur die Silhouette der Entwürfe und bedrücken heutige Besucher nicht.

Tatsächlich einte aber beide, Stalinstadt und Stalinallee, seinerzeit schon weit mehr, als sie trennte, und der aperçuverliebte Blick auch späterer Betrachtung sieht durchaus die einheitliche Perspektive beider Großprojekte auch noch heute – ihren unumstößlichen Familiensinn.

Singend und im Schlenderschritt
kommt einer von der Schicht.
Heiter kräht ein Baby
seiner Mutti ins Gesicht.

Achttausend Wohnungen waren für die etwa dreißigtausend Stalinstädter ursprünglich geplant, die gute Hälfte mit drei Zimmern, Bad und Küche; Randgruppen dagegen stellten eingeschworene Kinderlose dar, für deren Einraumwohnungen kaum zwei Prozent bewilligt wurden, sowie unverbesserliche Kindernarren, deren Wohnungen zwar mit fünf Zimmern, aber nur mit drei Prozent in das Gesamtaufkommen Eingang fanden.

Zweizimmerquartiere waren in der Regel jungen Ehen mit dem ersten Sprössling vorbehalten – wir erinnern uns der folgenreichen Rendezvous in der Barackenstadt – und machten immerhin ein Drittel aller Wohngebäude aus, ein knappes Zehntel blieb für die Vierzimmerwohnungen.

Die ersten vier geplanten Wohnkomplexe boten jeweils fünfeinhalb- bis siebentausend Menschen Platz und nahmen insgesamt gut einhundertundfünfzig Hektar ein, die so der kollektiven Landwirtschaft verlorengingen, namentlich dem wundersamen, neuentwickelten Quadratnestpflanzverfahren, das aus der Sowjetunion in unsere Kartoffelfurchen fand und die Erträge um ein Vielfaches erhöhen sollte. Niemals würden diese Flächen unseren Schatzgräber 210 mit Rucksacksammler kennenlernen, auch den 224er nicht, der immerhin schon dreireihig die Ackerfrüchte ausriss, als der überholte Rübenheber Roderich, ein ausgedienter Zweireiher, noch die Kulturen aus dem Dunkel holte.

Ohne Gott und Sonnenschein
bringen wir die Ernte ein,

behaupteten die Radiosender hierzulande, doch ihr aufschlussreicher Ruf:

Gemeinschaftlich erarbeiten –
gemeinsam abliefern,

der unsere Landwirte zu Höchstleistungen stimulieren sollte, trieb die meisten Schollenhacker nur noch umso schneller auf die Entenfarm des RIAS.

Es pfeift von allen Dächern:
weg mit Adenauers Knobelbechern.
Und schreit der RIAS ach und weh:
wir schützen unsere LPG.

So begegneten sich fortschrittliche Kräfte der Umgebung Stalinstadts bald häufiger beim »Tag der Erntebereitschaft«, der anfangs noch mit Schwof und Bums einherging, später allerdings gehalten war, Kultur- und Tanzeinlagen fortzulassen. Sie sollten stattdessen besser dafür sorgen, dass ein breiterer Erfahrungsaustausch abgesichert würde, als er offenbar auf ländlichen Parketten möglich schien. Nicht bei der Damenwahl und flotten Käfern sollten Traktoristen ihre Stirne furchen, sondern angesichts der Käfer in den volkseigenen Furchen selbst die Initiative übernehmen. »Mit den Winden« zog ihr Lied bis in das letzte Dorf hinein, wen hätte es da noch verwundern können, dass sich selbst die Fahnen blähten! Auch Böhms Mittelfrühe und die Frühmolle waren bereits gefallen, nur die Immertreu blieb nach wie vor noch standhaft, doch schon warnten die Experten – visionär, wie man aus heutiger Betrachtung sagen muss –, dass man im Klima unseres Landes immer mit dem Auftreten der zweiten Larvengeneration rechnen müsse, die sich dereinst überwinterungsfähig zeigen könnten.

Die Morgensonne gießt das gleiche Rot
belebend in die dunklen Ackerritzen.
Die Menschenaugen und die Stahlwerkzeuge blitzen.
Sie alle wandeln sich voll Kraft in frisches Brot.

Seinen verpassten Chancen ob der untersagten Schwofereien in ländlichen Kultureinrichtungen lief mancher nunmehr bei der öffentlichen Ziehung des VEB Zahlenlotto ungeduldig hinterher, wo man indes noch lange nicht gleich mit der Tür ins Haus fiel, das der deutsch-sowjetischen Freundschaft errichtet worden war. Erst gab es ein paar wichtige Begrüßungsansprachen, doch dann … nein, noch nicht, jetzt kam erst einmal ein abwechslungsreiches Kulturprogramm. Dann aber … nein, noch immer nicht, denn nun begann erst noch der zweite Teil des glücklosen Präludiums. Der ließ dafür die Spannung bis in solche Höhen steigen, dass dem Augenblick der Ziehung selbst sogar historische Bedeutung zugesprochen wurde, welche sonst an völlig andere Ereignisse vergeben wurde.

Da hat doch wieder einer dran gedreht,
der nichts davon versteht,

versicherten sich, von der Tombola betrogen, anschließend verlotterte Verlierer Stalinstadts im *Aktivist*.

Aber auch die Spielnaturen, die bereits gewaschen und gekämmt vorm familiären Radio saßen, um dem »Perlon-Foto-Waschbären« zuzuhören, befummelten die Knöpfe, denn statt seiner gab es heute die »Sendung für den Arbeiter«. Doch der verweilte, wie wir wissen, noch im *Aktivist* und unterzog sich lieber freiwillig einer Entziehungskur von hochprozentig trockenen Sendungen.

Endlich naht die große Stunde –
aus des Rundfunksprechers Munde
tropfen Zahlen zum Vergleichen,
und die Zuversicht muß weichen.

Dafür bargen die bestellten Wohnviertel der Stalinstadt neben der Brot- und Fleischfabrik, die sich gemeinsam der Boulettenproduktion verschrieben, einen Bier- und Spirituosenverlag und diverse Lagerhäuser für das Einbunkern von einem Monatsbedarf an Genussmitteln, die ebenfalls schon planwirtschaftlich vorgesehen waren. Sie hätten in nicht ganz so guten Zeiten unseren verwöhnten Stalinstädtern alles das geboten, was sie sonst, in konjunkturgeschüttelten Etappen, in den mehr als hundert Läden kaufen konnten, allesamt Spezialgeschäfte, die so hehre Titel führten, weil man auch in Stalinstadt ein ganz spezielles Faible für die Waren des alltäglichen Bedarfs entwickelte.

Als dort die erste Täschnerbude beispielsweise ihre Pforten öffnete, gab es auch – lang ersehnt – moderne Handtaschen für die Kolleginnen, fast mehr, als unsere werktätigen Frauen und Mädels kaufen wollten – oder konnten; denn die volkseigene Modeindustrie hatte die Herbstmodelle ins HO-Geschäft gebracht, es waren in der Mehrheit Täschlein, die mit wenig Material den neuen Kurs unserer Regierung und vor allem erst einmal den neuen Trend bestimmen wollten. Jene kunstledernen Kollektionen lieferten zugleich ein kurioses Argument zum Umtausch aller alten Personalausweise, die ganz plötzlich, nach dem Juniaufstand, offenbar nicht mehr im Handtaschentrend lagen. Ihre großen, allzu großen Ausmaße bereiteten den Trägerinnen regelmäßig Umstände, wenn sie beim Einkauf ihre angejahrten Dokumente in der schicken Neuerwerbung unterbringen wollten, die sich nach französischem und italienischen Format gebildet hatte – was also lag näher, als die Personalausweise umzutauschen? Schlitzohrige Interpreten mochten eine Überprüfung mutmaßen, die Aufständischen noch einmal zu filtern, doch in erster Linie diente auch die Trendwende der Personalausweise nur dem Schutz unserer Einlagen, die Schmuggler, Wechsler und Betrüger aus der jungfräulichen Republik verbringen wollten; schließlich war der Goldgehalt unserer Währung damals gerade neu bestimmt worden, und man veranschlagte die volkseigenen Kronjuwelen mit 0,3999 Gramm pro Mark.

Beim Anteil, der der Stadt in naher Zukunft für die Schaffung unseres Nationalreichtums zugedacht war, leuchtet ein, dass ihr ein eigenes Goldenes Buch bewilligt wurde, dessen erster Autograph die Eintragung von Wilhelm Pieck war, die inzwischen wenigstens dem Stadtmuseum Gold wert sein dürfte. In späteren Jahren trugen sich hier Leonid Iljitsch Breschnew sowie diverse sowjetische Kosmonauten ein, darunter Valentina Tereschkowa, die als erste Frau den Kosmos stürmte und nach der geglückten Niederkunft mit Chruschtschow und Juri Gagarin auf dem Roten Platz bejubelt wurde. Zeitungsfotos trugen unter jenem Gruppenbild mit Dame seinerzeit die schöne Zeile: Unser Himmelsvater zwischen seinen Himmelskindern. Im *Geteilten Himmel* Christa Wolfs dagegen war Gagarin noch ein Bauernsohn, welcher den Himmel pflügte, doch als er mit Valentina und mit Lotte Ulbricht später dem Berliner Tierpark seine Aufwartung gemacht hatte, wurde auch ihm wieder Genugtuung, denn in den Folgewochen taufte man in Friedrichsfelde alle Neugeborenen, ob Leopard oder Hyäne, Braunbär oder Zebraweibchen, nur noch Juri oder Valja.

Überall, wohin man sieht,
da wird der Stahl gebraucht,
ob bei Bauer oder Schmied
und im Kosmos auch.

Selbst der Präsident des damaligen Nordvietnam befindet sich im Goldenen Buch, doch dass man neben Hồ Chí Minh nicht auch den Großen Steuermann verewigt findet, wundert, schließlich wollte Mao Zedong mit seinem großen Sprung sogar auf jedem Bauernhof ein kleines Eisenwerk errichten lassen.

Der größte Sprung in Stalinstadt lag nur bei etwa dreißig Metern und gelang von einer Sprungschanze – auch über die verfügt die Stadt noch heute ebenso wie über einen kleinen, aber feinen Höhenzug, von dem so manche Aufnahme bezeugt, dass hier in Stalinstadt selbst

Winterurlauber der Republik gern immer wieder ihre Ferien buchten.

In den Sommertagen fuhren die Stalinstädter in ihr eigenes Ferienheim auf Rügen, ins Haus Goor, das 1958 für die Renovierung hunderttausend Mark verputzte. Auf Betriebskosten geht's in die Ferien, schrieb die Zeitung seinerzeit über die volkseigenen Arbeitnehmer völlig selbstverständlich, und es sollte jeden Eisenhüttenstädter nachträglich mit Stolz und patriotischen Empfindungen erfüllen: Schon vor vierzig Jahren konnte hierzulande jeder Werktätige sein ganz eigener Amigo sein! Wen wundert's da noch, dass selbst Kinderbücher schon so unverblümte Titel wie »Sie nannten ihn Amigo« trugen, wenn sie auch nicht ganz direkt dem unbezahlten Massenurlaub abgelauscht waren. Warum es inzwischen als Affäre gilt, hat seinen klaren Hintergrund – es ist der Nachholbedarf so vieler, welche vierzig Jahre lang in linksrheinischen Chefetagen schmachteten. Der eine oder andere will nun endlich wenigstens in unseren Tagen auch die spesenfreie Lebensqualität im Urlaub haben, die hier schon vor vier Jahrzehnten gang und gäbe war. Er sollte sich indes unserer Erfahrungen versichern – der Versuch, die schönere Vita mit Verspätung nachzuholen, hat kaum Aussicht auf Erfolg und gleicht zu sehr dem abgeschlagenen »Überholen, ohne einzuholen«, das zur Grundausstattung auch der Eisenhüttenstädter in den sechziger Jahren zählte.

In den Fünfzigern dagegen hatte mancher Stalinstädter noch Skurrileres zu lernen, beispielsweise, dass der Name Mao Zedongs bedeute, »das Haupthaar adele den Osten«, und dass seine Brüder gleichfalls Mao hießen, wenn auch ihr Haupthaar die »Rote Farbe« und die »Morgenröte« adelte. Das Haupthaar ihres Vaters »schenkte Vornehmheit«, aber bereits mit vierzehn Jahren sollte Mao spüren, es war nicht weit her mit ihr – der Vater wollte ihn mit einer älteren Bauerntochter zwangsvermählen. Doch der aufmüpfige Sohn verweigerte die Hochzeitsnacht, was manchem Pionier in Stalinstadt vermutlich ziemlich dumm erschien, doch Mao wusste offenkundig schon sehr früh, dass Widerstand konkret sein musste. Später, als er Wesen und Erscheinung besser unterscheiden konnte, widerstand er seltener und vermählte sich selbst öfter, als dem Vater lieb sein konnte. Während sich in Stalinstadt und auch im späteren Eisenhüttenstadt die Heiratswilligen in lange Wartelisten für das eine Standesamt versenken mussten – da war die Kommune wieder kleinstädtisch wie andere –, hüpfte Mao auf dem freien Heiratsmarkt umher, um sich von frühkindlichen Repressionen zu befreien. Während Thälmann beispielsweise, dessen Namen Stalinstadts Kulturhaus trug, schon nachts um vier in den Gemüsen seines Vaters wühlte, musste Mao mit »geschenkter Vornehmheit«, wie wir den Namen seines Vaters zu erinnern wissen, auf die Felder, um genügend Schweinemist herbeizuschaffen. Später stiftete er seinem kindischen Verdruss jene erlesene Kampagne, die das Schwein zum Düngemittelwerk erhob und jeden Bauern patriotisch in die Pflicht nahm, neben den Gedichten Maos kräftig Schweinemist zu lesen.

Welt dreht sich fort,
Zeit ist im Fluß.
Zehntausend Jahre – zu lang,
Lebt jeden Tag, jede Stund'.

Da versuchte auch Nikita Chruschtschow noch, die Brandenburger Kolchosgründer für die Manukowski-Technik einzunehmen, die sich schließlich selbst in Russlands

Weiten so bewährt hatte; und auch der Dilettant Lyssen-ko, der mit seinen Riesenähren nicht einmal dem Mar-schall Stalin Eindruck machen konnte, ging mit Hilfe von Nikita auch bei uns noch einmal über alle Dörfer. Doch dass sogar Chruschtschows angefaulte Maiskam-pagne hier nochmals zu Ehren kommen sollte, bleibt für immer unerklärlich – jedenfalls der landwirtschaftlichen Betrachtung –, zeigte es doch, dass der Bauer hierzulan-de durchaus fraß, was er nicht kannte. Während in dem Riesenreich das wenigstens propagandistisch hochdotier-te Neuland und mit ihm der Mais so sehr verkam, dass die Sowjetunion vom Klassenfeind Getreide importieren musste, kamen seine hochgewachsenen Kolben in der DDR sogar ins Fernsehen oder in die Bühnenbilder theatralischer Revuen, die unser neues Leben auf dem Lande zeigten. Da war allerdings Nikita selbst bereits als Scharlatan durchschaut, nicht nur in bäuerlichen Zirkeln, auch die führenden Genossen hechelten: »Gesät hat er in Kasachstan, in Kanada geerntet.« In den Sechzigern dagegen wusste kaum jemand, dass Chruschtschow ein so landloser Geselle war und welche Bürde Mao Zedong nicht nur an seinem Namen trug, geschweige denn, wer sich wohl hinter *Hồ Chí Minhs* Incognito im Goldenen Buch verberge. Später trugen sich die Gäste von der Zu-ckerinsel Kuba oder aus der Partnerstadt in Frankreich ein – und unser Goldenes Buch geriet zum paradoxen Spiegel vieler Kinderbücher, wo die Orte wechselten, die Helden aber blieben. In den frühen fünfziger Jahren schlichen Maos illegale Pioniere durch die Reisfelder in den Provinzen, um die Bauern gegen Chiang Kai-shek zu unterstützen, später brachten sie die Wasserschläuche in die Feldlager der Partisanen in Algerien, um die Frem-denlegionäre zu vertreiben. In den Sechzigern, bewaffnet nur mit ihrem unvermeidlichen Sombrero, halfen sie, die

»Die Erzieherin Ursula Habedank beschäftigt sich mit einem Teil der Kinder, die täglich in den Kindergarten von Stalinstadt kommen.«

Yankees in die Schweinebucht zu treiben, Jahre später lockten sie die abgeschossenen Piloten in den Dschungel von Vietnam und in die Irre – all die Jahre schien das ganze Hinterland ein großer Kindergarten, der sich nicht nur in den Büchern für die jungen Leser, sondern selbst im Goldenen Buch der Stadt fast vollständig noch einmal niederschlug.

Der erste Hochofen in Stalinstadt dagegen wurde tatsächlich von Kinderhand gezündet; in olympischer Manier und tausendfach bejubelt, nahm ein Junger Pionier dem aufgeregten Otto Grotewohl die Fackel aus der Hand und trug das Feuer an den Ofen, und auch später ließen sich die Jüngsten Stalinstadts nicht ohne weiteres durch Prominenz beirren, wenn sie beispielsweise im Kulturhaus und im kunstvoll kalkulierten Dunkel saßen; achthundert erwartungsvolle, unbestechliche Betrachter füllten häufig die begehrten Plätze, wenn sich prominente Musen in die Stahlarbeiterstadt verirrten. Manche wichtige, gefeierte Premiere aus der Hauptstadt fand nur wenig später vor den strengen Augen unserer Kinder auf die Bühne des Kulturhauses oder auch des Gewerkschaftshauses, das, wie die Chronisten schrieben, in nur tausend Stunden aufgebaut und an die Stalinstädter übergeben wurde. Hier musste das Spiel der hauptstädtischen Bühnen seine Klasse nochmals zeigen, denn die Stahlarbeitersprosse ließen sich von Lobgesängen selbst bekannter Kenner und Theatergänger nicht so leicht beeindrucken. Im Pioniertheater etwa wohnten Wilhelm Pieck und Otto Grotewohl der deutschen Erstaufführung eines starken Stücks aus der Sowjetunion verstohlen bei, um zu beobachten, ob jene *Ferien am Waldsee* für den ungeküssten Mund von Verotschka auch wirklich nur ein wenig überm roten Halstuch von Serjosha endeten.

Wolodja und Serjosha steh'n
hochrot, ein bißchen bang.
Ich frag' noch mal:
›Wie ist's geschehn?‹
Hart ist der Stimme Klang.

Schon eine Woche später beschrieb jene Zeitung, die auch in der Stalinstadt die meisten lasen, wie Genosse Pieck erneut im Taumel des Premierenfiebers saß, an seiner Seite diesmal Walter Ulbricht, der gelernte Tischler, der im *Teufelskreis* endlich auch einmal selbst erfahren wollte, was es mit den Brettern auf sich habe, die die Welt bedeuten – er musste schließlich Otto Grotewohl in dessen Urlaub auch in Kunsturteilen wenigstens formal vertreten. Der hatte im Jahre 1955 hier das riesengroße Friedrich-Wolf-Theater feierlich eröffnet und bei Flotows *Martha* leise mitgesummt.

Das große Lichtspielhaus in Stalinstadt vermochte ebenfalls achthundert Zuschauer zu fassen, seine kleinere Schwestereinrichtung noch immerhin die Hälfte. Wer das Filmgeschäft aus jenen Jahren nur sehr oberflächlich kennt, mag das für übertrieben halten, aber eingeführte Rollen wie der alte Schwedenstreifen *Es geschah aus heißer Jugendliebe* sorgten damals für Furore. Eine Woche vor dem Fest des Friedens und der Liebe feierte der Filmimport in Stalinstadt gleich beide, denn er zeigte, wie zwei junge Menschen den Morast der Unaufrichtigkeit und ihrer moribunden bürgerlichen Ordnung überwanden. Nur zwei, betrauerte ein Rezensent das Happy End und folgerte umso erleichterter, in Stalinstadt und in der ganzen fortschrittlichen Republik sei er bereits vom größten Teil nicht nur der Jugend überwunden. Oder sah vielleicht in alten Zeiten vor der Schicht ein Arbeiter von seiner Wohnung aus ins Werk hinüber, ob die Öfen liefen? Stand er früher vor der Haustür, wenn die Arbeiter der anderen Schicht nach Hause kamen, um sich nach den Produktionsergebnissen oder eventuellen Havarien zu erkundigen? Mitnichten, hieß es 1960, als die Stadt ihr zehntes Gründungsjahr beging und viele Chöre, Volkstanzgruppen, Laienzirkel, Agit-Prop-Gruppen und -Kabaretts das Jubiläum feierten. Ein wahrer Abräumer der zehnten Muse war ein lästernder Dramatikzirkel Stalinstadts, der bei den letzten Festspielen den ersten Platz belegt und sich so für die Delegierung bei den Werktätigen revanchiert hatte. Zwar war ein weiterer Bewerber nirgends ausgemacht oder gar übertroffen worden, doch der erste Preis und die erneute Delegierung waren verdient – vielleicht kam ja beim nächsten Mal ein Kontrahent in Sicht.

In jene Festlichkeiten um den zehnten Jahrestag der Gründung Stalinstadts fiel auch die erstmalige Selbstdarstellung ihrer Einwohner in einem großen Massenfestspiel mit dem Pyromanen-Titel »Blast das Feuer an«, durch das die Masseninitiativen, die den Alltag Stalinstadts bestimmten, bühnenfähig werden sollten. Ihre Freilichtbühne, über die die Inszenierung ging, war erst im Vormonat und in zigtausend tatsächlich freiwilligen Aufbaustunden hingezimmert worden. Kommunisten haben keine Wahrheit, aber Leidenschaft, bestätigten sogar die schärfsten Kritiker im Westen, wo man zwar die Wahrheit habe, aber keine Leidenschaften spüre, sondern nur das Wirtschaftswunder zwischen Schweinskotelett und Kinokarte sähe. Hier jedoch sahen dreitausendfünfhundert Zuschauer das Stück, das sie angeblich ganz allein geschrieben hatten – wie den dritten Teil des *Faust*. Von dem sagte Genosse Ulbricht seinerzeit, dass über hundert Jahre, nachdem Goethe seine Feder schon für immer aus der Hand gelegt hätte, die Werktätigen ihn vereint zu Ende brächten – sicherlich in Unkenntnis, dass es sich um den dritten Teil einer Tragödie handelte.

Im Jahre 1960 aber waren die Stalinstädter Massenfestspieler gewissermaßen noch Eleven in der Zündelzunft; als viele Jahre später sogar eine Langspielplatte über die Kommune wenn nicht auf den Musikalienmarkt, so doch in die Kantinen und Gewerkschaftseinrichtungen kam, verriet die Hülle, dass sie ihrer Neigung treu geblieben waren und sie mittlerweile sogar meisterhaft beherrschten: »Wir, die Herren des Feuers« hieß die Scheibe, die nur wenige in jenen Jahren kannten, als sie hätte unsere Hitparaden stürmen können.

Wo's damals begann,
da wuchsen in unserer Hand –
neue Werke, eh' man sich besann,
floß Reichtum in unser Land.

Mit Beginn des volkseigenen Wohlstands, als allmählich Waschmaschinen, Kleinkrafträder und selbst Pkw – die allesamt die Buchstaben EH im Schilde führten – Eisenhüttenstadts Familienhaushalt immer mehr bereicherten, erinnerte fast nur noch die verschossene Mode, die auch in den frühen Sechzigern noch längst nicht zum Verlieben aussah, an den schweren Anfang. Damals, als die Handtaschen nach Stalinstadt gekommen waren, hatte auch das neueröffnete Textilgeschäft noch tüchtig nach Bekleidungsüberraschungen für unsere jungen Frauen suchen und im Schaufenster orakeln müssen: Was trägt wohl die Frau im Jahre 1954? Bange Frage oder seinerzeit schon Plinkern mit dem volkseigenen Überangebot – vielleicht sollte das Schaufenster den Unterschied von Angebot und Nachfrage einfach vergessen machen, denn es wollte damals weiter wissen: Führt sie stolz ein

Abendkleid aus Perlon oder doch das kleine Elegante schon am Nachmittag unter die Neuen Menschen, geht sie gar im roten Cord oder in schwarzer Wolle oder in der Stola nach Belieben in den Abend – keine Frage, sie ging mit der Zeit, und die war selbst der Zukunft unserer Kaninchenzüchter zugewandt. Kleinbürgerliches Hobby hin, Pelzmantel her, für einen winterlichen Überzieher mussten da noch vierzig Felle auf den Ladentisch geworfen werden; nur zehn Jahre später konnte man ihn ohne Felle im Textilkaufhaus erwerben, dafür waren auch in Eisenhüttenstadt die Kleintierzüchter mit den gut organisierten Mümmelmännern mittlerweile eine im Kulturbund etablierte Formation. Doch selbst so rückständige Broterwerbe wie die Aufzucht von privaten Langohren konnten in der Stalinstadt schon 1953 nicht als Kinderkrankheiten des Neuen abgekanzelt werden, sondern ihrerseits zum Teil des Fortschritts avancieren, der inzwischen in der Stadt so selbstverständlich war wie die stabile Stromversorgung, die vor Jahren noch zum Unwägbarsten in der Stadt gehörte. Zahlreiche Kampagnen hatten die Verbraucher da noch täglich bei den Ohren genommen, doch die jungen Menschen hatten mit der 100-Watt-Bewegung kein Problem, besonders abendliche Liebespaare sollen in ihr aktiv geworden sein und mittels kostenarmer Heizmethoden kräftig Strom gespart haben.

Freilich, für so fette Sachen
muss man heißes Wasser machen.
Doch zur Spitzenzeit heißt's dann:
Stecker raus und Ofen an.

So simpel war das alte Lied der neuen, fortschrittlichen Jugend, das inzwischen in den schönen Wohnungen verdienter Ehepaare längst verklungen war, der Wohlstand hatte auch die Poesie der geradezu elektrisierenden Appelle längst gefressen, und der Stromfraß war schon längst kein Kündigungsgrund mehr, wie ihn der Handel noch in frühen Tagen statt verführerischer Auslagen den Stalinstädtern präsentierte: »Keine Stromsünder beim Konsum« hieß der damalige Aushang, der bewusst im dunkeln ließ, ob die Meriten sich tatsächlich Einsparungserfolgen oder einer riesigen Entlassungswelle dankten.

Nicht nur hell und warm erstrahlten nun die Wohnungen in Eisenhüttenstadt; auch in der neuen Wohnkultur, schon 1954 vom Ministerrat beschlossen, räkelten sich die Bewohner endlich in den siegreich eingeknickten Sofakissen, und im Kaufhaus schimpften sie schon längst nicht mehr auf volkseigene Rustikaldesigner, sondern waren vollständig dem Angebot der Möbeltischler, Teppichweber, Fliesenmaler und Gardinenspinner ausgeliefert oder gar verfallen. Längst war auch der Formalismus aus der Möbelkunst vertrieben, der vor Jahren noch den Forderungen an den fortschrittlichen Innenausbau hohnsprach und den Werktätigen nicht genügen konnte.

Mittlerweile war der damalige Mangel an Exoten-Deckfurnieren längst beseitigt, vorgefertigte Rosetten, Möbelfüße und dekorative Elemente waren stets und überall zu haben, und besonders hatten es die neuen Faserplatten unseren Käufern angetan, die aus verschiedensten Einjahrespflanzen, etwa Raps, Kartoffelkraut und anderen Kulturen, wunderbar polierte Kollektionen wachsen ließen. Liebespaare tummelten sich ganz besonders vor den tollen Schlafzimmern, die im Waggonbau Dessau angefertigt worden waren, und wer hier überbreite Stahlrohr- oder sogar Gleisbetten vermuten wollte, den belehrten jene birkenholzfurnierten Liebesnester unserer vielseitigen anhaltinischen Kollegen wirksam eines Besseren.

Allerdings war der Ministerratsbeschluss bis heute noch nicht bei den Nachttischlampen angekommen, die nur in ganz seltenen Ausnahmen den künstlerischen Ansprüchen genügen konnten, die der schichtarbeitende Kollege beispielsweise, morgens nach dem letzten Abstich gerade heimgekehrt, an seine Funzel stellte, ganz zu schweigen von Bedürfnissen, welche am Abend dann die Gattin anmeldete, wenn ihr doch noch ein geschmäcklerisches Licht aufging und sie den Kachelofen musterte – der wenigstens entsprach ihren Erwartungen in Form und Farbgebung.

Die Höhen der Kultur zu stürmen, hatte Walter Ulbricht damals ernstlich aufgetragen, und ein Komiker aus seiner Heimatstadt nahm ihn beim Wort: »Ich hoch und – keener oben«, kommentierte er den Auftrag, doch die Künste ahnten ihre Möglichkeiten in der Stadt sehr bald und dankten sie ihr in der Folge und in immer größerer Zahl mit wuchtigeren oder kleineren Monumenten. Man kann sie noch heute betrachten, denn nicht nur die Federfuchser, auch die bildnerischen Künste schufen ihr die angemessenen Werke, und in Scharen wirkten hier die malerischen Enkel Adolph Menzels, der schon im vorangegangenen Jahrhundert gutbezahlte Bildnisse von Landesvätern mit der gleichen Selbstverständlichkeit wie Eisenwerke und Porträts von Proletariern auf die Staffelei zwang.

»Brot und Eisen« etwa hießen die noch eher kleinen Abbildungen aus den Anfangsjahren, später malte Womacka hier ganze Kaufhausgiebel flächendeckend zu mit friedfertigem Optimismus, bis er sich am Haus des Lehrers auf dem Alexanderplatz verging und dem mit einer Bauchbinde den keuschen Atem nahm.

Nicht vollständig zu nennen sind die Bildhauer, die mehr als siebzig größere, teils kleinere Plastiken zurückließen, darunter den bekannten *Hüttenwerker* vor dem Tor der Stahlfabrik, der auch noch heute nicht auf menschliches Format geschmolzen ist. Eine der ersten Plastiken in Stalinstadt war die des Bauarbeiters, ein Betonkopf und dennoch sympathisch. Später brach auch hier moderne Kunst das Auge manches Schaffenden: die *Hockende* zum Beispiel, die noch heute ganz eindeutig sitzt, *Die Ausziehende*, die nicht etwa anderswo den Grusel sucht, den Eisenhüttenstadt ihr nach wie vor nicht bieten kann, sondern sich einfach auszieht, oder auch das *Affenpaar*, dem klar der dritte Artgenosse gerade entsprungen ist – ein überdeutliches Signal, dass irgendwann die Zeiten des Nichts sehen – Nichts hören – Nichts sagen hier vorübergehen würden. Mancher Steinmetz nahm indes die eigene Zunftbezeichnung wörtlich, wenn sein sprödes Material zur Metze des erklärten Realismus wurde, lange schon vorüber schien die Zeit, als noch der Bildhauer in jedem Findling eine schlummernde Madonna suchte. Dieser oder jener ließ sich daher in der Stadt beziehungsweise in der näheren Umgebung nieder, nicht allein der malerischen Landschaft wegen: Drüben in der grünen Oder-Aue waren auch die Arbeitsmöglichkeiten alles andere als mau. Die Künstler hatten »Werkverträge« einer völlig neuen Art und waren sogar Angestellte des Betriebes, wenn sie etwa Laienzirkel oder Volkskunstgruppen leiteten. Die freien Künste holten sich die Aufträge im steten Wechsel, einmal von der Stadt und einmal aus dem Werk, denn die plebejischen Sponsoren hatten seinerzeit noch schwergewichtige Budgets. Und was der Bitterfelder Weg im Jahre 1959 und noch einmal 1963 proklamierte, wurde in der Stahlstadt schneller zur bewährten Praxis als an anderen Orten: Arbeiter versuchten sich an Staffeleien oder auf der Bühne des Kulturpalastes, Künstler wiederum versuchten sich an malerischen Hügeln auf der Großbaustelle oder auf der Ofenbühne – heute stehen von beiden Unternehmen die Produkte zur gefälligen Betrachtung.

Vielen gilt die Stadt inzwischen als intaktes DDR-Museum unter freiem Himmel, und zumindest für ihre ersten Wohnkomplexe gilt das ohne jede Einschränkung und Ironie. Doch baugeschichtlich wenigstens reicht ihre Tradition entschieden weiter. Stalinstadts Erbauer schlossen an Ideen des sozialen Wohnungsbaus der zwanziger Jahre an, über die man aber in den Fünfzigern nur hinter vorgehaltener Hand oder polemisch reden konnte. Walter Ulbricht wollte nichts von Wohnungsbaugedanken wissen, deren Tradition auch dreißig Jahre später noch eindeutig auf das Konto der Sozialdemokratie geschlagen wurde und die früher mit sozialen Wohnprojekten Stimmen für die SPD statt für die KPD gescheffelt hatten. Dabei waren die ökonomischen Kalamitäten durchaus ähnlich, welche den gescholtenen Siedlungen der Zwanziger das endgültige Aussehen gaben, das noch heute zum Besten in der Baugeschichte zählt. Bei Baubeginn jedoch waren gerade sie als formalistisch und vor allem kleinbürgerlich abgekanzelt worden, aber still und dennoch hat man sie in Stalinstadt verbaut. Gewiss zitierte ihre Anlage als Fächerstadt, längs einer prominenten Achse, auch absolutistische Momente in der Baugeschichte, doch allein die wirtschaftliche Lage ließ sie eher zur Moderne als zu aufwendigen Stilen neigen. Zudem wies die Magistrale nicht, wie in Jahrhunderten zuvor, aufs Schloss des Landesherren, sondern auf das Eingangstor des Werkes, dem die Stadt in ihrem Aussehen angemessen wurde – und nicht etwa umgekehrt. Die Hauptstraße kam so auch ohne einen breiten grünen Mittelstreifen aus, wie man ihn ebenfalls von prominenten Schlossalleen kennt, denn schließlich war sie auch der Straßenzug

für jene großen Aufwartungen, die die Werktätigen ihrer
Führung machten, wenn sie bei bekannten, feierlichen
Anlässen aufs Werktor zumarschierten.

> *Wieviel seidene Fahnen rauschen,*
> *wie sie sich im Winde bauschen!*
> *Hoch die Fahnen, strömt herbei!*
> *Heut' ist Festtag! Heut' ist Mai!*

Bilder von verdienten Aktivisten oder anderen rührigen
Kollegen wurden an die Häuserwände in der neuen
Stadt geworfen, stark vergrößert auf zwei Meter Höhe
und drei Meter Breite durch den Einsatz eines Bildwer-
fers. Vergleichbar praktisch waren große Buchstaben, die
in der Höhe zwischen einem halben bis zu einem vollen
Meter zu beziehen waren.

Ganze Häuserfronten konnte man auf diese Art im Nu
zu Kampfansagen umgestalten: Wenn zum Beispiel das
Wort *deutsche* unterm zweiten Stock und die Vokabeln *an*
und *einen* unterm ersten Stock befestigt wurden, schließlich das Parterre mit einem *Tisch* verstellt wurde, saß auch
der letzte linksrheinische Stammtischbruder böse fest.

Auch für die Landbevölkerung in der Umgebung
Stalinstadts gab es spezielle Kniffe, die sich ganz und
gar aufs ländliche Milieu besannen, aber umso mehr für
Furcht und Schrecken bei den Kriegstreibern und Pfef-
fersäcken in den Metropolen sorgten.

Gab es einerseits den ernstgemeinten Vorschlag, beispielsweise die Broschüren, welche vorzugsweise in die
ländlichen Gebiete unserer Republik geliefert wurden,
in ein wenig größeren Schrifttypen zu drucken als für
städtische, geübte Leser, konnten nun die Kampfansagen
aus den Dörfern ihrerseits ein wenig größer und auch
gröber sein:

Bankier und Militarist
landen bei uns
auf dem Mist!

Mit einer großen Mistgabel, etwa zwei Meter lang, an deren Zinken rechts und links ein Kriegshetzer am Hosenbeine aufgespießt war, konnte man sich ihrer leicht entledigen. Zur Unterstützung und zur fliegenden Agitation hatten sich regelmäßig Motorrad- oder Fahrradkolonnen sowie Reitergruppen überdies bewährt, gerade ihrer Vielseitigkeit wegen waren die aufgeklärten Rollkommandos gern gesehen. Selbst der vielgescholtene Einzelgänger, übers Jahr mit kollektivem Misstrauen betrachtet, brachte es am Ersten Mai mit selbstgefertigten Karikaturen kurzzeitig zu Anerkennung: Fünfzig mal einhundert Zentimeter maß ein Bild, das »Ohnmacht gegen Weltmacht« hieß, links unten ein Kapitalist mit dem Zylinder, welcher wütend seinen Arm nach oben reckte, wo ein Arbeiter, die starken Arme vor der Brust verschränkt und überlegen lächelnd, auf den miesen Wicht herabsah. Klar, dass es für solche ausgefallenen Einfälle nicht nur ein Schulterklopfen gab – bei der Prämierung ging so mancher Büchergutschein zum Erwerb von Stalinwerken über den gedeckten Festtagstisch, der irgendwann zusammenbrechen musste.

Ohnehin war Vorsicht längst geboten; wenn zum Beispiel alle Jahre wieder Mailosungen des ZK der SED das neue Leben proklamierten, war es sicherer, genauer hinzusehen. »Kämpft wie Ernst Thälmann für die Schaffung der Aktionseinheit in Westdeutschland!« – mit Recht war da ein Stirnrunzeln geboten, leicht war ein makabrer Scherz des Gegners denkbar – oder ein verspäteter Aprilscherz aus den eigenen Reihen. Dreißig Tage erst lag eine boshafte Verlade unserer Schaffenden zurück, die hier – April,

April – das Schöpfertum der Werktätigen diffamierte, das schon immerhin den Motorroller Pitty, unseren Schallwaschautomaten Waschbär und den Handstaubsauger Steppke aufzubieten hatte. »Telefone in der Westentasche« aber waren kein Erfolg aus ihren Konstruktionsbüros und ausnahmsweise auch kein Schlag der Spionageabwehr, sondern als Geschenk volkseigener Tüftler an ein feierliches Jubiläum angezeigt. Jene Geräte wären einer Taschenlampe täuschend ähnlich und als Autotelefone, aber auch als »Apparate«, mittels derer Staats- und Wirtschaftsfunktionäre jederzeit von ihren Sitzungen aus ihre Mitarbeiter schnell und sicher instruieren könnten, demnächst nutzbar. Telefongebühren, damit auch die volkseigene Post zu ihrem Recht sowie zu ihrem Geld käme, seien mittels einer monatlichen Grundpauschale aus der Welt, und selbstverständlich würden sich mit dieser Neuerung, die man schon bald für etwa fünfzig Mark über die hiesige HO erkaufen würde, auch für alle Journalisten ungeahnte Perspektiven auftun. Sicher war die Glaubhaftigkeit der versprochenen Gebührenpraxis daran schuld, dass nicht sofort die meisten einen Scherz vermuteten – genau so hätte sie die Post getätigt. Wer sich allerdings ein wenig der dreifaltigen Misere Auto, Telefon und Presse in der hingegangenen DDR erinnert, kann sehr leicht ermessen, wie betreten unsere Werktätigen damals waren, auf so abgeschmackte Weise in den sozialistischen April geschickt zu werden. Nur die alljährliche Initiative, Wettbewerbsverpflichtungen zum Ersten Mai zehn Tage vorfristig bei der Gewerkschaft abzurechnen, übertraf solche Pikanterie, wenn die Erfolge regelmäßig auf den zwanzigsten April datierten und sich auch noch aufgeweckt und stark dem Festzug präsentierten.

»Hell ist unser Blick und eisern die Fäuste« – nicht nur die blasierten Stahlbarone Westdeutschlands kam angesichts so mancher Stalinstädter Mailosung schon seinerzeit ein Schmunzeln an, denn frei von jener Brut der Ausbeuter zu leben, sicherte noch längst nicht gleich die Überlegenheit der Muttersprache im gespaltenen Vaterland. Wenn Stalinstadt zur Heerschau ausgerechnet aller Friedensfreunde rüstete, wo es den tollwütig gewordenen amerikanischen Barbaren endgültig die Grenzen ihrer Macht, vor allem aber die des guten Willens seiner Hüttenwerker zeigte, waren Zehntausende auf seiner Magistrale unterwegs, die zahlreichen Delegationen Westdeutschlands noch gar nicht eingerechnet: auch nicht Thomas Müntzer, dessen Namen jede zweite LPG trug und der sich im Maifestumzug der erstaunlichsten Vitalität erfreute, ganz zu schweigen von all denen, die sich nur der Riesentombola zuliebe in den Zug der Friedenskräfte mischten.

Eine Dauerwelle gab es unter anderem in den frühen Jahren zu gewinnen, und die Eisenhüttenstädterinnen, die sich bei den heutigen Friseurtarifen die Haare raufen, werden darin wenig Komisches entdecken. Doch die Hauptgewinne waren in der kinderreichsten Stadt der DDR natürlich zukunftsorientierter und nicht halb so eitel, wenn zum Beispiel die noch unverehelichte Achtzehnjährige, verständlich leicht verschämt, den Kinderwagen auf die Losnummer dreihundert in Empfang nahm, der vom Umtausch ausgeschlossen war. Im Mai, im Mai, da rief der Kuckuck auch die jungen Stalinstädter alle Jahre wieder, nicht nur vor das Werktor, wo die Manifestationen offenkundig längst noch nicht zu Ende sein sollten. Aber wo man Stadt und Werk an diesem Platz verbinden und nicht gegenüberstellen wollte, hatten erste Pläne für das Werktor durchaus ihrerseits noch höfische Entwürfe vorgeschlagen – wenn das Tor auch nur auf einen Werkhof weisen würde, konnte jeder sehen, selbst im neuen Leben ging die Macht von Hofe aus, die Herrschaft blieb, allein die Höfe wechselten.

Er steht gebückt inmitten von Eisen und Stahl,
mit lederner Schürze und schützenden Brillen,
und zwingt den knatternden, sprühenden Stahl
und lenkt ihn mit eisernem Willen.

In ihren Wohngebieten aber war die Stahlkommune äußerst funktional geplant und auch insofern im Gefolge jener Avantgarde der zwanziger Jahre zu verstehen. Stadt und Landschaft sollten eine Einheit bilden, in der Oderniederung genauso wie in den Entwürfen der Moderne, die durchaus weit über dem Niveau an Eintracht und weit unter dem an Einfalt lagen, die ein ortskundiger Lyriker der Stadt verordnen wollte:

Ich ruhe, wo Heide war,
auf einer Bank im Rosengarten
über der Stadt,
von fröhlichen Leuten umgeben.
In mir ist ein Wort,
das heißt: Frieden –
und ein Satz, ganz leis:
Du, mein liebes Land!

Doch die Bewohner sollten sich, auch insgesamt, in einem größeren sozialen Raume aufgehoben fühlen; spätestens die Satellitenstadtbewohner Halle-Neustadts oder von Berlin-Marzahn verstanden in den folgenden Jahrzehnten den humanen Ansatz mehr als deutlich, den die Stalinstadt realisieren wollte, wenn sie abends von den weit entfernten Arbeitsstätten in die seelenlosen Plattenbauten fuhren.

Bei der Grundsteinlegung Stalinstadts jedoch sprach man noch sehr ausführlich von der Baukunst der Befreier; die sowjetische Ästhetik war wohl Vorbild in den Leitartikeln, doch das Geld für solche Opulenz war nie vorhanden oder schon in die zur gleichen Zeit erbaute Renommiermeile Berlins geflossen. Auch der Prachtstraße versuchte man, das Vorbild Moskauer Bebauungspläne nachzureden, aber sie war nicht zuletzt von Bauhausschülern um den Architekten Henselmann errichtet worden, der war wiederum von Schinkel stärker inspiriert als von der vielgerühmten Ingenieurkunst der sowjetischen Kollegen. Doch sowohl der Stalinstadt wie auch dem Boulevard der Werktätigen in der neuen Hauptstadt wurden jene Ähnlichkeiten immer wieder nachgeworfen, schließlich sollten sich die Bauten unseren Werktätigen und dem Namen Stalins gleichermaßen würdig zeigen. Aber weder hämische Behauptungen, man wähne sich in Stalinstadt wie in den Straßen Woroneschs, noch jene säkularisierte Taufe, welche Walter Ulbricht am Beginn unseres Spaziergangs und am achtzehn Meter hohen Obelisken höchstpersönlich vornahm, hatte für die Bauweise der Stadt bemerkenswerte Folgen: Glaubt man den Chronisten, war es wieder einmal der Parteichef selbst, der in der Stalinstadt den Bauarbeitern die architektonischen Leviten las. Denn nicht nur viel zu klein, geduckt und viel zu schmucklos muteten ihn noch die ersten Bauten aus dem Jahre 1951 an; auch ihre Ausführung monierte der versierte Handwerksmann, der sofort sah, woran sich Laien, die zum ersten Mal die Kelle schwangen, nach dem Motto ausprobierten:

*Heute geht es mal nicht
mit der Wasserwaage,
heut wird alles bucklig,*

heut wird alles krumm.
Heut ist heute
und nicht alle Tage,
heute geht es rund
und immer herum.

Mit dem Beginn der sechziger Jahre wurde Eisenhüttenstadt zur Wohlstandsfestung ausgebaut und mit Erzeugnissen beliefert, die im ganzen Lande nicht zu haben
waren. Wer etwa ein Fahrrad brauchte, fuhr nach langer
Odyssee in unsere Eisenhüttenstadt und fand es dort mit
Sicherheit, und als der Trabi schon ein rares Fahrzeug
war, stand er im Autosalon unserer Stahlarbeiterstadt
noch mitnahmebereit im Schaufenster; auf Teilzahlung
war er bis in die späten sechziger, für nicht einmal achttausend Ostmark noch bis zu Beginn der siebziger Jahre
zu erwerben. Im bekannten Klubhaus der Gewerkschaften und hinter dessen sozialistisch-realistischen Glasma-
lereien hielt man die Frauen der Hüttenwerker auf dem
laufenden, die Kollektionen einheimischer Hersteller
bestanden häufig ihre Feuertaufe auf dem Laufsteg des
Kulturhauses.

Noch in den Fünfzigern verkündeten die Moden-
schauveranstalter den Stalinstädtern Moskauer Niveau
und Mannequins, die laufen lernten, so stand es zumindest auf den Eintrittskarten für nur eine Mark und
fünfzig – dafür konnten die Novizinnen der Mode dann
getrost auch einmal aus den Pumps und Plisseeröcken
purzeln.

Auch dem Friedrich-Wolf-Theater wurde von Ensembles anderer Bühnen regelmäßig aufgespielt, zum
Beispiel dem der Havelmetropole Potsdam, das mit
seinem *Faust* Furore machte, weil die Darsteller so un-
verhältnismäßig heiter mit dem Bösen schabernackten.

Damals lag das Repertoire der hauptstädtischen Bühnen allenfalls noch auf den Rängen, der Mephisto der vermeintlichen Provinz gab sich jedoch schon derart überzeugend infam, dass die Besucher alle Hoffnung auf das Gute fahren ließen und dem Niedrigen auf offener Bühne Beifall zollten. Schuld daran war eigentlich der Faust, der höchstens in den Gretchenszenen tatsächlich nach Ganzheit strebte und ansonsten den berühmten Tatenmenschen schmerzlich missen ließ, so schmerzlich, dass der Oberste Geheimrat Walter Ulbricht selbst der jungfräulichen Republik die Unschuld und erwähnten dritten Teil in Angriff nehmen wollte.

Und mit einem Gretchen, wie es Faust wohl niemals kannte, hatte auch das neue Leben längst schon aufgewartet: Dreiundzwanzig Jahre alt war Margarete erst und schon Bezirkstagsabgeordnete und Traktoristin, Ortsausschuss vorsitzende der Nationalen Front und, wie die Zeitung durch Verschweigen eines klassenkampferfahrenen Verlobten nahelegte, obendrein sogar noch ungebunden, wenn man ihre Einbindung in die gesellschaftliche Arbeit einmal außer Acht ließ – wer wollte die Fortsetzung des *Faust* bezweifeln, der schon längst zum Sprung über den schummerigen Orchestergraben anlief, hin zu Margarete und zu unseren anderen Neuen Menschen!

Mit Hilfe der Sowjetunion baute man 1968 ein Kaltwalzwerk in Eisenhüttenstadt; ein weiteres Kapitel auch der Stadtgeschichte wurde so geschrieben, und die Zahl der Einwohner stieg noch einmal um gut zehntausend auf fast fünfzigtausend gegen Ende des Jahrzehntes. Unter ihnen viele Männer im Marinelook, die Stadt war nebenher auch Hafenstadt im größeren Stil als je zuvor geworden, deren Schiffe nicht nur Industrierohstoffe, sondern nun die Materialien für den Neubau des Ber-

»Am 10.4.1951, 10 Tage vor dem Plantermin, konnten die Werktätigen des Schwerpunktbetriebes Eisenhüttenkombinat Ost die Richtkrone am Hochofen I anbringen.«

liner Alexanderplatzes lieferten. Der Hafen Eisenhüttenstadts war immerhin, nach Magdeburg, der größte Binnenhafen und gewissermaßen das Pendant im Osten zu den Liegeplätzen, die die Republik im Westen bot. Ein großer Teil der Ex- und Importe sowohl des Ostens wie des Westens lernte das Transitland DDR nur auf dem Wasserwege kennen; Fernfahrer der damaligen BRD, aus Holland oder Belgien fuhren in Magdeburg auf Schubrahme, um dann erst hinter Eisenhüttenstadt wieder die Straße zu benutzen; die Kollegen der Sowjetunion, aus Polen, aus der damaligen Tschechoslowakei oder Bulgarien fuhren in Eisenhüttenstadt vom Damm, um auf der kleinen Kreuzfahrt in die Elbemetropole abzuruhen. »Diplomaten hinterm Lenkrad« nannte man die Brummifahrer hierzulande, um dem Korps der »Botschafter im Trainingsanzug«, unseren Sportlern, oder auch den »Botschaftern im Blauhemd«, die in Afrika als Enkel Albert Schweitzers volkseigene Lambarenes bauten, eine neue Farbe zuzufügen und zugleich zu suggerieren, die ganze Republik sei ein vornehmes Parkett.

Und auch Eisenhüttenstadt war mehr als nur die eisern-jungfräuliche Magd des noblen Staates, denn es hatte längst schon eine Yachtwerft, die die Vornehmheit in späteren Zeiten bis zu fünfzigmal im Jahr vom Stapel ließ.

Da überdies das neue Kaltwalzwerk vor allem Bleche für die Waschmaschinenhersteller und Autobauer lieferte und jeder zweite Haushalt damals angeblich schon beides aufzuweisen hatte, schien das ganze Land mit Eisenhüttenstadt verbunden – eisern war das Freundschaftsband wie immer.

Es ist ein Lied, dem Heute vermählt,
wie es ihm früher nie geklungen,

was brausende Flamme und Stahl ihm erzählt,
das hat zutiefst ihn durchdrungen.

Doch nicht allein ein Kaltwalzwerk entstand im Jahre 1968; ohne Pomp und prominente Gäste wurde auch ein Plattenwerk errichtet, das historisch scheinbar wenig mit den epochalen Produktionsstätten von Eisenhüttenstadt zu schaffen hatte, aber dafür umso konsequenter dessen erste Wohnstätten zum alten Eisen legte – fortan würde ausschließlich industriell gebaut.

Bereits der fünfte Wohnkomplex, im wesentlichen in den ersten Jahren nach dem Mauerbau entstanden, war ein Kind der Großblockbauten, die die Kosten niedrig halten und das Bautempo erhöhen sollten. Da sich aber auch die vierstöckigen Zeilenbauten noch der Mäßigung befleißigten und überdies als Erste und zugleich bereits als Letzte den versprochenen Bezug zur Landschaft tatsächlich realisierten, scheint der fünfte Wohnkomplex in heutiger Betrachtung zwar als klarer Bruch mit den bisher verwendeten Methoden, aber auch als akzeptabler Übergang zu neuen Formen und als denkbare Alternative zu den Wohnhöfen der bisherigen vier Gebiete. Die waren zu Beginn der sechziger Jahre ins Visier geraten, selbstverständlich nicht ins ökonomische, vielmehr in das der ideologischen Verklärung. Kaum ein halbes Dutzend Jahre nach Chruschtschows berühmter Schelte an den alten Baumanieren zogen auch die Architekten in der DDR nach und erklärten, jeweils in sich ruhende und voneinander abgeschlossene Wohnkomplexe wären dem neuen, sozialistischen Zusammenleben in den Städten fremd – und so begann auch für die Stahlarbeiterstadt die neue Offenheit.

Inzwischen war die Stadt schon schulbildend für weitere geworden; 1957 wurde mit dem Bau von Hoyers-

werda eine zweite »Stadt des Sozialismus« in der DDR errichtet, sie bestand schon ganz und gar aus Plattenbauten
und versuchte Nikita Chruschtschows Kritik von 1954
an den allzu aufwendigen Baumethoden zu beherzigen,
obwohl er in den Medien hier als Bauer sehr viel öfter
denn als Architekt gewichtige Erkenntnisse vermelden
ließ und es gar nicht so einfach schien, ihn irgendwo als
Fachmann einzuordnen. Als Nikita seinerzeit die Architekten rügte, war er gerade sechzig Jahre alt geworden,
und die Redakteure unserer Radiostationen waren noch
ein wenig unsicher, was man von ihm zu halten habe.
Sie erübrigten für Stalins treuesten Kampfgefährten, so
ihr einhelliger Leumund damals, in der Regel weniger
als jede Hausfrau für ein Schnellgericht – kaum mehr
als fünf Minuten. 1954 war er noch ein unbeschriebenes
Blatt, doch als er siebzig wurde, musste Walter Ulbricht
schon persönlich hinters Pult, eine Laudatio zu verfassen, denn die Vita von Nikita schien inzwischen fast
genauso mysteriös und von Geheimnisen umrankt wie
die des staatsmännischen Stehaufmännchens unserer
jungfräulichen Republik. Es waren nicht allein die großen Auftritte, die Chruschtschow zwischen Moskau und
New York zu dieser einmaligen Popularität verholfen
hatten: In der Hauptstadt aller friedliebenden Menschen
hatte er im Jahre 1956 mit der Stalin-Ära abgerechnet,
zum Verdruss der meisten seiner eigenen Genossen; in
der Metropole des Verfalls dagegen hatte er, der bislang
nur mit seinen Fäusten auf Verhandlungstische trom-
melte, im Jahre 1960 seinen Schuh erhoben – nicht nur
gegen die Versammelten der UNO, die das donnernde
Stakkato miterlebten und dabei mit anhören mussten,
wie Chruschtschow zugleich die Internationale und die
Volksdemokratien brüskierte, denn er nahm, nicht gerade
richtungsweisend, seinen rechten. Walter Ulbricht aber,

klassenkampferprobter Gratulant vom Pleißestrand, dessen Gedächtnis viele rühmten, hatte 1964, also zu Nikitas siebzigstem Geburtstag, jenen Lapsus vor der Welt ganz offenbar vergessen – nur ein halbes Jahr vor der Intrige, die den leutseligen Staatsmann stürzen würde, lobte er ihn noch einmal in höchsten Tönen und auf höchster Ebene. Denn viel lieber als an weltpolitische Pikanterien erinnerte sich unser sächsischer Geschickelenker an so denkwürdige Tage, die ihn mit Nikita in den volkseigenen Stallungen unserer Dörfer sahen, wo sie sich vor den Genossenschaftlern als versierte Agronomen gaben. Zweifellos ein Bubenstreich, denn beide wussten von den weiten Fluren sehr viel weniger als von Korridoren der Parteizentralen. Walter Ulbrichts Hinweise zum Hackfrucht- und Getreideanbau haben dabei allerdings nie einen Bauern irritiert – er galt von vornherein als hohle Hülse; woher aber speist sich bis in unsere Tage unverwüstlich die Legende, dass es um Nikita besser stand und gerade er mit seinen Instruktionen immer wieder Neuland zu betreten wusste? Nikita Sergejewitsch, ein Bergarbeitersohn, der sich in seiner Jugend in den Gruben, Schächten und Fabriken in der Don-Region als Schlosser durchschlug, hatte nie ein Feld bearbeitet. Sein Studium an der Industrie-Akademie, die Stalins Namen trug, erklärte allenfalls den leidenschaftlichen Mechanisator; aber auch die Tätigkeit als Moskauer Parteichef wirkte selbst auf jene eher großstädtisch, die noch bis in die sechziger Jahre Moskau für ein Riesendorf mit rotem Kirchturm hielten.

Chruschtschow hatte in den dreißiger Jahren hier am Bau der weltberühmten Metro eine große Aktie, deren Bahnhöfe man auch nicht gerade als ländliche Stationen sehen konnte. Selbst der Rang des Generalleutnants, zu dem es Chruschtschow an der Stalingrader Front gebracht hatte, erklärte seine Kompetenz den ländlichen Kulturen gegenüber wenig sinnfällig. Der ihm verliehene Suworow-Orden I. Klasse half den Menschen hierzulande auch nicht in die Spur; Suworow war nicht, wie der eine oder andere Ausgeschlafene sofort annimmt, ein gewiefter Bauerngeneral: Vielmehr besiegte er Napoleon mit jenem alten Trick von Hannibal, indem er, so wie dieser, klammheimlich die Alpen überschritt. Der russische Aristokrat des achtzehnten Jahrhunderts sowie der nach ihm benannte Orden boten so noch immer keinen Hinweis auf die Bodenständigkeit Nikitas. Und der Umstand, dass Suworow irgendwann am Zarenhof in Ungnade gefallen war, hat damals niemand als Orakel oder gar als visionär empfunden. Woher also, fragten sich nicht nur die Bauern Brandenburgs schon damals hilflos, kam der Ruf des Meisterbauern? Dankte er sich wirklich nur dem Umstand, dass Nikita Chruschtschow im September 1953 auf dem Plenum des ZK der KPdSU Entwicklungen der Landwirtschaft gegeißelt hatte? Immerhin wurde er dafür prompt zum Ersten Sekretär gewählt – seriösen Jüngern aber schien diese Erklärung allzu dürftig. Damals mochten viele noch an einen Zufall glauben, heute wissen nicht nur seine leidenschaftlichen Verehrer: Diese Wahl markierte den Beginn der langfristigen Demontage, die den Feldherren wie den Autor kniffligster Kompendien des Klassenkampfes – kurz gesagt, den letzten Spross der russischen Intelligenzija – nur zehn Jahre später auf den Maisacker der Weltgeschichte werfen würde.

Ein Jahrzehnt nach Baubeginn des Stahlstandortes nun wiederum wurde die Chemiearbeiterstadt von Schwedt errichtet, welche aus dem Tabakpflanzerstädtchen, wie die Presse schrieb, eine »Romanze« machte, die in »Stahl und Licht erstrahlte«, aber längst die Plattenbaumisere offenkundig machte.

Dort, wo für die Nordlichter von Vorpommern der unbekannte Süden seinen Anfang nimmt und der kommode Mecklenburger nur noch Fremdheit spürt, begann die Uckermark, schon immer unbekümmert von den wechselnden Verwaltungslinien und ein wenig oberhalb von Prenzlau, wo der Landmann immer schon beim samstäglichen Einkauf auch ein bisschen nach der Hauptstadt schielte. Hier lag für die volkseigenen Chronisten seinerzeit das »Land am Strom der Freundschaft«, wie die ganze Gegend zwischen Schwedt im Norden und der alten Tuchstadt Guben südlich unserer Stalinstadt auch oft genannt wurde. Der Ehrentitel lobte voller Doppelsinn ganz Brandenburg zum einen als Beschützer jener neuen Ufer, die den Völkern Osteuropas zukünftig als Friedensgrenze gelten sollten; gleichzeitig beschrieb er die gemeinsam produzierte Energie aus Öl und Kohle, die die DDR aus den benachbarten Regionen importierte.

Manchem schien die Freundschaft sicher damals schon ein wenig häufig strapaziert, denn nicht nur Flüsse, auch die Erdölleitung, dieser Ort und jene Brücke mussten mindestens im Beinamen die »Freundschaft« mit sich führen, und allein in Eisenhüttenstadt zum Beispiel gab es vierhundert Brigaden, die mit ihrem Titel an der Freundschaft keinen Zweifel ließen. Über tausend Hüttenwerker wohnen heute noch in der Stadt, die ihre Ausbildung in der Sowjetunion erhielten und die Freundschaft sicher nicht nur stets im Munde führten, sondern tatsächlich im Herzen trugen und vielleicht auch daher niemals deutlich wurden, was ein Slogan wie »Nach Saporosher Art zu arbeiten, heißt kommunistisch arbeiten« bedeuten mochte.

In den fünfziger Jahren saßen sie noch ungläubig im »Zirkel KPdSU/Für Anfänger« und nutzten das illustre

Angebot zu einem weiten Blick über den eigenen Teller-
rand, als andere längst noch nicht begriffen hatten: Den
Marxismus-Leninismus weiterhin zu ignorieren, hieß
sich selbst zu schaden und in Rasputinscher Finsternis
auch künftig zu verweilen.

Sie erfuhren beispielsweise nie etwas vom Glück ihrer
sowjetischen Kollegen, das demnächst auch hier ins Haus
stehen würde. Schon mit siebenundvierzig Jahren etwa
Pensionär zu sein, war für die Schwermaschinenwerker
Moskaus längst schon Wirklichkeit, sie konnten über
den Zwölfstundentag unseres greisen Präsidenten milde
lächeln, denn das Privileg traf jeden Arbeiter, der fünfundzwanzig Jahre lang im gleichen Werk die Bolzen oder
auch nur seine Runden als Betriebsinspektor drehte. Er
nahm, falls er dennoch danach weiterwursteln wollte, zusätzlich zu seinem Lohn noch einmal sechzig, wenn nicht
achtzig Anteile desselben mit nach Haus, versicherte ein
Kirow-Werker – lachend! –, wie der Zirkelleiter referierte. Gerade vor Freunden hat man kein Geheimnis, sagte
man in früheren Jahren Stalinstadts hingegen, um den
Dank an die Sowjetunion zu formulieren, welche ihre
besten Schmelzer schickte, um den Zöglingen der Oderniederung ein wenig aus dem Nähkästchen zu plaudern
und zu zeigen, wie der Stahl tatsächlich golden fließt.

Doch in den letzten Jahren haben sich die Brandenburger mit den Nachbarn oft ein wenig schwergetan,
obwohl gerade sie im Umgang mit den nun Beschimpften am vertrautesten gewesen sind. In Schwedt, dem
Zentrum der petrolchemischen Industrie der DDR, gab
es gemeinsame Brigaden, die – natürlich – Freundschaft
hießen und in all den Jahren auch tatsächlich hielten,
was ihr Namenszug versprach. Doch seit in vielem die
Romanze, für die manche Schwedter in den Sechzigern
genauso glühten wie die Stalinstädter in den Fünfzigern,

wie oft im Leben, gänzlich unromantisch zu verlöschen droht, ist die gewohnte Nähe zu den Nachbarn böse umgeschlagen. Schwedts Karriere von der Tabakpflanzersiedlung zur Chemiebastion hing anfänglich wie Stalinstadt das Flair der Pionierzeit an; seitdem jedoch die »Friedensgrenze« nun von vielen hier als Kriegspfad angesehen wird, fühlt man sich in den Klausen Schwedts erst recht wie in Saloons, die sich auf Überfälle von Indianerstämmen vorbereiten, und nach Küchenschluss ertönt das Kriegsgeschrei. Dabei hat 1958 alles sehr viel hoffnungsvoller angefangen, als, zumindest dem Slogan nach, Chemie noch »Brot, Wohlstand und Schönheit« bringen wollte. 1963 sächselte Genosse Ulbricht hier in Schwedt die großartigen Startkommandos »Schieber auf!« und »Geben Sie den Weg frei!« in die Mikrophone – für das Erdöl aus der Pipeline »Freundschaft«, dass es fortan stets zum Ruhme der Erbauer fließe. Ein Chemiearbeiter, so erklärte man den Schwedtern seinerzeit, erschaffe Werte für sechshunderttausend Mark im Jahr, mehr als das Fünffache des Hüttenwerkers, welcher in der Stahlkommune Roheisen zu halbwegs annehmbaren Ausgangsstoffen schmelzen musste, und sogar das Zehnfache des weiter südlichen Kollegen, der auf Brandenburger Abraumhalden braune Kohle zu Briketts veredelte.

Da war der gute Name Stalinstadts schon längst dahin und klammheimlich an jene Wunder der Chemie verraten worden; die Legenden aus den fünfziger Jahren wurden in die neuen Formen Schwedts gegossen oder vollsynthetisch zu unglaublichen Erfindungen der DDR verzischt – doch die Chemie zwischen den Industriegiganten an der Oder stimmte nie so recht.

Auch in der neuen Stadtvision besorgten sich die etwa vierzigtausend Einwohner von Schwedt vom Sonntagsbraten bis zur Anrechtskarte für die stadteigene Bühne alles selbst. Im Arbeitertheater Schwedts gab noch vor gar nicht langer Zeit so mancher Nachwuchsregisseur die braven Stoffe ab, der dann umso geschwinder im Berliner Brechtmuseum eine Chance erhielt, auch einmal hinter dem Regiepult des Ensembles stehen zu dürfen. Wenigstens als Geste könnte heute der eine oder auch die andere ein Plädoyer für die gebeutelte Region auf diese Bretter knallen und sich ab und zu erinnern, dass er seine Anfänge den nasgeführten Anrechtlern im ausverkauften Schwedt verdankte.

Heute spürt das alte Tabakstädtchen höchstens noch ein wenig von der unerschütterlichen Ironie aller Geschichte, mancher Patriot sogar ein wenig Häme: Schwedter Tabak wurde jahrelang nach Hamburg exportiert, wo mancher der verwöhnten Hansestädter damals sicher wirklich in die Luft gegangen wäre, hätte er geahnt, wie nahe die HB-Kulturen dem Chemiegiganten standen.

Mittlerweile hat man das Gefühl, dass Eisenhüttenstadt wie Schwedt das gleiche Schicksal trifft: Allmählich holt sich die Natur die schwer gestürzten Industriekolosse und die großen Siedlungen zurück. Nicht nur die Straßen scheinen zuzuwachsen, große Flächen zu verwaisen, auch die Landschaft dringt von ihren Rändern her bereits in beide Städte wieder ein wie einst der Dschungel in die Inkahauptstadt Machu Picchu. Damals nannte man das Oderbruch, das heute wieder auf die Reißbrettstädte zumarschiert, noch den Gemüsegarten unserer Republik – der schien jedoch, gemessen am Gemüseangebot der Republik, nicht halb so aggressiv wie heute, wo sich niemand mehr erinnert, dass die Wohnblocks anfangs schutzlos in der grauenhaften Hitze flirrten, der gewöhnlich Neugründungen ausgesetzt sind.

Als die ersten Wohnkomplexe Stalinstadts schon

längst bezogen waren, litten die Bewohner schwer in ihren komfortablen, lichtdurchfluteten Gemeinschaften; zwar schien die Oderniederung endgültig aus dem Schatten ihrer ländlichen Vergangenheit herausgetreten, dafür waren die Stalinstädter auf der sprichwörtlichen Sonnenseite angekommen. Grünflächen und Sträucher gab es und selbst kleine Haine zum Flanieren oder auch zum Salutieren an verschiedenen Feiertagen, nur an Bäume hatte man teils nicht gedacht, teils waren sie dilettantisch und so dicht wie sonst nur Fahnenstangen in den Boden eingebracht worden; andere wieder waren an Stellen angepflanzt, wo auch die anspruchslosesten nur sofort wieder eingehen konnten, viele wurden einfach nur vernachlässigt, so dass fünf Jahre nach dem ersten Axtschlag Stalinstadt nun wieder aufgeforstet werden musste. Und wo schon die ersten Rodungstrupps mit Fahne, Losung und Kampagne in den Wald gezogen waren, fand auch die Bepflanzung nicht ganz ohne publizistische Umrahmung statt. Natürlich wollten Stalinstadts Begrüner nicht die vielzitierte Hoffnung in der Stadt verwurzeln, wie man es von den gescholtenen »Verdummungsanstalten« vernommen hatte, sondern diese Optimisten waren – wieder einmal – eine breite Volksbewegung, die in nur zwei Jahren »1000 Bäume für Stalinstadt« beschafften, um sie in das kommunale Erdreich zu verbringen. Eichen, Birken, Linden wuchsen ebenso heran wie Ahornbäume, Ebereschen und Robinien. Keine ideologischen Berührungsängste gab es gegenüber Roteichen, die aus Amerika gekommen waren, auch nicht vor so wenig volksnahen Exoten wie der Gleditschie, dem Maulbeeroder dem Trompetenbaum. Schnell hochwachsende Pappeln wurden weniger gepflanzt als anderswo, denn Stalinstadt hatte, wie schon erwähnt, keine Vergangenheit und also auch nichts, was man hinter solchen Baumreihen hätte verbergen müssen. Und selbst anzüglichen Spötteleien gegenüber, die für denkbar galten, zeigte man sich souverän und pflanzte unbekümmert Esskastanien, Stinkeschen und ähnlich sinnträchtige Sorten in die Wohngeviere und den Baumkataster Stalinstadts.

Zehn Jahre später saßen die gereiften Stadtgärtner von Stalinstadt bereits als »Junge Menschen unter alten Bäumen« und in einem Bildband über Eisenhüttenstadt; doch heute sieht man manches Haus und manchen schön geschwungenen Straßenzug vor lauter grünem Wildwuchs fast nicht mehr. Knapp hundert Baumarten waren damals in die Stadt gekommen, wo es vormals nur die Kiefernheide gab, und kaum die Hälfte konnte überleben – dennoch läuft man heute durch die Stahlarbeiterstadt wie durch ein riesengroßes Arboretum, dessen Ruhe und Beschaulichkeit zudem auch längst nicht mehr von fernem Industrielärm irritiert wird. Eine Bronzeplastik – »Liebespaar unterm Schirm« – mag noch heute manchen an die sonnigere Zeit erinnern; doch die zweitwichtigste Profession, die Eisenhüttenstadt, nach unseren Hüttenwerkern selbst, in all den Jahren hatte, wird vielleicht demnächst wieder die führende, wenn für die Gärtnerinnen in den Grünanlagen mehr zu tun verbleibt als den verbliebenen Schmelzern.

Schließlich sollte 1983 für die Stahlarbeiter Eisenhüttenstadts die Neue Zeit beginnen, die in Liedern schon Jahrzehnte in ihr waltete. Die Stahlkocher aus Linz, der niemals offiziell geehelichten Partnerstadt in Österreich, errichteten Europas wohl modernstes Werk, das in dem Billiglohnland Erich Honeckers Konverterstahl erzeugen sollte. Doch in diesem Falle stieg die Zahl der Einwohner nicht wie in früheren Jahren immer, wenn ein neues Werk hinzukam, sondern sank – so manche junge Frau in Eisenhüttenstadt verstand den schmusigen Begriff der

Partnerstadt auf ihre Weise, und in Linz kann man seit dieser Zeit auch das Idiom des spröden Brandenburgischen vernehmen.

In den fünfziger Jahren wäre solches Treiben undenkbar gewesen, da berichteten Porträts noch von den ersten Stalinstädterinnen, die auf russischen Traktoren durch die Hallen tuckerten. Die echte Gleichberechtigung jedoch, die unsere Frauen immer gleicher und berechtigter im neuen Leben praktizieren wollten, musste erst noch zäh errungen werden.

Doch die Anne hoch im Krane
schreit: › Geht aus der Bahn‹,
und sie fährt mit ihrem Eisen
besser als ein Mann.

Andere suchten mit schier unglaublichem Heldenmut sogar nach weitaus höheren Verantwortungen: Gift in Probefläschchen beispielsweise waren nicht eben eine weihnachtliche Sendung, doch sie ging zum Jahresausklang an die Funktionäre der KP in Stuttgart, und die Redakteurin einer Brandenburger Zeitung, die den Inhalt jener Fläschchens zwecks wahrhaftiger Berichterstattung ausprobierte, ward von Krämpfen heimgesucht. So konnte sie sich, anders als die männlichen Kollegen, ganz persönlich für den Mordanschlag verbürgen – selig sind die Unerschrockenen, die in Schwaben immer schon mit märchenhaften Heldentaten von sich reden machten und die so auch von den tapferen Frauen Brandenburgs erfuhren, die die neue Zeit hervorzubringen wusste.

»Frieden, Einheit, Gleichberechtigung« erhoben damals gut viertausend delegierte Mädels aller Altersgruppen hier zur Forderung des Tages und erklärten, dass es nun den Unverbesserlichen ein für allemal ans Leder ginge – allerdings nur an den Hosenbund der Reaktion, das heißt, es stand allein das Wams des halben deutschen Lands am femininen Pranger. Denn von dessen Brutstätten des Lasters ging die Rede damals, von Bordellen ganz zu schweigen, wo die mädchenhafte Jugend physisch und moralisch niederkam und auf die eine wie die andere Art verseucht wurde. Diese Erniedrigung der Frau sei jedoch mehr als nur ein westdeutsches Problem, denn sie bedeutete zumindest die Entrechtung für die Hälfte unseres Volkes. Da geriet so mancher sicher schwer ins Rechnen, denn die Hälfte eines Volkes war auch damals schon ein Viertel, es sei denn, die Delegierten schlugen den entrechteten Geschlechtsgenossinnen aus Westdeutschland gleich deren unglückliche Männer zu, die dort noch nicht den Segen einer gleichberechtigten Gefährtin spüren durften – dann ergab sich rechnerisch wieder ein halbes unglückliches Volk und überdies die vielzitierte neue Qualität: Denn wann schon hatte je zuvor, von späteren Treffen nicht zu reden, jemals ein Kongress so vieler Mädels auch die Männer, die an nichtemanzipierten Frauen weidlich litten, gleichberechtigt in den Blick genommen?

Selbst verstockten Kerlen, deren Leiden sich noch heute in klaren Grenzen hält, wenn es um ihre unmündigen Frauen geht, bleibt bestenfalls verspätet ein Frohlocken, dass die aufgezeigten Perspektiven der Veranstaltung von damals auch im Eisenhüttenstadt der Gegenwart nicht eingelöst sind – typisch weibliche Prognosen, unscharf, wenig analytisch und verträumt, mögen sie nunmehr schwadronieren. Es sei nicht nur notwendig, so hieß es damals, die Bordelle zu verbieten und die Schließung der bestehenden gemeinsam zu erzwingen; auch die Zahl der Kindergartenplätze, Urlaubsheime und der Ferienlager sei zu steigern, die verstärkte Nutzung der sowjetischen Methoden schmerzarmer Geburt ein fortschrittlicher Auftrag, und dass jeder Frau der Beruf offensteht, den sie erwählt hat, galt zumindest zeitweilig für denkbar. Einige der Forderungen würden im vereinten Deutschland weiter vorgelegt und dann verwirklicht werden, glaubte der Kongress; nur eine weitsichtige Delegierte scherte aus und plauderte dagegen damals schon ihr Lieblingsmotto in die Reihen, das zu Hause unangreifbar ihren Schreibtisch zierte:

Weniger Sitzungen –
mehr praktische Hilfe,
gerade darin liegt
die Stärke unserer Führung!

Es waren auch die meistgebrauchten Worte Stalins, und die Jugendfreundin hatte offensichtlich beste Kenntnisse, wo Stalins Weisheit und die Macht seiner Gedanken ihre Wurzeln hatten, nämlich darin, dass er sich von den Gedanken der Millionenmassen seines Volkes niemals abschloss, sondern sie, wie nicht erst Spätere wussten, vielmehr einschloss.

Klar, dass sich die führenden Genossen solcher Frauen gern annahmen, denn schließlich waren sie die rechten Brüder Josefs und erwiesen sich tagtäglich als Verkünder unserer Wahrheit, Kämpfer unserer Klasse und als Patrioten unserer Tat, die ganz allein den kampferprobten Schwestern einen adäquaten Dreiklang stiften konnten. Walter Ulbricht, alter Schwerenöter, machte daher aus den Sklavinnen von gestern unsere Kämpferinnen, die schon heute keinen Zweifel daran ließen, morgen als die Siegerinnen der Geschichte aufzutreten. Die jedoch erkannten schnell den durchsichtigen Antrag des Regierungschefs – der von den Aktivisten, Meistern, Technikern und Wissenschaftlern forderte, den werktätigen Frauen bei der fachlichen Qualifikation zu helfen – als ein stellvertretendes Manöver für die abgerissenen Heimkehrer, die längst das Matriarchat unserer Trümmerfrauen zum Bildungsdefizit erklärt hatten, um selbst in die Büros der gut geheizten neuen Zeit zu huschen. Höhepunkt der auferlegten Unterwürfigkeit war aber zweifellos die Annahme, unsere Frauen wären seinerzeit gerade im Begriff, sich dank der Politik unserer Partei zu vollwertigen Menschen zu entwickeln, die auch unsere Kinder für ein langes, klassenkämpferisches Leben herzurichten wüssten. Selbst die seinerzeit noch schnuckeligen Backfische des späteren Lehrerinnenzölibats verloren fast die kollektive Contenance angesichts der scheinbar fortschrittlichen Frage: »Ist die Ehe ein Versorgungsinstitut?«, versuchten sich die Männer so auch der letzten bürgerlichen Zwänge zu entledigen, indem sie dies sofort verneinten und die Emanzipation bejahten. Es sei keinerlei Entschädigung berechtigt: Selbst der Fall, dass eine unbescholtene Verlobte dem Verlobten erst die Beiwohnung gestattete und das Verlöbnis durch Verschulden des Verlobten sich dann löste, widerspräche nicht unserer Verfassung und den Anschauungen von der Stellung unserer Frauen, die längst nicht mehr nur Aufbewahranstalten ihrer Unschuld waren.

In den späteren Jahrzehnten sangen dann die Töchter unserer Delegierten zwar noch oft das alte Lied »Du musst die Führung übernehmen«, doch sie hatten sich inzwischen ihren eigenen Reim auf das gesungene Gut gemacht und mochten damit wirklich nicht mehr warten.

Wenn die Stadt schon schläft,
die Hochöfen, sie singen
weiterhin ihr Lied,

hieß es inzwischen in schon neuen Songs, die Eisenhüttenstadt im weiteren zum Schlager machen wollten, doch die Nacht vermochte mittlerweile auch schon dort weit mehr für führungswillige und einfallsreiche Frauen zu bieten, und das *Lunik*-Hotel mit der einzigen und also schönsten Nachtbar der Plebejersiedlung war zum zweiten Mal in seiner Herbergsvita ständig ausgebucht. Zwar hatten auch in anderen Jahren bis zu zehntausend Besucher schon die über hundert Betten des Hotels zerwühlt, und unter ihnen waren selbstverständlich stets auch renommierte internationale Gäste, häufig Abordnungen oder Mitglieder des Weltgewerkschaftsbundes, die vom Rotem Fluss oder der Moskwa, von der Themse oder von der Seine kamen. Die Franzosen zählten, neben den Genossen aus Magnitogorsk und Kriwoi Rog natürlich, zu den regelmäßigsten und frühesten Besuchern der Kommune; Bilder aus den Anfangsjahren zeigen sie bei der Besichtigung des Hafens und des Werks und wirken, mit den Abbildungen anderer verglichen, fast wie Szenenfotos neorealistischer Milieufilme, und auch die kleineren Akteure schnitten ungefähr umso viel besser ab wie George Marchais vor Mao Zedong, Nikita Chruschtschow oder Walter Ulbricht. Klar, dass auch politische Ereignisse der blauweißroten Republik mit filmreifer Finesse für die Stalinstädter aufbereitet wurden, um nur einmal an die Sache mit den falschen Suppenhühnchen zu erinnern. Selbst die Hartgesottensten, die hier schon Kapuzinerklöster als Agentennester kennenlernen mussten und vielleicht geglaubt hatten, dass solcher Frevel endgültiger Höhepunkt des umtriebigen Gegners war, mussten sich eines schlechteren belehren lassen, denn das Ruchlose war durchaus steigerbar – und in Paris war Jacques Duclos verhaftet worden. Just an jenem Tag, als der KP-Chef aus der Seine-Metropole einem Ratschlag seines Arztes folgte, ab sofort Diätkost einzuhalten, und soeben ein paar Suppenhühnchen durch das Fenster seines Wagens steckte, setzten ihn die Polizeischergen, die seinem Wagen aufgelauert hatten, fest. Beweise hatten sie genug: Die Brieftauben zur Durchführung einer Geheimverschwörung sollten sein Indizverhängnis werden, und so mussten diese noch dazu schon toten Täubchen dafür herhalten, ein unbescholtenes Mitglied des Französischen Kongresses hinter Kerkermauern zu verwahren – ungefähr so resümierte eine Zeitung auch für unsere Stalinstädter den Eklat von damals, doch auch später blieben Eisenhüttenstadts Bewohner Frankreichs Klassenkämpfern stets gewogener als vielen anderen.

Die erste dauerhafte Vollbelegung gab es 1973 mit der Unterbringung Hunderter Chilenen nach dem Putsch, ein Akt, den viele hier im nachhinein entschieden respektabler fanden als die spätere Bettenjagd nach Alpenschillingen; doch dafür profitierten die Bewohner von der austrischen Präsenz in einem Punkt, an den sich auch in Eisenhüttenstadt schon fast niemand mehr recht erinnern kann: Es gab auf einmal in der Stadt zu jeder Tages- und vor allem Nachtzeit Taxen, was bislang auch anderswo undenkbar war und selbst die Messemetropole Leipzig bestenfalls zweimal im Jahr erleben durfte.

Für Eisenhüttenstadt waren es die letzten wirklich guten Jahre, wenn es auch bereits seit dem Beginn der Siebziger zunehmend eine Stadt wie viele wurde, mit Versorgungsmängeln, Plattensiedlungen, Problemen in der Infrastruktur der Kommune, die zudem den Sturz in die Normalität als doppelt hart empfinden musste. In den Achtzigern erreichte Eisenhüttenstadt sogar das durchschnittliche Eingabenniveau von anderen, vernachlässigten Ortschaften, für das ZK der SED Beleg genug, dass auch die Stahlarbeiterstadt dem Fortschritt langsam, aber umso sicherer abhandenkam.

Diese Zeit ist eine Wende,
Hoffnung ist ihr Stern.
Diese Zeit braucht deine Hände,
halte dich nicht fern.

Inzwischen sind die »Faustkämpfer der Walzstraße«
längst ohne jede Zuversicht und größtenteils Flaneure
wider Willen, die der Stadt nicht mehr viel Gutes abgewinnen können. Von den mehr als zwölftausend Kollegen steht kein Viertel mehr in Lohn und Brot, noch
lediglich dreitausend Mitarbeiter. Doch auch diese Zahl
wird mindestens nochmals halbiert, egal, mit wem die
Treuhand die so oft Verschmähte schließlich noch vermählt. Der große Rest steht vor der Frittenbude und erzählt von »damals«. Damals war vor kaum fünf Jahren,
heute scheint die Stadt ein großes Altenheim, und ab
und zu gehen die Senioren, statt in ihren unverdienten
Ruhestand, noch immer auf die Straßen ihrer Stadt, um
unbekannte Herren in Brüssel zu beschimpfen, die an
ihrer Muße schuld sein – eine Farce und eine wirkliche
Tragödie. Früher galt in dieser Stadt für asozial, wer
keiner Arbeit nachging, heute ist suspekt, wer hier noch
seinen Job besitzt. Mehr als die Hälfte des gesamten
Stahlaufkommens wurde in der DDR in Eisenhüttenstadt gegossen, doch soll künftig nur der jüngste Teil des
Werks erhalten bleiben, aber das ist längst nicht sicher.
Fällt auch dieses Werk, ist die berühmte Siedlung mau-
setot, denn um das sogenannte Kernstück haben sich
inzwischen zahlreiche Gewerbe angesiedelt, doch sie alle
fallen, um im Bild der Stahlarbeiterstadt zu bleiben, wie
die Eisenspäne vom Magnetkern, wenn er keinen Strom
mehr zugeführt bekommt. Dann wird der »Faustische
Prolog« von 1950 endgültig zum Epilog der frühen Jahre, und die psalmodierende Kantate Marchwitzas, die

man inzwischen längst wieder mit Nachsicht hört, tritt mit dem Rock der letzten Barden von der Ofenbühne ab, wo allen falls noch ein Gitarrendraht zum Glühen gebracht wird:

Eisenhüttenstadt – laß dich nicht hängen,
mach bloß nicht schlapp.
Eisenhüttenstadt – paß auf dich auf,
die Zeit wird knapp.
Hütte – jetzt tanzen wir um deinen Stahl.
Hütte – du und deine IG Metall.
Gute Maloche für gutes Geld,
keine Geisterstadt am Arsch der Welt.

Doch deren Züge hat die einst so prominente Stadt durchaus schon angenommen, die an ihren negativen Schlagzeilen zerbricht, ohne sie beeinflussen zu können. Die berühmten Wohnungen mit ihren turmartigen Erkern, dem Parkett und all den anderen Ungewöhnlichkeiten aus den sonst eher bescheidenen Zeiten könnten bald auf halben Straßenzügen leer stehen, denn die Enkel unserer frühen Kolonisten müssen wohl die Stadt verlassen, wenn sie nicht ihr Schicksal teilen wollen. Von den achttausend Quartieren, die man 1950 mit dem damals so unglaublichen Komfort geplant hatte, stehen rund achthundert heute schon leer – wer kann, verlässt die Stadt.

Der übergroße Rest der Einwohner jedoch ist größtenteils in einem Alter, wo ein Neubeginn auf keinem Arbeitsmarkt mehr möglich ist. Die Stadt ist wieder bei sich selbst angekommen, und die Zeiten ähneln für die Einwohner wieder viel stärker denen, als hier weniger noch mehr war und der größte Kommunalexzess der selbstverliehene Titel »Tor zum Osten«. In den fünfziger

Jahren lasen sie und ihre Kinder noch in Büchern, *Wie der Stahl gehärtet wurde*, heute lesen ihre Enkel in der Zeitung, wie man ihn entrosten werde.

Mittlerweile ist die Stadt tatsächlich ein Museum auch für Interessenten, die mit Petticoat und Lederschlips schon nichts mehr anzufangen wissen: Wer sie einmal ganz und gar, von ihrem ersten bis zum jüngsten Wohnkomplex durchläuft, ermisst dabei, gewissermaßen schrittweise, nicht nur verschiedene Phasen ihrer allzeit missverstandenen Baugeschichte, er begeht zugleich auf kleinstem Raum die vier Jahrzehnte einer Welt von gestern, in der einst das neue Leben ausgetragen werden sollte und die gerade daher stets die kleine blieb.

In unseren Romanen war sie einst die große und von Meisterhand geschaffene Landschaft der versetzten Berge, die dem Antlitz eines unerschütterlichen Willens weichen mussten. Mächtig und beharrlich schob die meisterliche Pranke, und der Meister selbst war die Klasse unserer Arbeiter, die so zur Meisterklasse wurde, nicht zuletzt durch Virtuosen, die geschickter ihren Niethammer zum Klingen brachten als so mancher erste Geiger seine Violine. Eine mächtige, lebende Orgel sei die Klasse, hieß es metaphorisch – ausgerechnet hier in Stalinstadt –, und auch die führende Partei sei längst kein ungestalter, hitzköpfiger Haufe mehr, das Roheisen der schlecht geschulten Funktionäre war inzwischen abgekühlt und zur Phalanx gebildeter Persönlichkeiten in diversen Aufbaustudien geformt worden. Sie waren bereits in besser eingerichtete Baracken umgezogen und erklärten unseren Schaffenden, es gäbe Zeiten, die man wie ein Neugeborenes behandeln müsse, so beglückend, voll von tätiger Verantwortung wären sie – und voller Güte.

Doch die Qualität der Stadt, die einst so ausschließlich in ihren Häusern lag, sucht mancher nun inzwischen wieder außerhalb von ihnen, in der pittoresken Landschaft rund um Eisenhüttenstadt, wo viele unserer Hüttenwerker zu den ersten Datschenbauern zählten und inzwischen einen Trost besitzen, auf den nur die wenigsten in Brandenburg verweisen können: Ihre Scholle war von jeher Volkes eigen, und kein alter Eigentümer baut sich plötzlich vor dem Gartentor auf und erzählt von Kindertagen unterm Stalinstädter Birnbaum.

Wenigstens die älteren Eisenhüttenstädter können so gelassen in die Sonne blinzeln und die Füße auf den Tisch legen, was ihnen die Berichterstatter feindlicher Gazetten schon vor vierzig Jahren unterstellten, als noch längst nicht jeder Stalinstädter einen eigenen Tisch besaß. Wenn sie auch schon lang nicht mehr zu dem Millionenheer gehören, das als Siedler-, Gärtner- und auch Kleintierzüchterinnung allzeit eine Macht im Staate war – die Kinder werden sie vermutlich nicht beerben wollen; ihnen schwante früher schon, dass manches vielleicht weniger idyllisch bleiben könnte, als es damals schien, als sie noch tapfer vor der Führung flunkerten, sie würden eines Tages ganz genauso alt aussehen wie diese, denn die Allerjüngsten wollten so werden wie sie. Die Grußbotschaft der Pioniere Stalinstadts nahm das Präsidium des Parteitages mit weisem Schmunzeln auf, und amüsierter noch gab sich die Loge darüber, dass dieser Wunsch natürlich nicht an erster Stelle stand. Das Wichtigste sei nämlich, dass sie jetzt die Wahrheit lernten, früher aber alle Lehrer ihren Kinder bösen Schwindel unterreiben mussten – abermals quittierten die Genossen die Erkenntnisse mit Heiterkeit und dankten ihren kindischen Gesandten damals, weil auch deren Einsicht bald den Schlotbaronen, Krautjunkern und Itzenplitzens an die Nieren gehen würde, wenn erst der Parteitag als das wichtigste Organ gewählt sei.

Doch ein Pionierlied jener Tage sah die guten Jahre scheinbar damals schon bedroht, wenn nicht bereits verweht, und memorierte eine Zukunft, die schon weit zurücklag:

Gestern, gestern, das war
nicht unsere Welt, doch
einmal fragen unsere Kinder
nach den Spuren dieser Zeit.

Die sie prägten und als Wege zu den proletarisch-revolutionären Paradiesen weisen wollten, sitzen heute selbst im Orkus. Schade – Walter Ulbricht wüsste sicher wieder Abhilfe, ist er doch schon in Zeiten, als die Stadt noch nicht als abzuspeckende Problemzone traktiert wurde, für ihren allzeit unerschütterlichen Frohsinn aufgekommen:

»Wir arbeiten hier schon fünfzehn Jahre ohne Kesselstein«, soll einst bei einer Führung der Direktor stolz verkündet haben; Walter Ulbricht antwortete selbstgewiss und unvermessen: »Wird besorgt, Genossen, wird besorgt!«

3

Lust am Schaffen –

Freude am Leben

Die Stalinwerke

»Was ist dagegen schon ein heißer Sommertag am Strand«, so fragte Hüttenwerker Heinrich nach dem dritten Abstich mit verschwitzter Öfnerhaube und verschmitzter Kennermiene unseren aufgeräumten FDJ-Chef, der sich im Oktober 1953 in das Werk verirrt und einen Sekretär mit einem halben Dutzend Fächern bei den Hochöfnern zurückgelassen hatte. Eigens angereist war Erich Honecker, um sich mit der furiosen Spende dafür zu bedanken, dass die Schmelzer in den Juniwirren dieses Jahres, bis auf Ausnahmeerscheinungen zumindest, lieber eine respektable Figur als Scherereien um die letzten Normerhöhungen gemacht hatten und es mithin dem auch schon etwas angejahrten Jugendfreund ersparten, ihnen, von Berufs wegen gewissermaßen, noch einmal aufs Dach zu steigen. Lediglich ins untere Gebälk schlug Honecker ein paar der letzten Nägel ein, um den Kollegen und vor allem sich mit jugendlichem Schwung und klasse kampferprobtem Nachdruck zu beweisen, dass er zwar die Arbeit mit dem Menschen längst, doch auch den Umgang mit dem Hammer nach wie vor beherrschte und sich also seine derzeitige Tätigkeit nicht aus privater Not, vielmehr aus den Notwendigkeiten der gesellschaftlichen Kämpfe so ergeben hatte. Die erschienen in den Stalinwerken zwar bislang noch etwas harmloser als anderswo verlaufen, doch auch hier war es dem klasse Feind vor Monaten für kurze Zeit gelungen, die Belegschaft nachhaltig mit vagen Wohlstandsforderungen aufzuwiegeln – und so griff der Erste Mann der Jugend seinerseits an diesem Herbstnachmittage zu einer List und einem gut geschnürten Bündel, trat, wenn man so will, für Augenblicke hinter sich zurück, er tauchte in die ungewohnte zweite Reihe ein, und zum Erstaunen der Kollegen und zum mitgenommenen Sekretär gesellte sich kein schwarz, vielmehr ein rot bezogener Sessel, der dem kargen Mobiliar von gestern schon den unvermeidlichen Komfort von morgen beigesellte.

Doch den meisten schien die neue Zeit, auch trotz des tückisch vorgezogenen Fauteuils, in jenen Jahren noch ein ziemlich leichthin abgegebenes Versprechen, und die Einlösung hätten auch die bereits als zuverlässig und sogar in schwierigsten Situationen als stabil verrufenen Hochöfner schon damals gern ein wenig zügiger gesehen. Denn die umfangreichen Preissenkungen, die von unseren volkseigenen Ministern für Finanzen, Handel und Versorgung ausgekungelt worden waren, kamen ihnen schlicht ein ganzes Jahr zu spät. Bei den Genussmitteln geriet zwar, fast wie zum Beweis, wer hier die Macht ausübte, selbst das Bier unter die ersten Zehn der hausetatsenkenden Posten, wenn auch nicht gleich, wie erhofft, in die Rubrik der Lebensmittel, hart gefolgt von raren Edelspirituosen, die sich auf den undankbaren elften Platz verschaukelt sahen; doch schon im ersten Drittel der zu Dutzenden verbilligten Artikel fanden sich ein ungarischer Sekt der Marke Hakzebor, nicht nur in Rot, auch ganz in Weiß, sowie Zigarren der gesuchten Sorten Sechs bis Zehn, für jeden eingeweihten Schmauch ein Pawlowsches Signal, dass selbst die mundige Brasil-Stolz und sogar die würzige Brasil-Rekord bei den verbilligten Erzeugnissen und Überlegungen der Führung ihren Platz gefunden hätten.

Spricht vom Zigarettenschwund,
nimmt 'ne Havanna in den Mund
und bleibt energisch d'rauf beharren,
verpassen müßte man Zigarren.

Selbst das wunderbare Persipan, das doppelt sparen

half – zum einen war es eben preisgesenkt, zum anderen konnte man auf einen Ausflug in die Thomas-Mann-Stadt endgültig verzichten, um sich dort dem bürgerlichen Zauber hinzugeben –, war dabei. Und auch das mittlerweile fast geschenkte Eipulver, die Speisehartfette und die kakaohaltigen HO-Zucker waren hätte niemand hier mehr solchen mehltaumilden Schleckerchen wie Marzipanbroten aus Lübeck vorgezogen; doch sie alle waren den Hüttenwerkern schon zu sehr in den Verzug geraten, die, wie viele andere hierzulande, lieber auch ein bisschen eher hin und wieder eine billigere Feier abgezogen hätten. So jedoch waren, trotz ihres späteren guten Rufs als »Rote Hochöfner«, in jenen Frühlingstagen 1953 fast zweitausend Hüttenwerker unterwegs, um im Verbund mit rund zehntausend, überdies sehr schlecht beleumdeten sowie in Streikaktionen völlig ungeübten Bauarbeitern auf das Rathaus zuzugehen und dort die Fahne ihrer proletarischen Interessen hochzuhalten. Die war allerdings schon gut gesichert, in der Nähe hörte man bereits das Rasseln der befreundeten Verbände, die sich ebenfalls auf den Zentralen Platz und die Kollegen zubewegten, selbst auf die vereinzelten, die noch, wie immer, wenn sie ein paar Demonstranten sahen, spontan »Hoch, Ulbricht!« riefen, bis sie merkten, dass es diesmal »Nieder« gehen sollte.

> *Diesem Amboß vergleich ich das Land,*
> *den Hammer dem Herrscher*
> *und dem Volke das Blech,*
> *das in der Mitte sich krümmt.*

Nur einige besonders Ausgebuffte fanden noch den Weg ins Innere des Gebäudes – ausgerechnet über die zur Namensgebung ihrer Schmiede gerade frisch getünchte

Fahnenstange, deren sprichwörtliches Ende just dem Vorzimmer der Stadtverwaltung unterstand. Noch kaum einmal sechs Wochen lag die Weihe ihres Werkes mit dem Namen Stalins erst zurück, die alles andere als schriftkundigen Wüteriche aber, für die Goethes hämmernde Gesänge alt waren wie die Eisenzeit, erstürmten nun die Aktenberge und bestätigten die visionären Fragen des Geheimen Rats:

Fern von gebildeten Menschen
am Ende des Reiches,
wer hilft euch,
Schätze finden und
sie glücklich zu bringen ans Licht?

Sie rissen aufgebracht den Schreibtisch auseinander, warfen die Papiere auf die Straße und verschwanden, wie die Feuerwehr gewissermaßen, auf dem Weg, den sie gekommen waren. Zwei von ihnen gingen dafür in den Karzer: Wären sie bei ihrem Leisten und nicht bei den Aufwieglern geblieben, hätte man sie kaum verdächtigt, ausgerechnet hier, am epochalen Bau, den Dritten Weltkrieg anfachen zu wollen, statt, wie es sich etwa für Besitzer von Elektrobuden wohl gehört hätte, das Licht der neuen Zeit, in ausreichendem Maße für die Schaffenden des großen Werks, zu zünden.

So wurde der Kläger zum Übeltäter,
zur Unschuld selbst aber jene Gestalten.
Doch auch über sie wird, ob früher, ob später,
das Volk nur allein sein Gericht abhalten.

Die aufmüpfigen Frevler hatten überdies tatsächlich eine schwere und historisch gern bemühte Schuld auf sich geladen, denn sie festigten auf ihre Art das Vorurteil, dass Elemente aus dem Kleinbürgertum wieder einmal in das Rad der ruhmreichen Geschichte hatten greifen und es flink zurückdrehen wollen. Sicher, die als Kabelaffen Angesprochenen wiesen immer noch eine gewisse Nähe zu den richtigen Plebejern auf, und lieber hätte man ganz sicher einen ärmelschonenden Kontorverwalter, einen Prokuristen, Pillendreher oder Quacksalber der alten Schule vorgeführt; doch der Drogist war vielleicht gerade im Urlaub, der Kontorverwalter für den nicht erfüllten Plan des alten Jahres längst verurteilt und der Quacksalber seit Monaten bereits im Westen.

Immerhin, fast eine ganze Woche dauerte der Rumor auch in ihrer jüngsten und vermeintlich zuverlässigsten Kommune, und die Republik, die selbst noch im besten Vorschulalter steckte, mochte daher kaum an Kinderstreiche glauben, die man, etwa mit dem prompt erfolgten, meterweisen Umsetzen der Fahnenstange, ein für allemal vermeiden könne. Walter Ulbricht also war nicht schlecht beraten, Monate danach den FDJ-Chef Honecker an die ihm Unterstellten zu verweisen und sich selbst im Hintergrund zu halten: Der nahm nun symbolisch auch die Schuld der Jugend für die Flegeleien jener Tage auf sich und beglich sie, anzüglich und pädagogisch vielleicht etwas aufdringlich, mit dem erwähnten Sekretär, den er als Spende fortschrittlicher Kollektive deklarierte, wenn auch jeder wusste, dass er jenen meinte, der noch unlängst mit ein paar der zupackensten Hüttenwerker hatte flügge werden wollen.

Und zwischen Stubben und Schienen –
der Sand ist noch pulvrig und zart –
steht Walter Ulbricht und lächelt
und krault sich sinnend den Bart.

Drei Jahre zuvor, im Frühling 1950, hatte alles ungleich hoffnungsvoller angefangen; Walter Ulbricht fuhr mit einer Handvoll Skizzen und genauso vielen Professoren ahnungsvoll in Richtung Schlesien, machte in der Kiefernheide vor der Grenze Polens eine kurze Pause, um an deren Ende zu orakeln, hier und nirgends anderswo solle das Werk entstehen, erbaut von jungen Menschen, die nicht gerade Betschwestern und Klosterbrüder waren, aber sich bei einer derart günstigen Gelegenheit ganz sicher gern bewähren würden. Ungefähr dort, wo das Kreuz stand, sollten die Kollegen schon demnächst die ersten Balken tragen und die schlimmste Kinderkrankheit der so jungen Republik beseitigen: Akuter Eisenmangel, hieß die Diagnose des Parteitags 1950 in Berlin, der ihm mit kaltem Blut begegnen wollte. Es war schon der Dritte Ordentliche SED-Konvent in Folge – wenn auch die Regierung nach wie vor den Hinweis einer »Provisorischen« in ihrem Namen führte – und beschäftigte sich, konsequent wie die vorangegangenen, nicht mit eitler Nabelschau und volkseigenen Meriten, sondern mit den bösen Machthabern im Westen. Lang vor deren späterem Versuch, unsere Jugendfreunde mit gefärbten Röhrenhosen für das Leben in den bunteren Sektoren einzunehmen, hatten sie bereits die Lieferung von Röhrenstahl storniert, was unsere Volkswirtschaft entschieden härter traf als der Verlust von ein paar jugendlichen Träumern. Die zog es natürlich immer zum Besonderen, doch das bot viel eher jenes gerade umgepflügte Neuland an der Oder, wo sich Tausende von Jungs und Mädeln nach des Tages harter Arbeit – der Erfolge und der forstwirtschaftlichen Romantik wegen – abends glücklich in den Armen liegen konnten. Sie hatten es längst schon gut verstanden, selbst in ihrer ganz gewöhnlichen, alltäglichen und körperlichen Arbeit in der Heide auch eine entfaltete Idylle, sozusagen einen wald- und wiesenpflegerischen Eros zu erblicken und die Tätigkeit als Forstarbeiter nicht gering zu schätzen, sondern kühn und mit genauso großer Liebe anzupacken wie die Jugendfreundinnen – sie waren aufs Natürlichste der Sache zugetan und gaben nur ihr Bestes. Das Embargo aber forderte, noch weit beherzter aufzutrumpfen, und so stellte das erhöhte Gremium die Geburtsurkunde für die Schmelze aus, zu jener Zeit noch »Eisenhüttenwerke Ost« genannt, denn erst drei Jahre später kam das Taufpapier hinzu: Als Josefs Name eigentlich schon nicht mehr hielt, was er dereinst versprochen hatte, wurden 1953, ausgerechnet im Karl-Marx-Jahr, aus den Hüttenwerken Ost die »Stalinwerke«.

Immerhin acht Jahre trugen sie den großen Namen, denn genauso lange dauerte es noch, bis sich auch in der Hauptstadt und bei den Verleihern allmählich herumgesprochen hatte, dass der vielgerühmte Marschall nach seiner so langen Amtszeit doch ein ziemlich volles Kerbholz aufzuweisen hatte; mit dem notwendigen Abstand also kam man schnell auf die Idee, das Werk ein weiteres Mal zu taufen, allerdings nicht mit einer so großen Party wie im Jahre 1953, als die Himmelfahrt des teuren Toten, ohne jeden bösen Hintersinn, noch als Motiv der eigenen Auferstehung feierlich begangen wurde. Ausgerechnet 1961, kurze Zeit nur vor dem Mauerbau, entschied sich die Parteiführung, aus ihrer Stahlkommune »Stalinstadt« ganz einfach Eisenhüttenstadt zu machen, wenn auch kurzzeitig noch »Thälmannstadt« oder sogar »Gagarinstadt« erwogen wurden. Manche unserer zwanzigtausend Stalinstädter mögen das als Undank der Regierung angesehen haben, immerhin kaum hundertfünfzig Menschen hatten ihr Gesicht im letzten Jahr dem Westen statt dem Sozialismus zugewandt, ein geradezu verschwindend kleiner Anteil sozusagen und in der geleerten Republik wohl einmalig. Vielleicht erschien auch deshalb »Friedensstadt« für kurze Zeit in einem Vorschlag, die aber klang ihren Namensgebern sicher doch zu sehr nach der bekämpften, gläubigen Gemeinde, und so machten sie denn wenigstens aus ihrem Stalinwerk ein »Friedenswerk«, wenn wiederum auch nur im Untertitel und in den diversen Jubiläumsschriften: Für den Alltag wurde es nun wieder, was es ein Jahrzehnt zuvor schon war – das Eisenhüttenkombinat, das jede Menge Roheisen erzeugen würde, nie versiegend wie der Strom der fortgeschrittensten Ideen, der gerade die zurückgebliebene Oderlandschaft in ein ungeahntes Wohlstandsparadies verwandeln sollte.

Dabei wäre unser Werk nur um ein Haar bei Ueckermünde aufgewachsen, Stalinstadt ein drittklassiges Hafennest geworden, und die Schmelzer hätten sich am Wochenende in den Dünen ihres Oderhaffes wälzen und auf Segeljollen sparen müssen, nur, weil es ein paar Experten gab, die gern ihren Stahl auf allen Meeren gondeln sehen wollten oder rohrgedeckte Villen schöner fanden als ein Häuschen in der vielgeschmähten Streusandbüchse. Auch das kribbelige Berlin lag weiter fort, die Wälder Vorpommerns erschienen vielversprechender, die Menschen ausgeglichener und weniger zu irgendeinem Aufruhr gegen die Regierung aufgelegt.

Die Kiefern Brandenburgs dagegen waren so dürr wie die Gesichter seiner Einwohner, doch beiden würde nächstens schon die Stunde schlagen, mochte manchem Axtbewehrten bereits damals hin und wieder auch ein ganz besonders zäher Krüppelbaum den Lauf der Dinge gleichnishaft vorwegnehmen.

Wo Pfahlwurzeln von Kiefern ankerten,
sind wir Lotsen
im schnellen Fluß der Bandstraßen.
Welch Steuermann hat sein Patent erworben
in bewegteren Gewässern!

Wenn auch Pessimisten keine Bäume pflanzten, unsere
Optimisten fällten in den späten Sommermonaten des
Jahres 1950 Hunderttausende, um Platz zu schaffen
für das Werk und seinen ersten Hochofen; nachdem
die Sprengmeister und Minensuchtrupps das Gelände
endgültig geräumt und klargemacht hatten, dass es
sich von Beginn an um ein Himmelfahrtskommando
handelte, sollten in weniger als nur zwei Jahren schon
die neuen Feuerschlünde Eisen für die Republik – statt
Ferro für Ferraris wie im Westen – speien. Künftige Rekorde schwirrten durch den Äther, Neulandfahrer plau-
derten im Radio die Strategie der führenden Genossen
aus: Sie wollten hier, als frischbesohlte Arbeiter, die
Wildnis derart zahlreich und so lang bevölkern, bis die
Ureinwohner schließlich selbst waschechte Proletarier
geworden und zugleich der neuen Zeit ergeben wären.
Hart und unabhängig mache sie der Stahl demnächst,
die Kohle würde unsere Häuser wärmen und der Kommunismus unsere Menschen elektrifizieren, in nicht gar
so ferner Zeit führe all dies zu jenem großen Fressen,
dem zu guter Letzt auch die Moral der neuen Menschen
folgen würde – nicht nur die am Arbeitsplatz, besonders auch die zwischen den Geschlechtern und noch
viel mehr jene in der volkseigenen Ehe. Unsere jungen
Kollektive diskutierten da in guter Hoffnung schon so
heikle Fragen am Brigadeabend, ob in unserer neuen,
sozialistischen Demokratie auch der verdiente Ofengat-
te kritisierbar wäre, ein ganz überdeutliches Signal, wo-

hin die gleichberechtigte Beteiligung der Bürgerinnen führen musste. Gerade unsere weiblichen Kolleginnen verstanden ihre Rechte allzu gern als Freibrief, von der neuen Offenheit nun endlich sanktioniert, über die fortschrittlichen Ehemänner herzufallen. Eine äußerst interessante Frage, sprach voller malizenhaftem Hintersinn der Diskussionsleiter, und statt sie kategorisch zu verneinen, holte er zu abenteuerlichen und sophistischen Erwiderungen aus: Falls nun der Mann in der gesellschaftlichen Arbeit etwa grobe Fehler mache, wäre dann auch seine Frau berechtigt, ihn selbst öffentlich zu kritisieren? Bange Frage, schließlich würde sie damit nicht nur aus dem Familienrahmen fallen; andererseits bedeutete ihr Schweigen, seine Fehler gutzuheißen, und dies konnte wiederum nur einem nutzen, wie auch unsere jungen Frauen längst erkannt hatten – dem Alten! Und zwar nicht dem längst schon Überwundenen in der vorwärtsdrängenden Gesellschaft, nein, dem ganz konkreten Alten in den eigenen vier Wänden, der sich, je nach Laune, mal als Held, mal als Pantoffel gab. Doch eigentlich war es für beide damals ohnehin das Beste, dass sie regelmäßig, wenn auch spärlich rationiert, hier überhaupt ihr Fett bekamen, schließlich ging auch bei den jungen Paaren auf dem Werksgelände schon die Liebe durch den Magen.

Das schlanke Mädchen geht so leicht,
gelassen und erhaben.
Als wär's der Jugend Ebenbild.
Das ist mein Land mit seinen
reichen Gaben,
mein Heimatland, so friedlich
und so mild.

Für gewiss und unumstößlich jedenfalls galt ihnen – wer zusammen ging, kam schneller vorwärts, fragte sich vorerst auch noch, wohin. Die Rumpfwirtschaft ging tief gebeugt statt gut voran; das Wort vom Aufkommen kam auf und war natürlich doppelsinnig zu verstehen, es waberte, halb wirtschaftlich und halb berechnend, auch mit einem religiösen Beigeschmack durch manche Rede, doch den künftigen Kollegen war es recht, die hier den Neubeginn ganz ehrlich suchten, wenn auch ausgerechnet in der Schwarzmetallurgie, die schon im Namen schwer nach krimineller Energie klang und versuchen wollte, den bereits erwähnten Eisenmangel in den Westen zu verschieben.

Aber auch das notwendige Personal dafür blieb vorerst knapp; zwar stützten sich bereits im Sommer 1950 fast fünfhundert Neugierige auf die eigenen, mitgebrachten Schippenstiele, und im Herbst waren es schon über tausend, doch als sich die frisch geheuerten Kollegen nach wie vor als viel zu wenige erwiesen, zogen unsere Werber neuerlich durchs Brandenburger Land, um weitere auszuheben. Selbst aus Jugendwerkhöfen und anderen Strafkolonien volkseigener Stromer, Landstreicher und kleiner Missetäter holte man sich ausgeruhte Mitstreiter; sie wurden medizinisch untersucht, um sich und auch dem Fünfjahrplan die denkbare Enttäuschung zu ersparen, die Kollegen wären ihm noch nicht gewachsen und die Herzen, in die man die neue Überzeugung pflanzen wollte, vielleicht noch nicht stark genug für eine solche Last. Andere junge Leute kamen von den Großbaustellen wie der Talsperre in Sosa oder aus der neuen Hauptstadt, wo die III. Weltfestspiele baulich vorgerichtet wurden – doch vor allem kamen sie aus ihrer eigenen Anonymität: Die ersten wurden schon nach nur acht Wochen Bestarbeiter, unter ihnen selbst ein gut Teil jener raren Spezies Mädchen, die allmählich und mit wachsender Begeisterung den Bau bevölkerte. Die jungen Frauen, in den Nachkriegsjahren überzählig, ledig und vor allem längst privat zu jener Unabhängigkeit entschlossen, die sich auch die ganze junge Republik, zumindest offiziell, auf ihre Fahnen schrieb, waren zweifellos die wesentlichsten Triebkräfte, auch diesen oder jenen individuellen Plan termingerecht zu halten. Manchem galten sie als angeworbene Lotterweiber, die nur Öl ins abendliche Lagerfeuer gossen, regelrecht verkommen, wenn nicht beinah feindlich, so die festgeschriebene Reihenfolge, nannten sie zurückgesetzte Jugendfreunde oder zu weit vorgepreschte alte Schwerenöter mit gebotener, revolutionärer Wachsamkeit; dabei trieben gerade die gut gewachsenen, schlechtbetuchten Elfen wohl mit Sicherheit auch für das Baugeschehen die verführerischste und zugleich die einzige Agitation, der sich kein baggernder, zu dieser Zeit noch eher schaufelnder Kollege einfach so entziehen konnte.

So wie die Glut,
die in Öfen Erz
zu reinem Metall brennt,
so ist die Liebe.

Solchen guten Aussichten vermutlich ist es letztlich zu verdanken, dass tatsächlich schon am ersten Januar des neuen Jahres, 1951, hier der Grundstein für das große Werk versenkt und zugeschüttet werden konnte, wenn der Frostboden auch härter als die Stahlkassette war, die jetzt so feierlich in ihn verbracht wurde. Denn bei der Planung war man nicht vom Wetter, sondern einem publizistisch wirkungsvollen Datum ausgegangen, und der Anfang eines neuen, friedlichen Jahrzehnts schien of-

fenbar geeigneter und freundlicher als eine Sommerson-
ne ohne kalendarische Effekte. Unbekümmert um das
Stroh im Kopf der Planer, flochten unsere Maurer um
die Weihnachtstage Reisigmatten, die vereisten Fundamente abzudecken, offene Feuer leuchteten romantisch
am Sylvesterhimmel überm Kiefernwald, und die Schatulle aus Nirostastahl fuhr pünktlich in die Grube, als
ein Monbijou des neuen Lebens, aber auch als Stempel
der Geburtsurkunde aufgefasst, den unsere Schaffenden
der neuen, freien Erde aufzudrücken dachten. In dem
Schatzkästchen verschwanden überdies sensible Dokumente wie die Urkunde des Grenzabkommens mit der
polnischen Regierung, als Kopie, versteht sich, sowie
echte Nickel unserer aktuellen Währung, um sie für die
künftigen Generationen zu bewahren. Auch die Einbrin-
gung eines gediegenen Betrages volkseigener Banknoten
war ursprünglich erwogen worden, man verwarf sie
allerdings auch recht schnell wieder: Nicht dass volks-
wirtschaftliches Bewusstsein oder ein gewisser Mangel
dies verhinderten; man wollte lediglich für spätere Ar-
chäologen, die eventuell im Altertum des Sozialismus
buddeln könnten, denkbare Verwechslungen mit den
vielen, ebenfalls der Truhe beigegebenen Zeitungsaus-
schnitten vermeiden, die Porträts von Aktivisten und die
heldenhaft erarbeiteten Summen zeigten, welche sie mit
ihren Taten für die Republik gespart hatten.

Sie schufen des neuen Werkes Grund
und duldeten
keinen störenden Hund,
und sollt' es der Mittagsgong sein.

Nun also lag das Fundament am Boden, fix und fertig
warteten auch die Monteure, sich ans Werk zu machen

und den ersten Hochofen zu bauen, um endlich aus dem Schrott der jüngeren Geschichte Friedensstahl zu zaubern. Langsam nämlich nahmen jene eisernen Reserven ab, die oft nur in geschlagenen Heeren lagerten; wie aber sollte unser Stahl und somit unser junger Staat je flüssig werden ohne solche Halden, die allmählich seltener und kleiner wurden und wohl nicht mehr lange reichen dürften? Ja, der Frieden konnte schrecklich werden, wenn das von den Zeitungen so gern als »funkelnagelneu« beschriebene Werk nicht endlich wenigstens die Nägel für den großen Bau bekäme, denn bislang war es nicht einmal aufgefallen, wenn ein junger Bursche keinen Nagel in die Wand bekam. Und dass dem aufgeblasenen klasse Feind die Luft ausginge, nur, weil hier das blaue, eisenharte Band der ewigen Dreivölkersympathie geschmiedet werden sollte, klang in dessen Ohren sicherlich genauso komisch wie der Umstand, dass es gerade für den neuen Glanz erst einmal diese seltenen Rostbarkeiten in diversen Mengen brauchte, und gottlob gab es auch unter unseren aufgeklärten Schmelzern noch genügend Hasardeure, die ihr Glück in der vom Werk veranstalteten Schrottlotterie wagen wollten. Merklich knackte seinerzeit bereits der Jackpot auch so manche harte Nuss, die bislang, trotz der respektablen Löhne oder auch gelegentlicher Neuererprämien, jahrelang verschlossen bleiben musste. Eine Aktentasche, ein Paar Halbschuhe, ein Herren- und ein Damenfahrrad, frisch gepresst gewissermaßen, waren ebenso wie eine Armbanduhr, ein Fußball und sogar ein Radioapparat unter den dreihundertundfünfzig wertvollen Gewinnen. Das versprochene Spektrum zielte blind auf eine möglichst bunte Schar, die unter den Kollegen, so verführt, dem neuen Spiel verfallen sollte: Pünktlich oder eher lässig, aktiv oder doch gemütlich, männlich oder weiblich – die

Palette der bizarren Glücksjäger war vielsagend und fast so breitgefächert wie die märchenhaften Vorkommnisse, deretwegen sie das Werk initiiert hatte und die auf Böden und in Kellern, Laubengrundstücken und Müllplätzen der feuchtfrohen Region zum schnellen Glück verhelfen sollten.

Pflüge, Eggen schaff' ich dir,
bringst du das Gerümpel mir.
Schrott brauch ich zum Mittagsmahl,
bringst du Schrott, bring ich dir Stahl.

Aber was nützte alles Erz der sowjetischen Brüder, das man mit den rostbefallenen Rohstoffen zu Stahl verschmelzen wollte, all die viele Kohle von den Kumpels polnischer Reviere, die zwar vor die Tore unseres Werkes, aber keinen Weg hinein in dieses fanden? Denn die Welt veränderte sich, wie im Großen, auch im Kleinen, etwa wie die Straßenlage auf dem Werksgelände, also beinah täglich; heute noch von hier nach da verlegt, so hieß es schon am nächsten Mittag, sie verliefe, nunmehr endgültig, in zehn Minuten Fußentfernung von der alten, just vollendeten Befestigung.

Die Werkstraße liegt heute wie ein dunkler Weg verloschener Jahre in der Landschaft, doch zum Zeitpunkt ihrer schließlich noch geglückten Fertigstellung galt sie als berühmtestes Stück Weg in eine lichte Zukunft, waren doch auch ihre Stromleitungen mindestens dreimal, doch meistens öfter neu gezogen worden, um dem Hexentanzplatz Licht zu machen, der zuvor bei Nacht vielmehr den Eindruck eines Scherenschnitt-Theaters unter Stahllaternen machte. Bau dir deinen Weg, bevor du ihn betrittst, vernunftbegabt, beinah erleuchtet klang der Plan und ging dennoch als seltene Version von Anarchie hier um; eine Gesetzlosigkeit, die tatsächlich festgeschrieben war, obwohl sie nur auf dem Papier zu stehen schien, und sich dennoch als außerordentlich vital erwies, hatten die teuren Freunde in die Konstruktionsbüros, die so zu Projektionsabteilungen gerieten, eingebracht, ein singuläres Phänomen, das nur in einer straff geführten und zentral gelenkten Ordnung möglich war.

Der neue Stahl
wird nimmermehr dem Glück
den Weg versperren.
Wir sind sehr arm,
doch bauen wir besser
als die Herren.
Wir bauen parallel zum Leben,
zum Kanal.

Gerade mal drei Busse fuhren die rund tausend volkseigenen Siedler zum Beginn des Jahres 1951 über diese Straße, sieben Lkw und drei Gespanne sicherten die Komfortabilität des Fuhrparks weiter ab. Um neun Uhr abends ging's nach Hause und um vier Uhr früh zurück, und dass man sonntags in die Hauptstadt sieben Stunden für den Hin- und ganz genauso viele für den Rückweg brauchte, trug nur wenig zur Zerstreuung bei. Ein ganzes Drittel des in weiter Ferne liegenden Achtstundentages saßen manche der Erbauer auf den Rumpelbahnen, um ins Werk und wieder heim zu kommen; an verwegene Pioniere, die auf den Perrons der offenen Wagen wie im wilden Westen in das große, neue Camp einfuhren, erinnerte nur wenig, wenn man auch die ersten Rodungstrupps in späteren Jahren oft und gern an ihnen maß. Viel eher dachte man an Heilige und Zirkusprotze, wenn sie auf den Zimmermanns- und Eisenbiegerplätzen ihre

Normen kreuzbrav auf sich nahmen und die Prämien-töpfe immer höher wuchteten.

Der nachbarlich zur Straße fließende, schon im Ge-dicht besungene, schwarze Oder-Spree-Kanal war zusätz-lich der Seeweg, der zwar nicht nach Indien führte, aber die Verbindung ins verlorene Schlesien hielt, das hier zu dieser Zeit schon öffentlich nicht mehr erinnert, doch in derben Witzen dafür umso lieber heimgeholt wurde. So soll am Tag des Metallurgen, der alljährlich von den Stahlwerkern begangen wurde, Walter Ulbricht zahlrei-che Beförderungen überbracht haben: Nachdem er einen Ingenieur zum Oberingenieur und einen Schmelzer-meister flugs zum Oberschmelzermeister adelte, soll er auch einen Schlesier schließlich noch zum Oberschlesier geschlagen haben. Sicher wünschte sich ein großer Teil der Öfner, der aus eben jenen Gegenden gekommen war, damit nicht gleich nach Haus zurück; vielmehr erhofften sie sich so, dem bartbewehrten Sachsen doch vielleicht das Recht auf seine scharfen Fragen abzusprechen, die oft taten, als verdankten sich erfüllte Pläne nur dem Zufall oder sogar nachlässigen Saboteuren, die der klasse Feind hierher getrieben hatte, um den Hochofen mit negativer Propaganda statt mit ausgewählten Zuschlagstoffen zu beschicken.

»Wo bleibt denn das Eisen«, fragte sich der Erste Se-kretär bekümmert und schon Monate, bevor der erste Ofen überhaupt montiert war, ohne dabei gleich die Festnahme der säumigen Kollegen oder gar die eigene zu gewärtigen, denn nicht in Schellen, vielmehr frischer noch ans Werk sollten die Schmelzer gehen. In den ihm vorliegenden Wettbewerbsberichten war das Erzbett längst bereitet, aufgeschüttet waren all die schmelzfä-higen Daunen schon, die kurze Eisendecke ordentlich zu füllen, Tausende von Tonnen sollten bald verschickt werden, gewissermaßen wie bestellt und abgeholt, versandfertig und glänzend wie ein mürber Ofenkuchen Dr. Oetkers, auf die Reise und in unsere Betriebe gehen, doch nur leere Loren rollten für den Sieg des Guten. Walter Ulbricht las, wie jeder wusste, gern, besonders in der realistischen Abteilung fühlte er sich heimisch, aber diese Fabel schien doch gar zu abgebrochen, unvollständig, allzu willkürlich verkürzt, denn den beschriebenen klasse Kämpfen fehlte nichts Geringeres als der Sieg, obwohl im Werk viel Geld herumlag, wie er mit Erleichterung zur Kenntnis nehmen konnte. Tausende von Mark versteckten sich in Nischen, Spalten oder Abstellecken, weil der Arbeiterkontrolle noch nicht die Gesamtheit all dieser Reserven hinterbracht und vorgetragen worden war; so fanden Aufräumungsbrigaden beinah hundert alte Ofenrohre, die man im Bericht tatsächlich noch zum alten Eisen zählte, statt sie längst zu strohgoldenen Stahlprodukten zu verspinnen, und sie galten Walter Ulbricht einerseits als gutes – oder besser schlechtes – Beispiel für vorübergehende Erscheinungen und ähnliche Dubletten, die sich beinah spiritistisch gaben, aber auch als objektive Schwierigkeiten, die man gern als Materialmangel bezeichnete, obwohl sie zweifelsohne subjektive blieben, denn hier waren Menschen schuld, die zwar das Beste gaben, weil das selig machte, aber ihrerseits nicht auch das Beste nahmen, und sei es auch schnell vom Werksgelände, wo es nur verrotten konnte. Doch das blanke Volksvermögen zeigte sich in Form von stumpfen Abzugsessen, die im Dreck verkamen, lange noch nicht jedem der besonders jüngeren Kollegen gleich als Schatz erkenntlich, und vielleicht waren die Misserfolgsberichte an den ungeduldigen Genossen, in der einleuchtenden Hitze des Gefechtes, auch ein wenig übertrieben abgefasst; im weiteren blieb es denkbar, dass sie ein paar

Auf dem Schild:

Zu Ehren des Deutsch-Sowj. Freundschafts-Monat.
und zur 35. WiederKehr der soz. Okt.Revolution
ist die Schicht Waggonbau 100%
u. die Schicht Pfannen-bau 90%
in die Deutsch-Sowj. Freundschaft
eingetreten.

»Zu Ehren des Monats der Deutsch-Sowjetischen Freundschaft 1952: Das Eisenhüttenkombinat Ost ist ein Beispiel für die freundschaftliche Hilfe der Völker des
Friedenslagers. Sowjetische Freunde helfen und beraten unsere Techniker und
Hochöfner beim Bau des Werkes und bei der Produktion. Deutsche Arbeiter ver-
hütten hier mit Kohle aus der Volksrepublik Polen sowjetisches Erz für die Industrie
der Deutschen Demokratischen Republik. [...]«

wichtige Details verschwiegen, beispielsweise jenes, dass die Kneipe *Heidekrug*, von unseren volkstümlichen Zukunftsschmieden treffender und liebevoller »Wilde Sau« genannt, inmitten ihres Werkes stand – doch ein Bericht mit einem solchen Auftakt hätte auch an dieser Stelle sofort wieder enden können oder weitergehen müssen wie wohl jeder, der lokal auf diese Art beginnt. Kein Wunder, dass der Arbeitsschutz der Grossbaustelle bald die in den Referaten gern verschwiegene, sonst wohl eher überlaute Klause schließen lassen musste. Unsere stählernen Kollegen, die bislang am Tresen murrten, dass die Löhne lausig wären und gerade mal den Wirt ernährten, waren nun noch früher auf die vierzig Meter langen und acht Meter breiten Holzbehausungen zurückgeworfen, aus dem frohen Feierabend wurden brave, trübsinnige Nachmittage, und die kollektive Trinkkultur blieb nur noch eine Episode in der gastronomischen Rubrik unserer Werksgeschichte, welche in den Folgejahren zunehmend auch trockene Kapitel aufzuweisen hatte. Aus, vorbei, ein stummer Schmerz hing von Beginn an überm Neuanfang, und auch der Unmut kumulierte früh schon, wie der Kundige im Atmosphärischen oder im Angesicht heraufziehender Wolken sah.

Die Nacht war viel zu früh gekommen,
zerfloss wie Rauch in dieser Glut.
Der Tag ist doppelt lang geworden –
und der Dichter meinte es ganz sicher gut.

Schon 1951 wuchs die Baustelle auf zwanzig Kilometer im Quadrat; sich wie die Axt im Walde zu benehmen wurde langsam schwieriger, denn er war über weite Strecken abgeholzt. Noch im Verlauf des Jahres stieg die Zahl der Abenteurer immerhin auf rund achttausend an, die schwer beschäftigt waren, das neue Leben aus der Taufe und dem Oderschlamm zu heben. Ihr verbissener Wettbewerb ging selten um die von den Zeitungen berichteten Erfolge, sondern um den Kran der Baustelle; er war der einzige und auch für lange Zeit ausschließliche Garant erfüllter Pläne, mithin gut gefüllter Lohntüten. Doch für die Abgeschlagenen blieb das Werk der Zukunft eher einer jener Pharaonenbauten, die schon vor Jahrtausenden ins Rollen kamen und mit deren überliefertem Geschick auch die Kollegen, welche auf das Hebezeug verzichten mussten, gut vertraut waren. Von potemkinschen Gebilden konnte da beim schlechtesten oder auch besten Willen längst nicht mehr die Rede sein, der Bau beschäftigte nun nachweislich weit mehr als nur die höchsten Gremien, Tausende von angelernten Landarbeitern stärkten die Legionen unserer künftigen Fabrikbesitzer. Wenig später allerdings ging es für jene wieder heimwärts und auf ihre Dörfer, denn dann hieß die neuerliche Losung »Das Gesicht dem Lande zu«, und unsere jung geschlagenen Facharbeiter trieb es in die neugegründeten Genossenschaften oder Landgemeinden, wo sie es zum Vorsitzenden einer Kollektive oder gar zum Bürgermeister brachten. Manche wurden, der Kampagne folgend, auch bloß Buchhalter, die nicht mehr einseitig, mithin allein die Schatzkammern der städtischen Betriebe, sondern dialektisch auch die gut gefüllten Scheuern prüften, um der ersten wie der zweiten Macht des demnächst klassenlosen Staates heute schon zu helfen, ihren kollektiven Überschuss gemeinsam in den Überbau zu wuchten. Aber auch die besten Bauern, hieß es, würden umgekehrt zu Referenten und zudem die Flanken gegenüber unverbesserlichen Pferdehändlern auf dem Lande sichern, solcherart zugleich die alte Volksweisheit mit neuem Ungestüm bestreitend, dass die schlauesten Bauern immer nur die mickrigsten Kartoffeln hätten. Dass hingegen bald die dümmsten Bauern hier die größten Posten auf den volkseigenen Mieten halten könnten, war zu jener Zeit noch höchstens eine landläufige Annahme, denn die privaten Ackerbürger Brandenburgs gedachten sich auch künftig lieber selbst auszubeuten, statt den gesellschaftlichen Reibach miteinander einzufahren. Wenige versahen die Landarbeit mit solchem selbstverständlichen Bemühen und so viel ungetrübtem Glanz im Blick wie der Pilot des Traktors Stalinez, der sich am Morgen schon geviertelt sah: Denn der martialisch aufgegliederte Kollege hier war weder ein Agrarspion, den unsere wachsamen Organe endlich hatten dingfest machen und seiner gerechten Strafe übergeben können, noch war er das erste, grauenvolle Opfer unserer vollmechanisierten Feldarbeitsmethoden; vielmehr war er Traktorist und Brigadier, Organisator für Ersatzteile und Agronom dazu – er hatte es zwar nicht zu den ganz großen Chargen unseres neuen Landlebens gebracht, doch dafür hier in aller Ruhe seinen Feldweg machen können und an dessen vorläufigem Ende nichts Geringeres als kollektives Glück geborgen.

> *Herrlich sprüht der Funkenregen,*
> *wenn der Hammer niedersaust.*
> *Freude reift aus unserer Faust,*
> *Frieden, Werk- und Erntesegen.*

Doch auch die im Werk verbliebenen Industriearbeiter, die der dörflichen Idylle nur sehr wenig Fortschrittliches abgewinnen mochten und sich an der Landflucht nicht beteiligten, machten hier mächtige Meriten. Brecht bekam den Nationalpreis später als so mancher unserer engagierten Kesselflicker, schließlich machte er nicht nur Theater, sondern höchst dramatisch Ernst und mit dem eigenen Werk auch manchen Vorschlag, dass es so gehandhabt werden möge, und die Produktionsberatungen vor Ort sahen immer öfter aus wie Klassentreffen jugendlicher, aber festlich dekorierter und verdienter Veteranen – Stadt und Land gingen, mit neuem Selbstbewusstsein und gewachsener Klasse, Hand in Hand. Man sah es nicht zuletzt auch daran, dass im Werk die ersten Konsum- und HO-Verkaufsstellen eröffnet wurden und die Angehörigen Verpflegungsrechte wie sonst nur die Kohlekumpel für sich reklamieren durften, allerdings mit feinen Unterschieden: Sie erhielten lediglich die Lebensmittelkarte jener Flözer, welche »über Tage« arbeiteten, mithin in der braunen Kohle, deren tiefere Bedeutung erst im folgenden Jahrzehnt auch honorierenswert erschien; doch zu Beginn der fünfziger Jahre hätte der bekannte Slogan »Ich bin Bergmann, wer ist mehr?« noch konsequenterweise »Ich bin Bergmann, wer ist tiefer?« heißen müssen. Dafür waren die Löhne unserer Schmelzer wieder höher als im Örtchen Calbe, wo die Eisenwerke West sich – folgerichtig – mit den miesen, sauren, eisenarmen Erzen und im Niederschachtverfahren plackten, während man im »EKO« den Osten schon im Namen führte, zwangsläufig in Hochöfen gehobenes Erz verbrannte und der Blick nach oben ging.

Erze und Hirne, sie werden entschlackt!
Gut wird das Leben bestellt sein.
Vorwärts, Genossen, und mit angepackt!
Sauber soll die Welt sein!

Im Winter 1951, mit dem Februar und vielen Schwierigkeiten, ging es schließlich an die Hochofenmontage, Stoßschichten versuchten, wenigstens die größten Misslichkeiten aus der Welt zu schaffen; in den Chroniken erscheinen jene Einsätze noch heute unter ihrem Ehrentitel »Friedenswacht« und wie der Name einer werkseigenen, beliebten Gastwirtschaft, von der wir aber längst schon wissen, dass auch sie nur noch in der Erinnerung geblieben war. Nur einen Monat später, just zum Internationalen Frauentag am achten März, gab unser Werk zum ersten Mal auch seine eigene Betriebszeitung heraus und nannte sie vorauseilend schon »Unser Friedenswerk«, als solche Weihen längst noch nicht vollzogen waren. Ein guter Start gehörte einfach zur beschwingten Schmelzerart, die sich wie das so junge Periodikum im Kampf um höchste Produktionsergebnisse erst noch erweisen wollte. Für das zarte Blättchen gab es seit der ersten Redaktionsbesprechung höllisch viel zu tun; sie kämpfte um den Wettbewerb, die Planerfüllung und die Festigkeit der Werktätigen, aber auch besonders gegen die Tiraden böser Hetzanstalten, deren Schwindelkurs sie nun auf ganzen Seiten regelmäßig kommentieren oder dementieren musste, nur nicht ignorieren durfte. Da erschien sie noch schwarzweiß, doch schon zehn Jahre später präsentierte sie sich stolz im halbrheinischen, dreifarbig gehaltenen Format, und niemand fürchtete mehr, wie kurz auch der Schritt zum linksrheinischen hätte sein können.

> *Der Aufbau geht*
> *so schnell voran,*
> *daß keine Lüge*
> *folgen kann.*

Schon im April war Richtfest, mit Verspätung, aber die galt nur als Scherz, den man dem albernen Termin hinzugesellte; denn wer die Beschaffungs- und Transportkalamitäten für die Bauteile bedachte, wusste, die

Monteure lagen schon um Längen vorn, und auch die vielen tausend Bauarbeiter hatten allen Anlass, einen Kreis ums kahle Ofenrund zu bilden und die Richtkrone der Schöpfung aufzuziehen.

Als der erste Ofen schließlich im Oktober 1951 angeblasen wurde, fiel Genosse Grotewohl in beinahe kantianische Visionen: »Das, was wir hier sehen, ist nicht nur unser neues Werk, das ist auch die Idee«, das Ding an sich, wenn man so will, und er fuhr jugendfrei und brandschutzwidrig fort: »Wenn wir uns heute entschlossen haben, diese Fackel in die Hand des jungen Pioniers zu legen, soll das gleichzeitig Symbol sein«, Zeichen für das Feuer nämlich und die Glut der kommenden Generationen. Aber vorerst galt es, jene Brände auszutreten, die der zündelnde und leichtfertige klasse Feind erneut hier legen wollte; nur ein unangreifbares Bewusstsein, fest wie ungefähr ein feuersicherer Öfnerschuh, so eisern und so abweisend, war dazu in der Lage, und es nimmt daher nicht wunder, dass schon bei der Planung unserer Werksstraße mehr Aufklärungslokale vorgesehen waren als Haltestellen für die werkseigenen Verkehrsbetriebe. Und damit der *Neue Tag* nicht nur im Logo der in dieser Landschaft größten Zeitung, sondern wirklich auch für unsere Hochöfner heraufzog, wetterte das Blatt beizeiten, Aufklärungslokale dürften keine schlummernden Dornröschenschlösser bleiben, und schuf so die lang ersehnte Klarheit für all jene, welche der Verwechslung offenkundig schon im voraus aufgesessen waren. Vielmehr seien sie das politische und kulturelle Zentrum jedes Werkabschnittes, jedes Kollektivs und Heimat jedes einzelnen Kollegen. Gerade daher müsse es die Nationale Front gewährleisten, dass die Lokale stets geöffnet und besetzt wären und sich unanfällig gegen saisonale Schwankungen erwiesen. Ganz besonders in der Urlaubszeit, mithin in Perioden starker Abwesenheit unserer

Schmelzer, wäre es besonders unverantwortlich, sich auf errungenen Lorbeeren auszuruhen und die Aufklärungslokale eben zu den angegriffenen Dornröschenschlössern abzuwirtschaften. Mit interessanten Angeboten aber kam man auch erholungsreifen Krisenzeiten bei, und keinesfalls nur bitterernst sollte es dabei zugehen, wie der aufgeklärte Beitrag munter und mit Tipps, die für die nächsten hundert Jahre reichen sollten, unserem Personal Bescheid gab. Beispielsweise konnte man sich eine Pioniergruppe, die zu Beginn einige Lieder sang, ins schnell improvisierte Restaurant des reinen Weinausschankes laden, auch Rezitatoren, Vorlesungen und solistische Gesänge schienen sichere Positionen, und natürlich konnte auch ein gutes Buch, eine Geschichte aus dem Leben immer wieder fast ein Kassenfüller werden, wenn die Darbietungen nicht von vornherein umsonst gewesen wären wie die meisten anderen Veranstaltungen, die den Schaffenden geboten wurden und sich nicht zuletzt den sommerlichen Weltfestspielen dankten, die zum kulturellen Aufschwung unseres Werkes kräftig beigetragen hatten. Noch im Frühjahr 1951 schien es eher schwierig, tausend neugierige Ausflügler für die Visite in der neuen deutschen Hauptstadt zu gewinnen, denn es musste, auf erprobte Weise und allein zu diesem Zweck, ein Komitee gegründet werden, das die jungen Leute überzeugen sollte, erst die notwendigen vierzehn Tage Planvorsprung herauszuarbeiten und sich dann zur Belohnung in der ausstaffierten Metropole ordentlich zu amüsieren.

Wofür wir keine Not noch Mühsal gescheut,
was uns nur ein Traum war, ein bangendes Streben,
den Kindern ist es vergönnt zu erleben
des Glückes strahlende Wirklichkeit.

Die neue, werkseigene Zeitung half ein bisschen nach und schrieb, dass sich die Jugendlichen wie die Teufel um die Exkursion bewarben, ganz besonders der Begegnung mit den vielen jungen Neuerern aus der Sowjetunion zuliebe und um nach der Rückkehr auch ihre zurückgebliebenen Kollegen noch forcierter in den Wettbewerb zu locken. Schließlich reisten also doch die tausend Delegierten ab, als ausgelassene Rangen ihres ungebundenen Frohsinns fuhren sie los, und als begeisterte Agitatoren unserer neuen Ordnung kehrten sie zurück; die Herzen waren voll, die Münder gingen über und verbanden in den glühenden Berichten manche progressive Jugendliebe mit der Liebe zu bislang erreichten Fortschritten, doch auch mit dem Versprechen, künftig mit noch größeren Sprüngen dazu beizutragen, schnellstens in der neuen Zeit zu landen, die zwar, wie wir mittlerweile wissen, fix noch ihren Preis gesenkt, sich aber dennoch leicht verspätet hatte, wenn sich auch die Zeitungen bemühten, die Verbilligungen als gehobenes Niveau der Wettbewerbserfolge zu dotieren.

Martin und Martina etwa hieß ein heiteres Angebot aus jenen Tagen, publizistisch die zurückliegenden Anstrengungen unserer Festspielteilnehmer mit den inzwischen eingetretenen Möglichkeiten unseres volkseigenen Handels, also Wein und Wasser, höhere Bedürfnisse und täglichen Bedarf in einem Cocktail realistischer Manier und spritzig zu vermischen. Martin nämlich trug beim ersten Rendezvous nach Jahren längst die neuen, preisgesenkten Halbschuhe und kam auch sonst sehr gut voran, doch bald ein wenig von der Aufregung ins Schwitzen, also öffnete er flugs den ersten Knopf des Sporthemdes, das er vor kurzem erst am Stand, während des Sonderverkaufs unterm Hochofen, erworben hatte. Er versuchte, sich das Antlitz von Martina vorzustellen, wenn sie ihn so ausstaffiert erblicken würde. Aber nicht nur ihr Gesicht, auch ihre Beine gingen ihm nicht aus dem Sinn, die neuerdings in hauchzarteste Monofilstrümpfe verwickelt waren und in diesen ebenso zur ersten Wahl gerieten. Martin wischte sich die feuchten Hände ab – er hatte voller guter Ahnungen das Taschentuch aus Perlonmischgewebe eingesteckt. Und während er noch überlegte, wo ihn der Importschuh bei dem leichtfüßigen Unternehmen vielleicht doch noch drücken könne, kam Martina, besser, sie erschien ihm. Und zwar nicht nur ihrerseits in neuer Eleganz, vielmehr ging ihm das Einmalige ihres Wesens erstmals richtig auf, denn die geliebten Hände nestelten verhalten an der schönen Sommerbluse, mit der unser Handel gerade auch fünftausend andere junge Frauen eingekleidet hatte und auf diese Weise auch fünftausend Männerblicke schärfer machte – nämlich für die Individualität der Partnerin genauso wie für die Errungenschaften unserer volkseigenen, jungen Mode, welche unseren Hüttenwerkern allerdings nicht ganz so einfach in den Schoß gefallen waren wie die schönen Trägerinnen.

Stiller Zauber dieser Stunden,
der uns liebevoll umfängt –
Herzen haben sich gefunden,
wo die gleiche Sehnsucht drängt.

Doch bei aller Liebe musste auch schon seinerzeit daran erinnert werden, dass inzwischen jeder zweite Herzschlag unseres Lebens nicht etwa der Mode, sondern der Kultur, zumal der kämpferischen, vorbehalten war. Die Schaffung eines Stahlwerker-Ensembles war natürlich 1951 längst schon unabwendbar und stand überfällig auf der Tagesordnung, die von den begeisterten Berlin-Heimkehrern neu geschrieben worden war. Zwar hatte sogar Wolfgang Langhoff hier in jenem Jahr mit seinen abgeschminkten Darstellern bereits die Baustelle bespielt, doch erst zwischen dem Feuerwerk des sommerlichen Festivals und unserem Zündelpionier vorm ersten Hochofen vollzog es seine Gründung und eröffnete den heißen Herbst der patriotischen Gesänge; doch die eigentliche Feuertaufe wollte es nicht vor den gleichgesinnten Schmelzern auf dem Werksgelände, sondern Aug' in Auge mit dem klasse Feind erhalten, und so war es, nach nur kurzer Zeit des künstlerischen Reifens, schon entschlossen missionarisch bei den Stahlbaronen unterwegs. Verständlich, dass dort ein Verbot das gleiche jagte, doch die Sängerknaben, die den Ofensockel längst als wahre Bühne kannten, ließen sich das Singen nicht so simplerdings verbieten. Schon im Dunkeln schlichen sie sich aus dem Bus – o Ikarus – und nahmen unbemerkt auf der Terrasse Aufstellung. Da man die Scheinwerfer der Gruppe konfisziert hatte, griff Achim Funke, Lichtgestalt des Ganzen, nach der Taschenlampe, strahlte ihren Dirigenten an, und leicht stieg nun das Lied zum morgendämmerigen Himmel hoch, wie wuchtig, trutzig, erdgebunden sich auch seine Strophen gaben. Ein Gesang wie Schillers Rütlischwur – nun haben wir gesiegt – erklang vor jenen Hundertschaften gegnerischer Schupos; sicher, dies war nicht das ursprünglich geplante Publikum, doch dafür war es größer als die optimistischste Prognose hätte glauben machen können. Bei der abschließenden Fahrt nach Bonn bot sich den Musen mit den eher stählernen als goldenen Kehlen der bereits erwartete und immer gleiche Anblick des amerikanischen Architekturkitsches, mit dem man dort die letzten ehrwürdigen Zeugen deutscher Baukunst längst beseitigt hatte, während unsere neue deutsche Hauptstadt selbst die Tausenden von überseeischen Besuchern zu verzücken wusste, die sie fort um fort besichtigten:

Zwei Amis besuchten
die Stalinallee
und fanden auch alles
›very okay‹.

Auf dem Werksgelände und dem großen Bahnhof standen für Minuten die Normaluhren still, als neben Grotewohl die Kommission aus der Sowjetunion erschien, der eigens die Kontrolle jener wirtschaftlichen Emanzipationsbestrebungen vom klasse Feind oblag und die beim ersten Rinnsal keineswegs dahinschmolz, als, wie sonst nur bei der Papstwahl, endlich der ersehnte Rauch aufstieg – »Habemus ferrum!« Ja, wir haben Eisen, meinten sie, der Ofen lüftete die Hutklappen, er war gezündet, und die Sorgen, die mit ihm beendet werden sollten, nahmen nun endgültig ihren Anfang, denn im Heidesand lag nur ein winziges, gezacktes erstes Stück des großen Eisenkuchens, von dem unsere Schaffenden sich künftig doch ein sehr viel größeres sichern wollten, und erkaltete wie manche überzogenen Erwartungen. Der Ofen tropfte, und die Konstrukteure weinten, nur die Kommissare zeigten kein Gefühl. Die Hilfsbelichtung wurde abgeschaltet, hieß es ungewohnt lakonisch, ohne weitschweifige, fachmännische Kommentare, und wenn nun auch Tag und Nacht getüftelt wurde, die sowjetischen Genossen dafür eigens vier Armeescheinwerfer zur Verfügung stellten, wenn die Republik auch noch so auf der Lauer lag, die Aufbaukräfte willig und ihr Ansehen mehr als hoch waren – irgendetwas stank im Ofen, vielleicht war es tatsächlich ein Toter Mann, wie die Kollegen solche Havarien mit wenig Sinn für Pietät oder den Schreck der hohen Gäste aus dem Freundeslande nannten, die sich aber schnell von ihm erholten und zwei mittlerweile legendäre Spezialisten schickten, wahre Ofenwunderheiler, und in nur drei Monaten vervierfachten die Hochöfner im Frühjahr 1952 ihre Arbeitsproduktivität, allein durch Kollektivgeist und erhöhte Arbeitsdisziplin, die Shulgin und Michailowitsch, mit ihrem unbestechlich klaren Dioskurenblick, als äußerst mangelhaft erkannt hatten. Die beiden Hexenmeister wurden daraufhin als Aktivisten des Fünfjahrplanes geehrt, und da die nötigen Medaillen noch nicht rechtzeitig geprägt und eingetroffen waren, halfen ihnen ein paar ausgezeichnete Kollegen zwischenzeitlich mit den eigenen aus, ein Brauch, der sich in späteren Jahren nicht nur hielt, sondern stabilisierte, wenn das Werk ganz unverhofft Besuch erhielt und Stalinpreisträger und Meistergießer aus den Shdanow-Werken plötzlich zum Erfahrungsaustausch auf der Bühne des Gewerkschaftshauses saßen, das in weniger als tausend Stunden aufgezogen worden war und längst schon andere, wenn auch nicht so exklusive Gäste wie die Schmelzer der Uralregion hatte begrüßen können. Dresdens Philharmoniker stimmten sich seinerzeit im werkseigenen Orchestergraben auf die neuen Musenfreunde und plebejischen Konzertbesucher ein, auch einen großen Mann hatten die Stahlwerker bereits im Ohr gehabt, denn sogar Schostakowitsch dirigierte hier die eigenen Partituren, er kam, trotz des sehr viel längeren Weges, ungleich lieber her als die barocken Fiedler aus dem hochmütigen Elbflorenz. Die dagegen schon volksnahen Verfasser einer Chorkantate über unser Stahlwerk hielten sich mit vornehmem Getue nicht erst auf, vielmehr beschlossen Tonsetzer und Librettist, in nur vier Wochen ein gereimtes Werk auf die noch frisch nach Harz duftenden Bretter hinzuhauen, das nicht nur musikalisch zur furiosen Bauzeit des Kulturpalastes passen wollte. Schon nach weniger als dreißig Tagen ging auch diese realistische Veranstaltung über die junge Bühne, Dostojewski oder Fallada erschienen noch im nachhinein wie Schnecken, die für ihre pfundschweren Romane manchmal ganze Monate verbrauchten, ohne jemals eine solche Nähe zu den Schaffenden erreicht zu haben. Denn die proletarisch arrivierten Nationalpreisträger hatten ihre Aufführung mit beinah Wagnerschen Visionen ausstaffiert, und unseren ungläubigen Stahlwerkern erläuterten die Schöpfer, dass die Lust am Leben, am Sichaustoben wie an der jungen Kraft und, nicht zuletzt, am gutmütigen Scherz (!) ihnen die Strophen eingegeben hätte – das klingt sicher späteren Deutern wie Musik, die solchen unfreiwilligen Geständnissen gern hinterherhören, seinerzeit jedoch las niemand solche raffinierten Marginalien als Menetekel der durchtriebensten Manier. Nach Jahren machte sich noch einmal Jean Kurt Forest an die Aufbaujahre und ließ sie erneut und nun auf Kammersängerebene erklingen, seine Oper *Gestern an der Oder* ließ die Heldentaten endgültig im vornehmsten der musischen Gewerke auftreten, doch neue Töne fand auch er nicht.

> *Wir lieben das Leben,*
> *das Leben ist schön.*
> *Doch Leben heißt kämpfen,*
> *dem Trug widerstehen.*

Selbst Eingeweihten wie dem Maler Oskar Nerlinger entgingen Pfiff und Feinsinn der Kollegen, als er hier im Werk zur gleichen Zeit ein halbes Jahr verbrachte und weit über fünfzig Bilder schuf, die er dem sachkundigen Publikum vor seinem Abschied präsentierte. Im geschmackvollen Ambiente einer Schulturnhalle und in einer volkstümlichen Vernissage fanden sich die realistisch konterfeiten, aber auch erhöhten Schmelzer wieder und bewunderten sich auf Porträts von Nationalpreisträgern wie im Spiegel, sahen auf Aktivisten, ganz normale oder solche mit dem zusätzlichen, schmückenden Epitheton »verdient«, Helden der Arbeit, einfache und mehrfache, versteht sich, schauten lächelnd oder ernst auf ihre leibhaftigen Vorbilder herab. Wo ist der Maler, welcher diese Mienen, diese Augen, diesen Stolz imstande ist, für unsere Kinder und für immer festzuhalten, hatte die Betriebszeitung schon frühzeitig gefragt – nur ein Jahr später hing die Antwort vor den Umkleidegarderoben der Umhegten.

Doch die künstlerische Aufregung im großen Saal des Sportgebäudes war nur wenig gegen jenes Lampenfieber, das Kollegen Schulz befiel, als ihn Serjosha ins Präsidium der Tagung rief und bühnenreif dem Tausch der ruhmreichen Plaketten endgültig in eine neue Richtung half. Er löste erst einmal das Abzeichen der Sportvereinigung Metallurgie vom eigenen Revers und steckte es dem deutschen Schmelzer an, dann übergab er ihm die Bildserie der Lenin-Universität mit einer Widmung und der Bitte, nun für alle Zeit im Briefwechsel zu bleiben. Voller Dankbarkeit und mit noch immer weichen Knien versicherte Kollege Schulz, dass wahre Freundschaft niemals wanken solle, auch nicht durch zwar gutgemeinte, aber eben harte Worte. Immerhin hatten die sowjetischen Bestarbeiter ihre deutschen Schmelzkollegen bei dem Kniffe-Tauschen und Über-die-Schulter-Sehen schwer gerüffelt, hielten die doch immer noch in ihren Produktionstabellen nur die Tagesleistung fest, anstatt, wie längst in der Sowjetunion, die Tafeln zu erweitern, und zwar so, dass jedes Mitglied der Brigade stündlich Soll und Haben seiner Arbeitsleistung überprüfen könne. Dies wäre zugleich ein Beitrag, würdig auf den Freundschaftsmonat einzugehen, der, nach Meinung unserer Redakteure, eigentlich das ganze Jahr hätte begangen werden müssen, doch dass sie für einen solchen Zeitraum noch genügend Stoff besessen hätten, um sein Hohelied auch würdig zu singen, darf im Angesicht all der gedruckten Höhenflüge solcher feierlichen Wochen angezweifelt werden. Die Berichte überstiegen sprichwörtlich die Fantasie der Leser; wenn in ihnen beispielsweise von den Fundamenten unserer Hochöfen wie denen unserer Freundschaft aus so manches sowjetische Flugzeug in den Himmel stieß, um Kindern unserer Stahlarbeiter, die an Keuchhusten erkrankten, durch die stundenlangen Aufstiege Erleichterung zu schaffen, waren nicht nur die Prognosen bürgerlicher Wettermacher, der November sei ein grauer Monat ohne jede Wärme, pessimistisches Gerede, sondern spätestens auch die »Ural-Normen«, als Geste unverbrüchlicher und wahrer Dankbarkeit, am Hochofen und unterm seinerzeit noch ungeteilten, vielbeflogenen Himmel angezeigt.

> *Des Nachts leuchten*
> *die Sterne nieder*
> *und spiegeln sich*
> *im Marmor wieder.*

Die heißen Herzen hämmerten inzwischen längst, auch außerhalb von Freundschaftsmonaten, im neuen Takt, und nicht nur wirkliche Gestirne, auch so manche roten Sterne blinkten von erhöhten Posten. Auf dem Werksgelände wie auf öffentlichen Häusern in der neuen Stadt erstrahlten sie und kündeten von den erfüllten Plänen, allerdings nur, wenn die Wirklichkeit dem Plan voraus war und nicht umgekehrt, denn war am Ende eines Planes noch ein bisschen Monat übrig, blieben sie erloschen, und der sonst erhobene Blick der Werktätigen ging die dunklen Dächer müde ab, um wenigstens ein paar der lichten Punkte auszumachen.

Doch da schlägt die Glocke einen Schlag
noch zaghaft in die Morgenlichter.
Zu spät. Am Fenster sind Gesichter,
schon lächelnd wie der neue Tag.

Auch Schulgebäude, die bereits entstanden waren, zierte das rubine, zackige Gestirn der Völkerfreundschaft, und selbst die Modelle ihrer Stadt im Schülerkabinett waren mit roten Lämpchen ausgerüstet, welche, nachts und je nach Lage, glimmend oder zappenduster auf der Platte thronten. Ganze Sternenhimmel sanken auf das Werksgelände, und in späteren Jahren leuchteten sie selbstverständlich auch auf dem gigantischen Theaterbau der Stadt, und selbst vom Krankenhaus zum Werkstor sahen die Hochöfner an guten Tagen eine Sternenflucht, die mit Bedacht die beiden exponierten Punkte des Gemeinwesens verband. Die wunderbare Aussicht von den Krankenzimmern ließ die Schmelzer hurtiger genesen und die Schnuppe suchen, die die Rekonvaleszenten wieder glückhaft auf die Werksbahn brachte, denn vors Krankenlager hatte schon der Liebe Gott die neuen Gummistiefel hingestellt.

Wenn die Sterne aber wie die Kinderaugen oder die von gerade entlassenen Patienten leuchteten, so wurde selbst das *Neue Deutschland* ungewöhnlich nachlässig und schrieb, die Hochöfner erschüfen jeden Tag, den Gottes Wille werden ließe, mehr und bessere Tonnen Roheisen, die ganze Welt blicke voller Bewunderung und selbstverständlich auch ein bisschen Neid auf unser Werk, was menschlich, allzu menschlich nachvollziehbar wäre. Täglich flatterten da noch die ehrgeizigen Flugblätter der Wettbewerbsaufrufe durch das Werksgelände – man schrieb schließlich erst das Frühjahr 1952 –, Sünder fanden sich am Pranger öffentlicher Wandzeitungen wie in der Betriebszeitung gebrandmarkt, denn im Mai, im Mai, da rief der Kuckuck, Walter Ulbricht käme unverhofft ins Werk und mache reinen Tisch mit den Bedrängern, die noch immer nicht die Munterkeit verstehen und einsehen mochten, mit der demnächst auch die Schmelzer und die Führungsriege an den Grundlagen des Sozialismus zimmern wollten. Doch die Folgen für den Wettbewerb und selbst die Aktivisten waren nicht so einfach abzusehen: Wenn sie früher noch bekundet hatten, dass ihr Eifer lediglich aus Schuldbewusstsein gegenüber dem Vergangenen resultierte, galt er nun als freudiges, vor allem als freiwilliges Versprechen an die künftige Gesellschaft, die mit unbekümmerten Erhöhungen der Arbeitsnormen dem Verlöbnis auch noch manche zusätzliche Prüfung auferlegte. Vorerst aber lernten selbst die Aktenberge laufen, niemals machten Kleinigkeiten vorher den Verwaltern solche Pein, noch die geringfügigsten Wünsche wurden aufgenommen, um die Jungs vom Hochofen bei Laune und in zuverlässiger Verschwiegenheit zu halten, hieß es doch vom klaren, mitleidslosen Blick des Ersten Sekretärs, er forsche überall, und auch der kleinste Schlendrian verfinge sich in seinem strengen Ansehen. Wann kommt er denn, erkundigten sich mit gespielter Vorfreude die eingeschüchterten Verantwortlichen wie die unverfrorenen Meckerlinge, plötzlich stand er in der Tür wie weiland der Revisor. Werkleiter und Ingenieure saßen schuldbewusst im Klubsessel, zu vieles, allzu vieles fanden sie vom umgedrehten Mephisto missbilligt, der das Böse sah und es mit zauberischer Sicherheit zum Guten wenden wollte.

Aber das Orchester präludierte prächtig, Hunderte von Aktivisten drängten froh zuhauf und ins Kulturhaus, wo die Redner nicht allein den ersten Ofen, sondern auch die revolutionäre Glut des Ersten Sekretärs gebührend würdigten, der aber winkte nur bescheiden ab, das Wunder seid ihr selbst, an das ihr glaubt, sprach er, wir helfen nur ein bisschen nach und wundern uns ein bisschen mit. Die linksrheinische Herrenkaste ging, getroffen von den treffenden Bemerkungen des hohen Gastes an der Oder, schmerzverzerrt zu Boden, dafür hatten die Gesichter selbst der werkseigenen Eisenbahner, die Karbidlampen und Wimpel schwenkten und den Abgesang der alten Stallaterne intonierten, neue Züge. Saubere Fahnen hingen auf den Leinen, forsche Nieter krempelten die nietenlosen Ärmel auf, und später lauschten sie bei Bier und Würstchen den Erzählerchen des führenden Genossen, nur Kollege Krause kritisierte, was das Zeug hielt, ohne Pause, wie es vom Vertrauensmann erwartet wurde, aber Walter Ulbricht nahm sich auch der letzten Sorge an, wich keiner Frage aus und lobte schließlich, neben seiner eigenen, auch die Weitsicht der herausgehauenen Schmelzer, welche sich, als Blick fürs Wesentliche, in der märkischen Pandora fest bewährt hatte.

Des tät'gen Mannes Behagen sei Parteilichkeit!
Drum freut es mich, dass, andrer Elemente Wert
verkennend, ihr das Feuer über alles preist.
Die ihr, hereinwärts auf den Amboß blickend, wirkt
und hartes Erz nach eurem Sinne zwingend formt,
euch rettet' ich, als mein verlorenes Geschlecht
bewegtem Rauchgebilde nach, mit trunkenem Blick.

Längst waren in jenem eher unspektakulären Jahre 1952 schon der dritte und der vierte Ofen in Betrieb gegangen, und auch der schon sehnsuchtsvoll erwartete Betriebsfunk ging auf Sendung, um die Leitartikel der Betriebszeitung mit seinen Mitteln zu vertonen; aus Berlin und vom ZK kam eigens ein Kulturdirektor, der sich, um der Sache Hand und Fuß zu geben, auch des Arbeitsschutzes und der warmen Mahlzeiten, als wesentlichem Teil der neuen Kunstauffassung, annahm. Das Belegschaftshaus am Hochofen wurde eröffnet, und da es zur Hälfte weiblichen Kollegen diente, konnte man getrost die bessere Hälfte auch als Frauenhaus bezeichnen, und als schließlich noch ein warmer Regen endlich auch die Duschbaracke stiftete, gerieten beinahe die guten Sitten durcheinander – selbst der Lederladen der HO eröffnete, sein erstes Angebot waren selbstverständlich Koffer, zweifellos ein packendes und gutes Jahr mit handfesten Geschichten, wenn sie heute auch der Geschichte nicht erwähnenswert für ihren großen Aufriss scheinen mögen.

Unsere Öfen aber wuchsen schneller als die Heizer, dafür waren Letztere weit mehr in Ordnung; die Termine hielten, die Gestelle wackelten, die Techniker waren Kronjuwelen und die Bauarbeiter Kriminelle, die sich lieber mit den Balken als den Gitterstäben arrangierten und zudem von einem Tag zum anderen die Entnazifizierung in der Tasche hatten, und dennoch kam im Oktober 1953 schon der fünfte Eisenhans hinzu, auch keine Konterrevolutionäre konnten es verhindern, vielmehr hatten sie dafür gesorgt, dass schon im dritten Sommer nach der feierlichen Grundsteinlegung fließend warmes Wasser in der Stadt, auf unserem Werksgelände und selbst in den Waschanstalten rauschte.

Auch die dringendsten Versorgungsmängel waren längst beseitigt, Waschbecken- und Fahnenhalter konn-

Arbeiter des Eisenhüttenkombinat Ost unterhalten sich

ten, beispielhaft, in ausreichenden Mengen angeboten werden und mit ihrer ansteckenden Sauberkeit beweisen, dass die Aufbegehrenden die Führung kurz und trocken angeschlagen hatten, wenn auch die beherzten Hochöfner, der Fama nach, den Saboteuren angeboten haben sollen, sie mit eben jener heißen Luft zum Besseren zu bekehren, welche sie auch sonst mit ihrem kurzen Hemd am Ofen machten, oder ihre Rädelsführer in die Mahlsteine der Aufbereitungsanlage zu werfen, wo sie, wie im Mahlstrom der Geschichte, untergehen würden. »Nach neunhundert Tagen« schon entstand der gleichnamige Film, der einerseits die Bilder des fast aussichtslos erscheinenden Beginns dokumentieren, andererseits ganz offenbar die furchtbare Blockade Leningrads assoziieren wollte, so dass sich die fünf tausend Kollegen aus dem Schwesternwerk Hammer und Sichel in der Metropole Moskau, ausgestattet mit dem Leninorden und dem Roten Arbeitsbanner, scheinbar leicht hintangesetzt empfanden, denn sie sandten ihren unprämierten Stalinwerkern einen Brief, der sie zu diesem Wagemut beglückwünschte und nicht nur in die Auftauhalle und die Schmelzerherzen wieder Wärme brachte, so dass noch im gleichen Jahre hier die ersten Kampfgruppenbrigaden rekrutiert wurden, ein bisschen sahen sie noch aus wie Florian Geyers Schwarzer Haufe, aber auch das würde sich bald ändern, schließlich war die Unterstellung wirtschaftlicher Vorgänge schon längst nicht mehr nur eine gutgemeinte Annahme der Führung oder eine harsche Weisung, sondern nahe Wirklichkeit, die sich selbst in den Wirren wissenschaftlicher Parteilehrjahre spiegelte, die vor dem Abstich und am Wochenanfang lagen, während im Kulturhaus die beliebte Reihe »Montags wird gelacht« die offenbar parteilosen Kollegen amüsierte und in ordentlich gepolsterten und dennoch festen Reihen dauerhaft organisierte. Mit der gut besuchten Weiterbildung vor den Schichten unserer Öfner aber konnten die Besucherzahlen vor der Bühne niemals konkurrieren und erst recht nicht mit dem geistigen Gewinn, den ihre Teilnehmer aus jenen Kursen zogen. Endlich kann ich auch studieren, jauchzte Hildegard in der Betriebszeitung, und die Kollegen wollten sie spontan zur universitären Ausbildung beglückwünschen, sie aber hatte gar nicht vor, sich so vom Leben zu entfernen. Doch den Wunsch, am schöngeistigen Zirkel des Parteilehrjahres teilzunehmen, hatte die parteilose Entrosterin schon lange, aber ewig schien er nichts als proletarische Vision, denn neben dem Beruf, dem Haushalt und den Kindern musste so ein Traum zurückstehen. Nun aber ging er doch noch in Erfüllung, eine individuelle Lösung war, trotz des verpönten einzelgängerischen Worts, gefunden worden. Meinen Kleinsten, der fünf Monate alt ist, nehme ich einfach mit, während die anderen noch bis neunzehn Uhr im Kindergarten bleiben müssen, referierte Hilde. Und da sich der so illustre Kreis im schon erwähnten Klubhaus traf, konnte das Kind in einem Nebenraum ganz ungestört und so lang schlafen, bis die abendlichen klasse Kämpfe ausgefochten waren. Der Gatte übrigens der fortschrittlichen Wissensdurstigen schien unabkömmlich, er blieb unerwähnt und war ganz offenbar selbst anderen Orts als Zirkelleiter unterwegs. Er schien an einer ebenbürtigen Gefährtin stärker interessiert als an einer Mutter, die sich, schlecht organisiert, im Haushalt abarbeitete und überdies noch hinterwäldlerisch im ideologischen Gestrüpp verfilzte. Ja, der »Ursprung der Familie« stellte sich im Licht der neuen Zeit, besonders für bewährte Einrichtungen wie die gute, bürgerliche Ehe, anders dar, und die voll Ungestüm geführten Diskussionen mit broschierten Engels-Zungen waren nach so mancher Wochenenddebatte unseren Schaffenden gerade recht und billig.

> *Doch sie hören die jungen Lieder*
> *und die frohe Melodie.*
> *Und sie stehen und sie zweifeln,*
> *denn sie bauen und glauben nie.*

Größeren Anteil nämlich als fundierte Montagsrunden am bislang Erreichten hatten immer noch die auf dem Werksgelände schindernden Kollegen, und den größten hatten ausgerechnet polnische Akteure, deren Wirtschaft zwar schon immer als geflügelter Begriff im Schwange war, die hier jedoch die deutschen Leistungsmaurer flugs zu Huckern und zu Hilfsarbeitern degradierten, eine prickelnde Verbindung von Vergangenheit und Gegenwart. Sie hatten schon am Boulevard der Werktätigen in Berlin gezeigt, was eine Kelle ist, und kamen von der Stalinallee nun ins Werk, um auch den Hochöfnern mit einer polnischen Choreographie des Mauerns aufzuwarten. Gleichmäßig und ruhig, konzentriert und flüssig, so die zeitgenössischen Beschreibungen der seltsamen Geschwindigkeit am Bau der Freundschaft, gingen die Kollegen vor, mehr als das Sechseinhalbfache der Norm vermauerten sie locker, Hennecke geriet zum Waisenknaben, Frieda Hockauf glatt zur Pechmarie mit ihren paar Prozenten überbotener Tagesleistungen. Die Tausenderbewegung aus der Weichselmetropole wurde sofort importiert und einte fortan nun im Werk ein kleines Fähnlein, das pro Schicht hier tausend Steine in den Mörtel rühren wollte, wenn auch anfangs mancher unter ihrem Namen vielleicht einen Sparverbund argwöhnte, der die ersten Tausendmarkbesitzer fest organisieren wollte, oder ein gemütliches Vereinswesen vermutet haben mag, das tausend sportliche Kollegen auf der sonntäglichen Aschenbahn zusammenrief, um ihre Körper zu ertüchtigen und demnächst eine würdige Kulisse abzugeben; wenn die Friedensfahrer wieder durch die Straßen vor dem Stahlwerk stürmen würden, sähe es nicht eben schön aus, wenn sich ausgerechnet unsere Eisenköche mit Konturen wie Spaliertomaten zur Begrüßung um die Fahrbahnränder ranken würden, doch die just erleichterten Bedingungen, das Sportabzeichen zu erwerben, unterstützten sozusagen solche unnatürlichen Verwerfungen. Im Vorjahr waren die hundert Meter beispielsweise fast noch eine zittrige Sekunde schneller für den Anstecker zu absolvieren, und so mancher unserer volkssportinteressierten Stahlarbeiter gab sich irritiert, wer die sportive Normensenkung, gerade zum Zeitpunkt so gewaltiger und anspruchsvoller anderer Initiativen, angewiesen haben mochte. Wachsame Gemüter spürten schon die Auflösungserscheinungen am ganzen Leib und wiesen darauf hin, man könne Kummerspeckregionen schließlich nicht mit Liberalisierungsübungen, vielmehr allein mit harter Arbeit an sich selbst und unseren Hochöfen beseitigen und nicht, indem man bestplazierte Aktivisten überredete, sich nun als mittelmäßige Aktive zu begnügen. Sicher, die Kulturbaracke barst beinahe beim zurückliegenden Jubiläum der Oktoberrevolution, dem sich auch die Gründung unserer werkseigenen Kickertruppe dankte, doch dass sich die Stahl-Mannschaft bald in die höchste Spielklasse versteigen würde, konnten jene, die das Abzeichen verbogen, noch nicht wissen. Und wenn sie geahnt hätten, dass auch das Oberhaus des DDR-Fußballs, im engeren Sinne, selbst nur Baracke und ein Flachbau blieb, so hätten sie auch dieses Argument verwerfen müssen. Wichtiger blieb ohnehin der Aufstieg an der Basis, denn da ging es nicht um lächerliche Dribblings, sondern um den echten Ausfallschritt vom Ich zum Wir, vom Einzelnen zur Ofenmannschaft; war der Ungelernte erst einmal ein Angelernter, später sogar Ausgelernter, ging es manchmal flugs die Sprossen bis zum Leiter hoch, falls man ein paar Jahre zuvor noch brav und ausdauernd die Bank der Ingenieurreserve drückte – und sogar vom Demontageleiter konnte mancher es direkt zum Guten wenden und zum Aufbauleiter bringen.

Wieder tausendfach klingt auf dem Weg unser Schritt,
und der Schritt singt von Freude und Pflicht,
und der Weg und das Werk und das Tal klingen mit:
nun, Sirene, ertöne zur Schicht!

Mit der dennoch nicht unsportlichen Tausenderbewegung unserer polnischen Kollegen setzte schließlich selbst die doppelte Befreiung unserer verführerischen Frauen ein – Sirenen allesamt und von den schlitzohrigen Klassikern schon lange auf den Schild gehoben –, welche nun mit eigenen Circenbünden vor dem Hochofen bekräftigt und besiegelt wurde. Sie beanspruchten hier, neben der Verführung auch die Führung endgültig zu übernehmen und waren ein für allemale nicht mehr willens, sich nur als Objekt der männlichen Begierde zu verstehen, sondern endlich wollten sie auch als Objekt der Freien Deutschen Jugend wirken. Das klang zweifellos nach mehr, erwies sich in der Praxis zwischen den Geschlechtern allerdings als weniger, so dass sie schließlich doch wieder herausfordernder wurden und die stoppeligen Kollegen mit den zauberischen Maurern aus dem Nachbarlande striezten, deren unlautere Wettbewerbsmethoden die Vertreterinnen des vermeintlich schwächeren Geschlechts ganz einfach übernommen hatten, denn sie mauerten wie nie ein Skatbruder nach

Feierabend, abgeschlagen blieben unsere großmäuligen Jungs hinter der Frauenbrigade Warschauer Tempo zurück, bevor sie schließlich aufwachten und ihrerseits eine Revanche forderten und eigene Formationen gründeten, die wiederum Roter Oktober hießen und natürlich unseren Frauen Anlass waren, sie zu jagen, nicht wie bei James Bond, vielmehr mit so spezifisch weiblichen, erregenden und jüngeren Methoden wie zu knapp sitzenden Planvorgaben oder älteren, indem sie, wie so manche vor ihnen bereits, ins Wasser gingen. Unsere Frauen retteten schon damals, noch vor Baubeginn, den Damm des Oder-Spree-Kanals, indem sie sich den Eisesfluten mit dem eigenen Leib entgegenwarfen, bis die Betonierbrigaden der verschlafenen Kollegen endlich in die Gummistiefel kamen – allenfalls die tapferen Römerinnen wirkten in der ruhmreichen Geschichte vielleicht noch ein wenig stolzer, als sie ihren Männern gegen Hannibal zu Hilfe eilten und die abgeschnittenen Zöpfe auf die Bogen spannten.

In den späteren Jahren schließlich richteten sich jene ungewöhnlichen Verhältnisse mit den Kolleginnen endgültig ein, da wurde selbst der Schein zum neuen Sein, das erste Zeugnis einer Frau als Bagger- oder Dampflokführerin war eine wohlgeformte Zeitungsmeldung wert, der ersten Schachtmeisterin wurde selbst eine Erwähnung in Marchwitzas *Roheisen*-Roman zuteil, und zur Begrüßung der Kollegin, die als Erste eine Ausbildung zum Hochöfner mit Lob beendet hatte, gab es, mitten im Dezember, sogar einen ofenfrischen Blumenstrauß der gut geheizten Gärtnerei in Stalinstadt.

Denn schließlich war der Hochofen kein Küchenherd, auch wenn er gerade den Kolleginnen am Anfang und aus den Erzählungen der Männer wie ein Kochtopf vorkam, den man nie geschwind genug vom Feuer nehmen konnte oder den die Öfner immer wieder umzurühren vergaßen. Mittlerweile hatten ihre eisenharten Anrichter die Zubereitung ihrer Erze, nach den ausgewogenen Rezepturen jener beiden Ofenwunderheiler, fest im Griff, sie aber träumten weiter von der wissenschaftlich avisierten Zeit, in der die Köchin das Regieren lernen würde und die Hochöfnerin abends nicht mehr kochen müsste.

> *Ja, die Freundlichkeit,*
> *die stille Amme, tränkt mich.*
> *Meine frühe Gefärtin ist die Erwartung.*
> *So reite ich nicht zufällig mein Motorroß,*
> *am Hochofen ist Zeit zum Abstich.*

Auf dem IV. SED-Konvent im Jahre 1954 feierten die Delegierten nicht nur Walter Ulbricht stürmisch, der sich noch einmal dafür ins Zeug gelegt hatte, das Warenangebot bei den Genussmitteln nun endlich und tatsächlich reichhaltiger zu gestalten. Er war seiner Sache treuergeben und noch immer sicher – wir erinnern uns der unerschrockenen Preissenkungen am Beginn unserer Werksbegehung; und auch der Verdacht, dass die Likörbude in Brandenburg, die ihrer schärfsten Kreation den Namen Grüneberger Wichtelmann gegeben hatte, ihn zum Tippelbruder der Nation erklären wollte, machte ihm noch lange keinen Eindruck. Doch die allergrößten Ovationen galten neben ihm der Abordnung aus Shdanow, jener schon bekannten Schwester aus der kinderreichen Stahlfamilie, die im Sozialismus immer größer und dabei vor allem wohlhabender und gesünder wurde. Unsere Asow-Werker, wurde vom Präsidium feierlich erwähnt, hatten erst unlängst dreißig Hochöfner des Stalinwerks für den verschärften klasse Kampf derart zurechtgebogen, dass die Abgesandten von der Oder in Stachanow-Schichten und vor ihren Gastgebern die sowjetischen Produktionsrekorde nur so purzeln lassen hatten; aber selbst das hochverlorene Heimspiel habe, so berichteten sie dem Parteitag, sich wie Balsam auf die Seele und die russische Natur ihrer Kollegen ausgewirkt, die den entstandenen Gewinn sofort zu Bahnschienen verwalzten und als Überraschung in die DDR verbrachten. Noch im Kriege mussten russische Metallwerker die eigenen Hüttenwerke in den Himmel sprengen, um sie nicht den Deutschen auszuliefern, nun begaben sie sich ins Foyer der Tagungsstätte, um symbolisch einen Teil ihres historisch eindrucksvollen Mitbringsels zu hinterlegen und bei der Gelegenheit den Präsidenten in die schöne, heimatliche Industriestadt und in ihre vorbildliche Eisenhütte einzuladen.

Wilhelm Pieck jedoch fuhr 1954 erst einmal ins Stalinwerk, um hier vor Ort die Einlösung des Hochöfnerversprechens selbst zu kontrollieren: »Der Partei nichts schuldig bleiben!« hatten die Kollegen sich aus Anlass des bevorstehenden Plebiszits zur Politik der Führung lausbübisch und doppelsinnig vorgenommen, Wahlkampfstimmung herrschte überall, und nicht nur auf dem Werksgelände war sie alles andere als gereizt.

Soll dieses Werk gelingen,
mußt du für die Kandidaten stimmen.

Harte Volksfestatmosphäre war im Vorfeld jener Abstimmung zu spüren, die Demoskopen blieben lieber gleich in Sicherheit, der achtzigste Geburtstag unseres Präsidenten war ein nicht zu nehmender Garant langlebiger Konzepte, auch, wenn Wilhelm Pieck im Sanitätszug zu den Schmelzern kam. Zum Glück jedoch war das Mobil nur wieder mal ein überraschendes Geschenk an sie, wenngleich nicht ohne tiefere Bedeutung; zwar erfreute sich der Präsident zu dieser Zeit noch, trotz des hohen Alters, der gesündesten Verfassung, die ein junger Staat jemals zuvor besessen hatte – unsere Hochöfner hingegen sollten in den Folgejahren das Präsent durchaus zu schätzen wissen, denn die wenigsten von ihnen würden ein so segensreiches Alter wie ihr Präsident und auch noch so vital erreichen. Wilhelm Pieck hatte die eigene Krankenschwester mitgebracht, auch sie zum Glück symbolisch: Tochter Elli half dem greisen Vater über die zerfahrenen Gleise des betriebseigenen Bahngeländes, die demnächst, auch durch das glänzende Geschenk der Shdanowwerker, ausgetauscht und danach weniger gefährlich in der düsteren Gegend liegen würden; denn im Gegensatz zu den davor gelegenen, die so ausgeleiert waren, dass der Zug der Zeit nicht einmal in den harten Kurven quietschte, würde man ihn in den neuen Bahnen selbst auf der Geraden schon von weitem hören.

Wie die strahlende Sonne am Berg sich erhebt,
steigt der Morgen, der Morgen ins Tal.
Seht das riesige Werk, das sich heiter belebt!
Und der Himmel ist leuchtend wie Stahl.

Pausenlos wurde auch in den Monaten danach montiert und betoniert, das neue Leben schaffend zelebriert, das Lied der Arbeit intoniert, und seit dem Frühjahr 1955 war die granulierte Oper, die unsere Werktätigen bislang täglich auf die Ofenbühne brachten, sogar auf den Brettern ihres eigenen Theaters zu vernehmen, das den Namen Friedrich Wolfs erhielt und erst einmal mit unterkühlten Umständen statt mit Premierenfieber kämpfen musste. Abermals im publizistisch einträglichen Umfeld des beliebten Frauentages, das man schon vor Jahren bei der

Gründung unserer Werkszeitung so gut bestellt hatte, eröffnete der Bau mit heißen Schlagzeilen die Frostperiode und den werktätigen Mädels aus dem Eisenwerk, er sei vor allem ein Geschenk an sie, wie immer in Rekordzeit und dennoch mit ganz besonderer Zuneigung gepackt. Der Heizungseinbau hätte allerding die Spitzenleistung mindestens bis auf den ersten, wenn nicht achten Mai verschoben, exklusive Daten zweifellos auch sie, doch weit entfernt, vor allem davon, auch die Formen weiblicher Verantwortung im Werk so richtig zu betonen. Dafür kam von dort die Dampflok, selbstredend chauffiert von der am anderen Ort schon auf gefahrenen Kollegin mit dem frischen Führerschein, und unsere erste Lokführerin ließ die Kessel ihrer Zugmaschine an die Rohre des Theaterkellers schließen, bis das Publikum so aufgeheizt war, wie es sich für eine wirkliche Premierenfeier selbst in dieser Gegend und in jenen Jahren schon verstand. Ein Königreich für eine Lok, hätte es wohl auch hier, dem ewigen Theaterprinzipalen von der Insel würdig, vor dem letzten Vorhang von den Brettern hallen können – aber woher Königreiche nehmen, wenn die Königskinder sich inzwischen doch viel lieber selbst fanden und für ihre feinen Züge endlich die Signale eigenhändig aufzuziehen angetreten waren.

> *Die Jugend von der Eisenbahn*
> *macht Dampf,*
> *und die Welt wird wieder weit.*

Unbekümmert um die kalten Füße, die sich manche Zuschauernovizin vor der ungewohnten Bühne holte, und auch trotz des echten Schnees, der hin und wieder durchs rekordgedeckte Dach und auf die Bühne fiel, verschmolzen die Interessen unserer Schaffenden zusehends und besonders an den feierlichen Abenden, wenn sich im festlichen Foyer der Mann der Arbeit nach der unerreichbar anmutigen Lehrerin den zugeschlipsten Hals verrenkte, der Verwaltungsfachmann nach dem Leben und dem fröhlichen Kantinenfräulein schielte und die Schmelzerin vom jugendlichen Helden träumte, der, als Gast vom Kleist-Theater aus der nahe gelegenen Großstadt Frankfurt, hier die Puppen tanzen lassen wollte und vielleicht sogar mit einer dieser Schönen ausnahmsweise in ein längerfristiges erotisches Engagement und eine jener noblen neuen Wohnungen zu gehen beabsichtigte. Wenn es die Kollegin nur geschickt genug anstellte, ließ es sich vielleicht schon nach der nächsten Inszenierung arrangieren, wo der metropolitane Mime hier den Rüpel geben würde, der sich auf der Bühne langsam, aber sicher wandeln sollte. *Fenja lässt sich nichts gefallen* hieß die theatralische Version des emanzipatorischen Romans aus der Sowjetunion, die ihre couragierte Heldin in der Reihe großer, vorbildlicher Frauen der Geschichte sah. Doch anders als die unterdrückten Heldinnen Tolstois, Flauberts oder Fontanes ließ sich Fenja längst nicht mehr die Zunge in den Kussmund stopfen, vielmehr kämpfte sie sich als Karenina der neuen Zeit durchs Neuland und die Szenen des soeben einstudierten Stückes. Nicht nur in der Kollektividylle, wie sie unsere Protagonisten in so unwirtlicher Gegend unterm Schnürboden empfanden, fühlte sie sich angekommen; auch am Ende jenes Weges schien sie angelangt, der ihr mit Anna literarisch vorgegeben war, doch dieser durch die Rückständigkeit der Verhältnisse – man musste die ganz sicher wörtlich nehmen – noch in jener Zeit verlegt war. Fenja aber schritt mit stiller, hell gewordener Seele nicht nur durch die neue Heimat, sondern längst auf sittenlose Traktoristen zu, die sich auf ihren Komsomolzenbolzen sonst etwas zugute hielten. Sie nahm auch die Hände nicht vom Steuerrad, als schon die groben Hände des von unserer Schmelzerin umschwärmten Gegenspielers sie berührten und schmerzhaft zusammenpressten. Klar, ihr Blick ward dunkel und verhieß nichts Gutes, doch der lose Held glitt weiter auf den Brettern vorwärts und mit seiner Handfläche zu ihrem heißen, sonnverwöhnten Ellbogen empor, als Fenja, mit der in Jahrtausenden gesammelten Verschlagenheit ihres Geschlechts und mit nur ein paar kurzen Worten, unseren Traktoristen auf die volkseigene Wiese warf und in den Saal rief: Wirst du mich jetzt erst umarmen oder gleich nach meiner Brust greifen? O jugendlicher Held, wohl alles hatte er erwartet, selbst Gekränktsein, Schimpfen oder eine Ohrfeige, nicht aber diese spöttische Selbstsicherheit. Doch mit gespieltem Gleichmut, wie es seine Rolle forderte, versuchte er, dem allgemeinen Trend der Zeit und dem Verlauf des Stücks zum Trotz, als Sieger der Geschichte abzugehen: Du bist aber stachlig, sagte er leichthin, man könnte meinen, dass du einen feindlichen Spion gefangen hättest – nun, da kamen selbst den Routiniers unter den Zuschauern gewisse Zweifel, ob sich irgend etwas seit Jeanne d'Arc geändert haben könnte; aber auch die unumstößliche Gewissheit, dass es sich gerade im neuen Leben lohnen würde, seine Worte mit weit größerem Bedacht zu wählen, trugen sie als Botschaft dieser feierlichen Vorstellung nach Haus. Und selbst die sonst von fortschrittssatten, vorwärtsdrängenden Vokabeln wie Vertiefung, Breitenwirkung, Vermechanisierung, Untermauerung, Herauskristallisierung, Arbeitsanfall, Einschaltung und Ausschaltung umstellten Hüttenwerker, die ihr Schmelzer-ABC, von Abstich bis Zentraldispatcher, vor- und rückwärts kannten, lernten wieder mal an diesem Abend etwas Neues: Nicht an ihren guten Taten, sondern ihren bösen Worten sollt ihr sie erkennen.

Was ringsum geschieht heut,
das ist alles schlecht!
Sie schwärmen vom ›früheren‹ Leben,
wissen alles besser,
und kein Mensch macht's ihnen recht –
sie haben sich dem Meckern längst ergeben.

Aber nicht nur auf der Bühne, auch im Alltag klang die Sinfonie der Kleinstadt längst schon forscher und im Planerfüllungsrhythmus 1955; wenn die zischende Musik der Schlackepfannen ins melodische Gerassel gut besetzter Masselgießmaschinen fiel, so hörte jeder, dass auch der Fünfjahrplan eine opulente Einstudierung war, die sicher noch nicht jeden vorgegebenen Part mit der gebotenen Bravour, doch dafür umso größerem Dank die Herzen unserer Schaffenden erfüllte. Manches Wrack, das noch vor kurzem auf dem Grund des Oder-Spree-Kanals gelegen hatte, lief inzwischen längst als flotter Dampfer wieder nach der Hauptstadt aus, und auch die Wracks an Land, die noch fünf Jahre früher kaum ein Hemd ihr eigen nannten, brachen mittlerweile in den frischgestärkten, eingelaufenen Overalls zu neuen Ufern auf. Die seltsame Entsagungseuphorie, die Spätere immer wieder wundern macht, die Freude am Verzicht und die Erziehung vor der Eisenhütte, welche Walter Ulbricht eingangs den Verirrten zugewiesen hatte, trugen scheinbar erste Früchte. Bei Beginn des Werks war ihr Gesicht noch allenfalls der Zukunft, mittlerweile aber längst auch den gebratenen Buletten zugewandt, und qualmte anfangs noch der Ofen wie ein gut erhaltener Gebrauchtwagen der Vorkriegszeit, so war inzwischen jeder Abstich ein geschmackvoll aufgetragener Sonnenaufgang – 1950 noch verschwanden sie im Wald, und heute schon im Sozialismus, so schnell konnt' es gehen!

Damals war die Gegend eine abgeschlagene Region, und auch die fällenden Kollegen galten noch als Schlusslichter der jüngeren Geschichte; mittlerweile waren sie lichte Zukunft, hatten ihre Sturm- und Drangphase längst hinter sich gelassen und die Frage »Steigen oder sinken, Feuer oder Schlacke sein« mit einer viermal größeren Eisenmenge als beim Anfang praktisch schon beantwortet. Zwar hieß es 1950 noch, die Eisenherstellung läge am Boden; man ging damals also offenbar von Null und nun von einem mathematisch heiklen Ansatz aus, falls die Vervierfachung der Menge lediglich Produkt verrechnender Bilanzen und nicht wirkliches Ergebnis unserer Schaffenden geblieben wäre. Doch wer fragte so an Feiertagen, allenfalls reaktionäre Spitzfinde und dünkelnde Abiturienten, blinde Neider also unserer zukünftigen Volkswohlfahrt, die selbstverständlich unsere Schmelzer nicht verstehen wollten und schon gar nicht deren schlichte Dialektik »Geht's dem Ofen gut, dann geht's auch uns gut, geht's dem Ofen besser, geht's auch uns besser« begreifen konnten. Wenn der Schornstein rauchte, konnten sie sich nicht zuletzt auch bessere Zigaretten leisten, als sie in HO-Regalen lungerten. Was ist denn mit der Salem los, beklagten sich die Leser der Betriebszeitung, kaum dass der unsportliche Alltag mit dem normsenkenden Sportabzeichen wieder eingezogen war. Denn ihre Lieblingsmarke steckte zwar noch in den blauen, gelben und vor allem roten Packungen, doch auch in einem Qualitätsdilemma wie noch nie. Auf ihre Anfrage teilte das Referat Genussmittel beim Konsumvorstand des Bezirkes mit, dass es die Gründe dafür längst schon ausgemacht hätte, sie aber nicht so ohne weiteres zu beheben mochte. Sie waren schließlich keine hausgemachten, sondern lagen in Tabakkontoren zwischen Peking, der Akropolis und Anatolien, die zum

größten Teil unsere knistrige, kosmopolitische Salem füllten. Kaum ein Zehntel unseres volkseigenen Tabaks, der
mickrig auf den Elbhängen herumkrauserte, schaffte es,
zur Salemqualität zu reifen, nun jedoch blieb auch noch
der als Fülltabak dringend benötigte bulgarische seit langem aus, der Anteil griechischer und türkischer Tabake
wurde größer als erwünscht und brachte dadurch eine
andere Geschmacksrichtung. Die Folge glich, gelinde
ausgesprochen, einem Flächenbrand, da durch die gut
bekannte Kurzfaserigkeit dieser Tabake nicht nur die viel
zu lose Zigarettenfüllung, sondern zunehmend auch die
bewährte Sympathie der Salem gegenüber ausfiel. Allergrößten Unmut zu vermeiden, war vom Werk bereits
ein krümelkackerischer Brief an das ZK der SED und
das Büro unseres Ministerpräsidenten abgegangen, beide
aber hatten unseren Hochöfnern noch keine Antwort zugehen lassen – die gab erst die Zigarettenproduktion der
späteren Jahre, die der dreifaltigen Farbigkeit der Salem
schließlich ein paar andere hinzufügte, dank auch der
Eisenproduktion und der erholten Null, die später erst,
und dann in umgekehrter Richtung, hier im Werk wieder
gesellschaftsfähig wurde, wenn sie, wissenschaftlich vorbereitet, als berechenbare Traumgrenze durch langfristige Pläne geisterte, um Krankentage, Arbeitsausfälle und
Bummelschichten irgendwann nur noch als terminus
historicus und auskurierte Jugendsünden zu erinnern.

Rolle und wirble wie wütendes Feuer,
rolle, du stampfendes Ungeheuer.
Ich will es, um mich zu erheben
wie Vögel in den tollen Ozean.
Du sollst die Freizeit dazu geben,
wenn ich es will, halt ich dich an!

Neukalifornien hatte sich gemausert; nach wie vor noch war es ohne Gold, doch dafür voll von selbsternannten, neueren Gouverneuren, die sich im politischen Elektrikerjargon um Anschluss an die Masse mühten, die bislang nur einmal kritisch und vergnatzt geworden, doch noch immer unberechenbar geblieben war. Denn rund war ihre Welt nur in den Rundschreiben an die Regierung, doch vor Ort bogen sich immer noch so manches Mal die Stützbalken vor Lachen oder ungläubigem Staunen, wenn den Hüttenwerkern vorgeflunkert wurde, hier am Oder-Spree-Kanal sei ein für allemal dem klasse Feind das Wasser abgegraben worden, hinter ihnen lägen endgültig die Mühen der Schuttgebirge, vor ihnen noch allenfalls die Mühen der Flussebenen. Der Oderstrom der neuen Zeit glitt still vorbei an ihnen, noch vor kurzem hatte sie die brausende Geschichte ausgespuckt und haargenau dort angespült, wo just die Ufer einer künftigen Epoche ihre festumrissene Gestalt bekommen würden. Längst versorgten nicht mehr Fuhrwerke die Eisenwerke, und die Fahnen knatterten nicht länger irgendwo im Winde wie zerschlissene Segel, sondern vorbildlich an ordentlichen Mastenreihen und auf jenem höheren Niveau, das auch die Schaffenden, zumindest im Bewusstsein, schon aus eigener Kraft erklommen haben sollten. Denn im Angesicht der roh gezimmerten Erfolge war ein wenig von dem anfänglichen, abenteuerlichen Ungestüm verlorengegangen, und der Mut zum Risiko war nun schon lange nicht mehr eines der am häufigsten vergebenen Komplimente an die Schmelzer. Damals war die Schar der munteren Kollegen allenfalls noch ein amorpher Haufe heimatloser Kerle und verlorener Töchter unter dreißig, die in ihren muffelnden Quartieren über diesen angeblich so satt machenden Hüttenkäse räsonierten und fürs Erste nur die zügellose Freiheit in den Grenzen des

Barackenlagers leben wollten. Unsere Kollektive eiferten gemeinsam, hieß es folgerichtig, Hilfsschmelzer, Verladewart und erster Wassermann am Kühlturm waren eines Sinns, und selbst schon ältere Kollegen, die sich nie als Spielnaturen oder Vagabunden sahen, sondern erstmals hier den letzten Schritt ins Familiäre wagen wollten, waren regelmäßig schon nach kurzer Zeit zum ehrgeizigen Cincinnati Kid der Rodungstrupps geworden. Mittlerweile aber hatten sie die Umstände beinah so gleich wie nirgendwo noch sonst gemacht, aus unsicheren Kantonisten waren Sesshafte geworden, aus den unkeuschen Gefährtinnen die besten Ehefrauen der Welt, aus ihren wildernden Rabauken treusorgende Gatten, und auch über der verwehten Wüste des realen Anfangs stiegen die erlösten, regenbogengleichen Vorstellungen eines lichten Paradieses auf, die wie Erlöserbilder in der gläubigen Gemeinde auf das kindliche Gemüt auch später Einfluss auf ihr Leben nahmen.

Die Aktivisten rühmt jetzt die Geschichte,
und die Annalen stehen in neuem Lichte:
kein Fürst, kein König blieb.
Doch blieb die Zahl:
zwölftausend Tonnen mehr an Stahl.

Vor dem Ruhm besaßen sie bereits ein eigenes Erholungsheim, doch auch so mancher Kiefernhacker war schon längst kein Mann fürs Grobe und die eine oder andere Entrosterin kein Aschenputtel mehr; das Werk stand immerhin bereits ein halbes Planjahrzehnt im Wald herum, und es verfügte langsam über einen höheren Bedarf und feinere Methoden. Statt der Kunststücke der frühen Tage waren nunmehr wissenschaftliche Verfahren angezeigt; zwar wurde nach wie vor das Erz

rund um die Uhr und auf die eingefahrene Art gesiebt,
doch immer häufiger fielen auch ungeschulte Werktätige durch den Rost. Schon 1954 wurden hier im Werk
selbst koreanische Kollegen ausgebildet, die unsere in die
LPG verschlagenen Schmelzer einstweilen ersetzten und
den Dagebliebenen bereits in mancher Hinsicht etwas
vorzumachen drohten; guter Rat indes war billig, denn
das uns bereits bekannte ehrenamtliche Gewerk der Aufklärer erhielt Verstärkung durch ein paar Kollegen, die
sich hauptberuflich als die geistigen Turbinen der Partei verstanden und den reibungslosen Ablauf und den
Glanz der Stahlprodukte besser sichern wollten. Instruk-
teure rückten in Brigadestärke vor und instruierten die
zurückgebliebenen Kollektive, sich zu bilden, wer nicht
spurte, wurde einfach an den Hochofen gestellt oder
dem Kaderleiter vorgeführt. Der volkseigene Personal-
chef hastete auf seiner Jagd nach fähigen Kollegen längst
nicht mehr durch die gesamten, abgegrasten Gegenden
des Landes, sondern höchstens übers Werksgelände, in
der schweinsledernen Aktentasche ein komplettes Ein-
stellungsbüro mit Fragebogen, die den teils noch schwer
Verstrickten keine unbequemen Fragen stellten, und
verführerischen Angeboten wie Galopplehrgängen oder
Schnellbesohlungskursen, um die schlichten Erdarbeiter
aus den Anfangsjahren endlich in die höheren Verantwortungen zu befördern, sei es in die gut verwalteten
Etagen der Bürogebäude oder in die Führerstände aus-
greifender Hebezeuge.

Rohre fließen, Krane ragen,
Gleise blitzen, Pfeiler stützen,
Hallen wachsen, Brücken tragen,
Drähte wirren, Tore schützen.

In der Mitte des Jahrzehnts fühlten sich schon fünfzehn-
tausend Menschen durch das Werk, mehr oder weniger,
zu Haus und hatten, wenigstens der Fama nach, den einen oder anderen uns bekannten, infantilen Fehltritt der
vertanen Jahre durch vermehrte Anstrengungen wieder
gutgemacht und das Vertrauen der Führenden zurücker-
obert, die sich nun nicht länger lumpen lassen konnten
und zum Lohn dafür das rotglühende Werk mit einem
neuerlichen, wieder einmal schwarzweißen Präsent be-
glückten. Voll ist meine Rechte von Geschenken, sprach
der Herr und öffnete die Tür zur eigenen Redaktion des
Neuen Deutschland, über die der Hochofenbetrieb, zu all
dem schon unübersehbar großen Überfluss, in Zukunft
selbständig verfügen konnte. Zweifellos, sie hatten sich
bewährt und schmolzen auch im übertragenen Sinne den
Bewährungsstahl in großem Umfang, der das Innere
der zukünftigen Bauten stärken würde und wohl daher
seinen Namen trug. Inzwischen stand der Rohstahl in
gebundenen Blöcken genauso fest in ihren Lieferhallen
wie das kollektive Stroh in Garben auf den Feldern,
dank des volkseigenen Maschinenbaus, der Häcksler,
Dreschmaschinen und Kombines ausstieß, dass es eine
Freude war und so dem einen wie dem anderen zum
Sinn verhalf. Die gutbeschlipsten Hüttenwerker konnten
sich am Wochenende selbst davon überzeugen, dass aus
ihrem Eisen, wenn schon nicht Brot, doch wenigstens
die Puppenbinder, eine klare Sicht und – besonders wichtig – ländliches Vertrauen zu gewinnen waren.

Ins Nebelmeer
Träger und Binder zu heben.
Der Niethämmer tolles Maschinengewehr
raste, als ginge es um mehr
als um das eigene Leben.

Arbeiterin am Förderband

In der Wohnstadt und im Werksgelände wurden Bauernmärkte eingerichtet, die die progressive und petroleumschwangere Luft verstanken – Fortschritt her und Rückschritt hin, was hieß schon das moderne Flair von Wundersiedlung und phänomenaler Eisenbude ohne Bockwurst, Schnitzel und Salat, was waren selbst die fortschrittlichsten Rezepturen Muttis ohne Hühnerbeine oder Schweinebäuche der Region schon wert, und was erst galten hochfliegende Pläne für das Wochenende ohne bodennahes Federviehgelege in den Picknickkörben? Denn mit importierten Süßigkeiten aus der ČSR und Südfrüchten aus dem Sudan, Ägypten oder der Türkei konnte sich die HO zwar brüsten, doch die rustikale Frische, welche unsere früheren Landeier als junggefreite Städter nicht so ohne weiteres missen und dem Fortschritt opfern wollten, war nicht einfach mit den vollsynthetischen und gutaussehenden Produkten unserer volkseigenen Lebensmittelindustrie herbeizuzwingen – da ging eher ein Kamel durchs Nadelöhr oder ein Schmelzer wirklich in den werkseigenen Nähzirkel, der lange vor dem ersten Abstich schon zur Emanzipation der männlichen Kollegen regelmäßig stichelte, als dass er sich tatsächlich auf die Wunder der Chemie und gut geschichtete Erzeugnisse der fortschrittlichen Fleischereien verließ.

Geprüft und schnell für gut befunden hatten die Kollegen auf der werkseigenen Ausstellung zwar manche Kreation nicht nur der kulinarischen Bemühungen, die kurz zuvor den Stand der Dinge hatte präsentieren wollen, namentlich auch den der tausend kleineren und größeren, die das neue Leben an genehm und immer schöner machen würden; aber wir verdienen gut und wollen für unser Geld auch gute Ware, war zugleich die weihnachtliche

Kaufdevise unserer durchschnittlich dreihundert Mark verdienenden Kollegen 1955, noch im Jahr zuvor von Walter Ulbricht auf dem letzten Plenum sanktioniert, wo er gefordert hatte, die Milliarde müsse voll erwirtschaftet und offenbar danach sofort verjubelt werden. So schnell war die Tausenderbewegung hier ins Kraut geschossen und die Null zu ihrem wieder einmal neuen Stellenwert gekommen, noch vor Wochen galten Sparkampagnen als Vertrauensbonus – denn wer spart, der glaubt –, inzwischen aber und scheinbar vom Lichterglanz geblendet, hieß es offenkundig: 'raus mit den Moneten, 'rein ins vorweihnachtliche Vergnügen. Ein Parcours bestechend schöner Neuigkeiten war am Hochofen errichtet worden. Mancher unserer Ausstellungsbesucher stolperte mit offenem Munde durch die Exponate, die er sonst im KaDeWe und anderen dekadenten Einkaufstempeln wähnte. Eben hatte er die Heimsonne der nahgelegenen Ossietzky-Werke, die am Eingang jeden Neuankömmling schnell für sich erwärmte, voll Bewunderung umschlichen, schon erstaunte ihn das Rathenower Fernglas, das als Brille für wohl äußerst kurzsichtige Träger ausgeführt war. Weiter ging's zur stromgetriebenen Laubsäge, mit der von manchen Schmelzern heute noch das einladende *Haxen abkratzen* und andere aparte Türschilder gefertigt werden können; aber erst die Schaumschläger der Reglerwerke Teltows demonstrierten endgültig und schon mit Ultraschall: Die Zeiten der Bescheidenheit waren nun Vergangenheit wie überwundene Kinderkrankheiten – man würde lebenslang immun sein, dank natürlich auch der Vorsorge unserer Hochöfner, die ihre schönen Einfälle und maschinellen Kräfte längst nicht mehr an zusätzliche Kohleschaufeln, Bügeleisen oder irgendwelches Bratgerät vergeudeten, wenn die auch durchaus ihren Raritätenwert behielten. Jahre früher hatte die

Regierung Wind bekommen, dass es viel zu wenig Eisenpfannen gäbe, und die Hüttenwerker angehalten, ihre Abfälle verstärkt zu Tiegeln umzuschmelzen; große Freude herrschte bei den Frauen der Hochöfner, die nunmehr meinten, Konsum und HO würden im Werk mit einem größeren Kontingent an Haushaltswaren anzutreffen sein, die Schmelzer selbst aber rauften sich die Haare, schließlich hatten sie gemeint, die Eisenpfannen für den Ofen und nicht in den ranzigen Regalen der Verkaufseinrichtungen seien knapp – ein folgenschwerer Übermittlungsfehler, der für kurze Zeit den Fünfjahrplan auf das Niveau gelegentlicher Großverkaufstage für Engpasswaren fallen ließ, die man für unsere Eisengießer eigens eingerichtet hatte. Die indes vergaßen auch bei allem Ärger mit der tumben Führung niemals, woher sie gekommen waren, und bewahrten sich den Blick auch für die wenig auffälligen Nöte, wenn sie beispielsweise kleine Kufen schmolzen, die aus jedem Kinderwagen rasch den schönsten Schlitten, mithin ein alpines Sportgerät zu zaubern wussten. Auch der »stumme Helfer«, proletarische Entsprechung des verbürgerlichten stummen Dieners unseligen Angedenkens und noch immer auch ein wenig unreif nachempfunden, kam aus den patenten Tüftelstuben unseres Werks. Der Eisenstift, der in den Umkleidekabinen oberhalb des Schranks befestigt und einfach herausgezogen werden konnte, wenn man beispielsweise dem Kollegen etwas anzuhängen hatte, traf genau, was die gesellschaftlichen Buchhalter mit der Milliarde meinten – er verlangte wenig Material, war billig, und er fiel ganz einfach bei der Produktion mit ab.

Ein gutes Feuer ist entfacht,
es macht die Tage warm und wunderbar;
uns sind Gedanken weithin aufgehellt.

Dies Werk hat unserm Leben Glanz gebracht.
Die Himmel klären sich mit jedem Jahr.
In neuen Werten wächst die Welt.

Die Eisengießer also hatten 1955 ihre Produktion in nur
fünf Jahren beinahe verfünffacht, und wenn auch ihr
Lohn kaum um ein Drittel angestiegen war, so aßen sie,
wie die Betriebszeitung erhoben hatte, doppelt so viel
Schnitzel wie noch 1950, nicht zuletzt des Eisens wegen,
das es sonst nur im Spinat in ausreichenden Mengen gab.
Das Eisen schmieden, solange es heiß ist, war hier mehr
als eine Redewendung, wenn auch die Behauptung, jeder sei des eigenen Glückes Schmied, mit deren Realismus nicht so richtig mitzuhalten wusste. Selbst die ersten
Bürgersteige durch das Werksgelände wurden angelegt,
nicht als Trottoirs für Citoyens, versteht sich, sondern
um dem Heer der Tausenden Kollegen, das bislang
allmorgendlich in Schlamm und Staub versunken war,
nicht schon vor Schichtbeginn die Kampfmoral sowie
den Siegeswillen zu verhunzen, sondern es bereits auf
seinem Weg zur Arbeit besser zu formieren. Und wie
schon so manche andere imponierende Errungenschaft,
die uns bislang begegnet ist, verdankten sich auch die
Befestigungen für den An- und Abmarsch indirekt dem
Juniaufstand, der die Führung auf den Trichter brachte,
nicht allein das Ziel sei alles, auch der Weg sei wichtig.
Erstmals sparte sie zum Jahreswechsel 1955 am hofierten
Hochofenetat, auf dass der Topf nicht noch einmal zum
Überkochen käme, schmiedete indes verstärkt Konsum-
artikel, stellte Straßenlampen auf und senkte abermals
die Preise, wodurch allerdings auch unser roter Sessel
samt dem wunderbaren Sekretär nur noch die Hälfte
und das Aufsehen am Anfang beinah nichts mehr wert
waren. Dies vermuteten vielleicht auch jene jungen

Stahlwerker, die sich im gleichen Jahr zum Dienst und zur Verteidigung der schwer bedrohten Heimat meldeten und glauben mochten, auf den neuen Stegen besser Tritt zu fassen als bislang, denn es waren ungleich mehr, als überhaupt benötigt wurden, zu dem freiwilligen Waffengang erschienen. Allem Anschein nach war ihre Eisenhütte doch nicht ein so großartiges Werk, wenn die Rekrutenausheber der neuen Zeit ein derart leichtes Spiel mit ihnen hatten und sie ihren Ofenhut so einfach gegen einen Stahlhelm tauschen wollten, oder eine boshafte Instanz saß im Verborgenen, welche die Kollegen erstmal an die Front und dann die Planrückstände an die Kämpfer delegieren wollte. Selbst der altbekannte Kalauer »Das Vaterland ruft« reüssierte in der Odergegend allen Ernstes, und die Muttersprache kam in der Etappe auf den Hund, wo die Verbliebenen ihre mangelnde Courage vor dem Feind durch zusätzliche Produktionskampagnen wettzumachen suchten. »In der gleichen Zeit für gleiches Geld mehr produzieren« war nur eine der Initiativen, die ins Aufgebot des Hinterlandes flossen und auf diese Weise die vorausschauende Politik der Stäbe honorierten. »Gründlich denken – ehrlich arbeiten« hieß eine weitere, und wer darin seinerzeit schon einen unlösbaren Widerspruch entdeckte, galt mit Recht als miesepetrisches Subjekt, wenn nicht für Schlimmeres.

Nun stürmt die Schlacht durch alle Tore.
Ich hab mein Fenster zugemacht,
nahm meine Mütze von dem Haken
und hab die Feuer mitbewacht.

Die Feinde hießen seinerzeit noch Kröten, Krebse oder Nager, und gerade die nicht so große Artenvielfalt hielt das Brehmsche Tierleben des Klassenkampfes, in dem nur die Stärkeren gewinnen konnten, überschaubar. Populäre Bilder, griffige Beschreibungen und wahre Einfachheiten stellten gut geschulte Absolventen seltsamer Akademien und bildungspraller Einrichtungen unseren Hochöfnern zur Seite, wenn sie im Parteisekretariat der neuesten Erkenntnisse teilhaftig werden durften. Die Gesellschaft war, als Wille und als Vorstellung, entschieden einfacher als vor dem Hochofen, von dem daher der sächsische Parteichef unlängst auf der Messe in der Pleißemetropole nicht umsonst und mit erstaunlichem Gefühl den Fachleuten verklickert hatte, dass man sein Modell um vieles handlicher und leichter hin- und herbewegen konnte als im wahren Leben. Dennoch blieb der Instrukteur hübsch auf dem Teppich, der hier neuerdings, als endgültige Absage an den plebejischen und dümmlichen Proletkult früherer Jahre, auf dem Fußboden herumlag – die Partei empfing doch schließlich keine Esel, um sie in den heimatlichen Ställen abzufüttern, wie man es von Kündern oder Heilsbringern aus anderen epochalen Lehren kannte. Wo man selbst die Werksstraßen wie rote Läufer ausrollte, da musste im Agitationsstützpunkt wohl auch ein Perser liegen, der natürlich nicht zuletzt so manche harte Worte dämpfte, wenn sich unverbesserliche Nölnasen noch immer und nach Jahren über Klos oder Lappalien wie Baracken ohne Duschen aufgebracht und unzufrieden zeigten, statt den Blick nach vorn zu nehmen und den Popelkram gefälligst dort zu lassen, wo er hingehörte – unterm Vorleger.

Der Gobelin mit Stalins unbestechlichem Porträt hing nun im Speisesaal, nicht, weil der Marschall einen Webfehler gehabt hätte, vielmehr, um von dem siegreich überwundenen Proletkult im Büro des Sekretärs nun nicht ins gegenteilige Extrem zu fallen und den Eindruck überladenen Prunkes zu erwecken. Josefs Schnauzbart war dem lebensnahen Konterfei des Hochöfners gewichen, der so realistisch abgebildet war, dass selbst der Arbeitsschutzinspektor näher an den aufgehängten Schmelzer trat. Sehr eindrucksvoll, sein erstes Urteil, aber beim Betrachten des Kollegen könne er den Eindruck nicht verdrängen, dieser würde gleich im Funkenregen untergehen, erschlagen werden und verglühen, bei aller Nähe unserer Schaffenden zu ihrer Arbeit, dieses Bild verstieße elementar gegen simpelste Verfügungen des Brandschutzes im Werk – ein warnender Rundumschlag gleichermaßen an die Werktätigen wie die Malerkleckse: Unsere Schmelzer sollten ihren Künstlern strenger auf die Finger sehen, die den Realismus zwar auf ihre Fahnen schrieben, aber nicht auf ihre Leinwand brachten; ihre Pinselheinis müssten wiederum allmählich pädagogisch Wertvolleres von der Staffel ziehen als brandschutzignorante Räuchermeckis, die auf solchen öligen Tableaus vom selbstbestimmten Individuum der neuen Zeit epochenweit entfernt waren, wenn sie sich so unbekümmert in die Wettbewerbsgefahren begaben.

Einer wird erster,
Einer wird letzter.
Einer wird munter,
Einer geht unter.

Nur um ohne Planschulden ins neue Jahr zu gehen, wie es vorweihnachtlich 1955 in der ausgelegten Kammer und der kämpferischen Diskussion gefordert wurde, konnten unsere Aktivisten doch nicht Leib und Leben an die Eisenpfannen geben, zumal es schon seinerzeit auch offenkundig war, dass gerade die Schulden unsere Schaffenden bislang vital, erfinderisch und einfallsreich gehalten hatten, jeder angehäufelte und langsam wachsende

Besitz dagegen die Kollegen meist vor neuen, visionären Aufgaben hatte verzagen lassen. Nachweislich war mit dem dekadenten, schnöden Pessimismus bürgerlicher Ingenieure häufig sehr viel mehr als mit den stolzen Jahresausklängen erreicht worden, wenn für die Redakteure unserer Betriebszeitung auch schon das meiste längst erledigt war. Denn auch die Hüttenwerker hatten es nun wirklich weit gebracht: Sie flogen, wenn sie wollten, in nur ein paar Stunden über Kontinente und Ozeane, ihre Stimme überbrückte Tausende von Kilometern, und sie gingen ernsthaft daran, jetzt den Weltraum zu erobern. Männerfantasien beschwingten unser Blatt, das, wie wir wissen, seinerzeit zum Frauentag erstmals erschienen war, unübersehbar phallisch; im Raketenrausch ins neue Jahr geschossen, überflogen sichtbar männliche Verfasser Gegenden, wo man zuvor, auf beinah biblisch wunderbare Weise, öde Wüsten flugs in fruchtbares Gebiet verwandelt hatte und, nicht nur im Geiste einer männerdominierten Zeitung, den Beweis ihrer erfinderischen Überlegenheit auf einem großen Teil der Erde, nämlich der sowjetischen, bereits erbracht hatte. Doch umso mehr erstaunte es, dass die Gefährtinnen, nicht einmal an Silvester eines so erfolggeschüttelten Kalenderjahres, den gesenkten Blick erhoben und mit ihren einfallsreichen Mannsbildern nach vorne sehen wollten, anstatt ihre hausbackenen Utopien als helfende Kritiken zu verbreiten – das war doch nur Wasser auf die Mühlen ihrer Mickerlinge. Denn die Neujahrswünsche ihrer Frauen hatten sich gerade unsere Hüttenwerker, die den gleichberechtigten Avancen der Kolleginnen jahrein, jahraus so unbeirrt die Treue hielten, wenn es irgend ging, doch mittlerweile anders vorgestellt. Recht bald, so forderten indes die leistungsorientierten Evastöchter, müssten in den Konsum- und HO-Verkaufsstellen des Werks Kartoffeln und Gemüse, vorgeschält, geputzt und appetitlich, in den neuen Frischhalteverpackungen zu haben sein, nebst dem panierten Schnitzel, um der ganzen überraschten Hochofenfamilie vorzuführen, wie schnell Mutti kochte. Schließlich würde es vor allem Vati helfen, wenn sie tatsächlich expressgedünstet durch das neue Leben dampfen könnte, er hingegen, ganz besonders an den Abenden, wo es zur weiteren Qualifikation mal wieder einen Vortrag oder einen Lehrgang gäbe, pünktlich, frisch gewaschen und gekämmt, gut vorbereitet und vor allem voller Appetit auf leichte Kost, nach all der familiären Völlerei, in seinen Seminarraum plumpsen konnte. Ja, es war ein großes Wort und von den Frauen gelassen ausgesprochen kurz vorm neuen Jahr: Im Kleinen nahm das Große seinen Anfang, und in ihrer Küche musste sich zu allererst das Neue aus dem Alten pellen, Abstich- oder Bratenpfanne, Mann der Arbeit oder Frau der Zeit, der kleine Unterschied stand vorerst auch den größeren Entwürfen klammheimlich entgegen.

Nur über deinen Brauen eine Strähne,
zufällig, hingewischt vom Teer.
Hoch überm Werk die Filterbrücke:
an diesem Morgen still und leer.
Und über dir und deiner Wattejacke
der Himmel – deine Augen – und ein Meer.

Klar, dass da die Jungs im Ledigenwohnheim, das im selben Zeitraum seine Pforten, nicht allein im übertragenen Sinn, eröffnet hatte, feste kicherten und auch die Frage nach der sozialistischen Moral verstärkt wieder die Runde machte, namentlich nach zweiundzwanzig Uhr und in Gestalt von sittenwächterischen Kontrolleuren, die um ihren Anteil fürchteten und in den Quartieren der freien Liebe nachstellten.

1956 stand bereits der vierte Ofen, was die Planer ihm erst für den Winter 1959 zugedacht hatten, so etwas kam dabei heraus, wenn unsere Fabrikbesitzer die Betriebe in die eigenen Hände nahmen und auf den berühmten Roten Treffs erklärten, keiner siege ohne alle anderen Verlierer, und die Qualitätsarbeit sei nicht durch Garantiescheine erwiesen, die es daher auch für die Produkte niemals gab, im Gegensatz zu mancher Goldmedaille beim Olympia der Produktionsrekorde, die auch diesmal wieder an den Ofen ging, der immer schon die Nummer Eins war und bewies, dass er noch längst kein altes Eisen war. Der Trick der Routiniers vom ersten Ofen schien verblüffend einfach, denn sie hatten, nur in den vier Wochen vor dem Sieg, gut einhundert Versammlungen, Beratungen und motivierende Besprechungen gegen den Sitzungsschlendrian der Bürokraten ausgetragen, während noch die Konkurrenz der anderen Wettbewerbsbrigaden stumpfsinnigen Blicks und ohne wissenschaftliches Gespür vor Ort, also am Ofen und direkt im Produktionsprozess, den Sieg erzwingen wollte. Unsere alten Füchse aber zeigten, dass sich als das ausdauerndste Mittel, langfristige Siege zu erreichen, doch ein Sitzungsmarathon erwies, da staunten auch die Fachleute, und selbst die Laien waren verwundert: Sie beschlossen noch im gleichen Jahr und auf dem bislang wiederum wohl prominentesten Parteitag, den soeben und besonders hier im Eisenwerk geschaffenen Grundlagen des Sozialismus endgültig zum Siege zu verhelfen, der gerade anderswo in diesen Tagen, zwischen Pest und Buda etwa, eher äußerst angefochten schien.

Im Spätherbst 1956 gründeten die Hochöfner erneut ein Komitee, nicht, wie fünf Jahre früher noch, um ihre Jugendfreunde doch zum hauptstädtischen Schwoof zu überreden, sondern sich der Donaurepublik und der gebeutelten Magyaren anzunehmen, denen sie großzügig einen ordentlichen Batzen spendeten. Sie hielten erst einmal beim Ausbau ihres werkseigenen Segelflugbetriebes inne, den sie ursprünglich, getreu der volkstümlichen Redewendung, dernach nie ein Meister und erst recht kein Schmelzermeister je vom Himmel fiel, seit Wochen ordentlich forciert hatten – dafür stieg ihre Stahlmannschaft am Fußballhimmel wie ein Silberstreifen auf und gab Gelegenheit, auch auf die Größe der am längsten überdachten Halle zu verweisen, auf der alle Oberligamannschaften der DDR zugleich trainieren könnten, wären sie, wie Stahl, erst einmal aufgestiegen. Kurz vor dem so noblen Startverzicht der Segelflieger aber waren auch im Stalinwerk schon andere als pekuniäre Hilfeleistungen erwogen und erneut größere Kontingente unserer Kollegen abgeworben worden, wiederum nicht, um sich auf dem Lande, sondern vielmehr bei den neu bestellten Landstreitkräften zu verdingen, nicht zuletzt, um auch den guten Ruf der Budapester City in bestimmten Fällen zu verteidigen. Die Namensliste der Freiwilligen erschien in der Betriebszeitung und wurde immer länger, täglich meldeten sich neue Interessenten, die es aus dem Werk und aus der nahegelegenen Grube mit dem noblen Namen Präsident ganz plötzlich in die Gräben zog, so dass die Redakteure selbst im Angesicht des vornehmen Elans erschraken, ihn aus eigenem Antrieb wieder bremsten und stattdessen auf den segnenden Effekt verwiesen, dass zur gleichen Zeit hier auch die meisten der Verwaltungskräfte in der Produktion aushelfen würden, um die Kohle für die sicher undankbare, aber immer noch nicht hoffnungslose Metropole ihrerseits zu fördern, eine basisnahe und zusammenschweißende Methode, die auch auf der Tagesordnung blieb, als Ungarn längst befriedet und zum Ferienparadies geworden war.

Der Muskel schmerzt, die Sehne zerrt,
das Hemd ist vom Schweiße durchdrungen,
nicht einer ein Maulheld, ein jeder ein Herz,
das tausendfach Siege errungen.

Anders aber, als es der Parteitag frohgemut verkündete, war es für unsere Eisenwerker 1956 eng wie nie, die
Produktion schien geradezu gefährdet, und erst ein Jahr
später, aber immerhin bereits zwei Jahre vor der Ersten
Bitterfelder Konferenz, beschlossen die Kollegen, fortan ernsthaft selbst die Bücher aufzumachen. Nicht die
Schmöker der betriebseigenen Bibliothek – dem Wis-
sensschrein der Dialektik, welcher ihnen hier seit Jahren
schon die Furcht vorm Kleingedruckten nahm und den
sie dreimal häufiger als andere Kollegen ihre Lesestu-
ben nutzten, glaubte man der Büchereistatistik – hatten
sie dabei im Sinn; sie meinten nicht Erzählungen von
jungen Heldinnen, die, hoch im siebten Himmel voller
Geigen schwebten und in ihrer Krankabine mit dem
schweren Pack gleich ganze Streichorchester aus dem
Wege schwenken mussten, sondern jene, wo geschrieben
stand, sie wären erstmals seit Bestehen des Werkes ohne
Schulden übers Jahr und ihren selbstgemachten Plan gekommen. Nicht zuletzt vielleicht der eingeführten Fünf-
undvierzig-Stunden-Woche wegen, die nichts anderes als
den Übergang zum ausschließlichen Tag- und Nachtbe-
trieb markierte und die gleichberechtigte Debatte der
Moral, der sauberen Verhältnisse zwischen Kollegen
und Kolleginnen im Schichtregime, vom theoretischen
Problem zum praktischen Erfordernis erhöhte und uns
jene schöne Losung brachte, die inzwischen längst den
Nimbus eines Klassikers erworben und im Fundus über-
wintert hat wie alle faustischen und also uneinlösbaren
Programme, bis man sie als unverwechselbare Poesie

erkannte: »Sozialistisch arbeiten, lernen und leben« kam längst ohne den autoritären Schluss, der hier nicht Ausrufungs-, sondern Befehlszeichen genannt wurde, zurecht und wie ein Epilog unseres Geheimen Rates ohne solche Drohgebärden aus.

Ich gehe an die Esse,
mach das Schmiedefeuer an.
Nehme mich in die Zange
und gebe mir eine Form.

Ich bin Schmelzer, wer ist mehr – seit 1957 konnte man es wieder öfter hören, und schon 1958 hatte ihr Direktor, ganz spontan natürlich, die Idee, mal eben nebenher noch eine Million mehr zu produzieren, klasse Einfall, dachten die Kollegen, jedenfalls ihr bester Teil, und legten sich ins Zeug, die Norm in Form zu bringen, doch der alte Ofen havarierte vor dem jugendlichen Schwung und rief erneut die Kritiker anarchischer Initiativen und die zentralistisch Weitblickenden auf den Plan, und die Millionen aus dem Stegreif blieben eine schöne, aber heldenhafte Illusion.

Noch Jahre früher war es im Gefolge solcher Pannen weitaus härter zugegangen, wenn man etwa statt der Seile, die marode oder durchgerostet waren, lieber auf intakte Drähte funkender Spione setzte, die den Ofenkram so umwerfend zu Boden brachten, dass ihm ihretwegen angeblich die Puste ausging, oder wenn sich solche Störungen hier ausgerechnet um den 21. Dezember, den Geburtstag Stalins, in vermehrtem Umfang zeigten, den man alljährlich als vorgezogene Bescherung und mit schon zum Teil erfüllten Plänen feierte. Inzwischen aber waren Alleingänge von innen mindestens als ebenso gefährlich angesehen wie der klasse Feind da draußen;

aufgeweckte Werktätige waren schon in Ordnung, eingemachte Klassiker jedoch erst schufen sie, so dass sie
beide wieder stärker zueinander finden mussten. Rückbesinnung auf die unumstößlichen Gewissheiten war
offenbar schon vor der Schicht vonnöten, um die Lohn-
drückerkolonnen volkswirtschaftlich noch mehr zur Rai-
son zu bringen, doch die Andacht unterm Kleiderhaken
sorgte eher stundenlang für Unmut statt für gut geplante
Mobilität. Mit Recht waren die Kollegen skeptisch, ob
es wirklich sinnvoll war, im neuen Jahr sogar die Nacht-
schicht täglich unbedingt mit einem Propagandazirkel
einzuleiten, doch der Referent erläuterte geduldig, nicht
um Kleinigkeiten ginge es beim Roten Treff, sondern vor
allem darum, dass auch Rhein und Ruhr ihre Kapazitä-
ten endlich unseren Schmelzern und ganz Deutschland
herzugeben hätten – nun, da hatte er sein Meisterstück
vollbracht: Die Stahlbarone wie die Stalinwerker waren
ausnahmsweise eines Sinns und schmunzelten gemeinsam, als sie sich so urplötzlich, allein durch Witz und
Eisen und von oben, kurzzeitig vereint sahen.

Die Sau ist tot. Die Sau ist weg.
Die Grube hat den Eisenspeck!
Der Eisenbarth, sonst frohgestimmt,
heut' aber doch zu späte kimmt.

Denn schließlich war das alte Eisen auch im übertragenen Sinne immer wieder aus den neuen Öfen auszureißen, um bei all dem anderen großen, unverbesserlichen
Rest zu landen, der noch überall im Wege lag; den Ofen
überholen, ohne die Konzerne einzuholen, war ein edles
Ziel, der Einstieg in den Schlund jedoch blieb höchst gefährlich, und die Höllenfahrt des neuen Menschen auf
den freien Ofengrund erwies sich weiterhin als abenteu-

erlich, selbst wenn man die verrußten Metallurgen nicht genüsslich und als Schwarzseher von außen sah. Und auch die unzähligen Hausvertrauensleute, deren Glaube an das Gute, wie ihr Name schon verriet, nicht weiter als bis zum verworfenen Nachbarn reichte, schnüffelten mit wachsamem Gespür jener beziehungsreichen Bartpassage nach, die, vornehm in der Art, mit dem archaischen »th« zu demonstrieren, dass der lange aus der Mode war, fast Gegenteiliges, wenn nicht bereits das Umstürzlerische schlechthin zu demonstrieren schien.

Nun zerbrecht mir das Gebäude,
seine Absicht hat's erfüllt,
schwingt den Hammer, schwingt,
bis der Mantel springt,
wenn die Glock' soll auferstehen,
muss die Form in Stücke gehen.

1959, unser Präsident war gerade 83 Jahre alt geworden, rief Brigade Mamai aus den Bitterfelder Landen auch die Stalinwerker in die neugeschaffene Wettbewerbsbewegung, Titelkollektive zu benennen, die mit ihnen und mit anderen Gleichgesinnten landesweit um ehrenvolle Prädikate kämpfen sollten; doch die Hüttenwerker waren als Sparringspartner längst schon international gefragt und ihren sowjetischen Kontrahenten von den Asow-Werken kämpferisch versprochen; manche unter ihnen mühten sich auch schon viel lieber um so große, neue Namen wie etwa Patrice Lumumba, den ermordeten Revolutionsführer des Kongo, oder den von Fidel Castro, also solche, die wenigstens fidel und nicht von vornherein wie alte, wieder einmal abgestaubte Hüte wirkten, wenn sie auch in späteren Jahren und an manchem fortgeschrittenen Abend zur Musik des Tangokrimis jene bitterblöden Strophen sangen:

Und sie tanzten einen Rumba,
Fidel Castro und Lumumba …

Doch im Wettbewerb, als Erste mit exotisch klingenden
Brigadetiteln ins Diarium der Stalinwerke einzugehen,
ließen sie sich nicht beirren, senkten, wie gefordert, ihren
Energieverbrauch, bei gleichbleibenden Kalorien und
mit stabiler Körpertemperatur, versteht sich, und ver-
stärkten ihr Bewusstsein, selbst und jederzeit als Titelhel-
den auf den Illustrierten ausverkaufte Auflagen persönlich zu verantworten. Von zehn Kollegen kämpften neun
am Hochofen und auf dem Werksgelände um diverse
Ehrentitel, denn nur dem geringfügigen Satz von zehn
Prozent schien offenbar die Würde schnuppe, immerhin
schien solche Ignoranz zu jener Zeit noch möglich. Diese
Minderheit schien das Bewusstsein, Eigentümer all der
schrottverschlingenden Veredlungsindustrie zu sein,
noch immer nicht zu motivieren, und erst später, als die
Tür ins Schloss und mit ihr vorläufig der letzte Trutz
gefallen war, kämpften auch sie endgültig und geschlossen um den Staatstitel, so dass schon seinerzeit die Frage
auf der Hand lag, ob der wirklich eine Steigerung, das
Gegenteil oder zumindest nicht so ehrenhaft wie frühere
Titel war, zumal die ersten, ganz besonders kollektiven
Würdigungen wenigstens noch echt gefeiert wurden
und den Stalinwerkern allzeit unvergesslich blieben. So
lang war es noch nicht her, dass selbst mongolische Ensembles vor den riesigen Tourneen durch die gesamte
Republik zuerst in Stalinstadt ihr Bestes geben wollten
und dies zur Bedingung eines Gastspiels machten. Und
auch tänzerische Eisenbahner hatten sie vor Jahren gnadenlos in ihren Bann gezogen und den Hochöfnern zum
Titel gratuliert; das Hemd vom Schweiß, das Herz von
Zuversicht durchdrungen, sorgten da nicht irgendwel-

che Hüpfer von der Schwäb'schen Eisenbahne hier im Werk noch für Begeisterungsstürme, sondern tatsächlich das Lied- und Tanzensemble beim Zentralkomitee der rumänischen Gewerkschaften hatte den Hüttenwerkern damals aufgewartet und sie beinahe frenetisch klatschen lassen. Selbst die landsmannschaftlich Unverbesserlichen kamen bei den Darbietungen aus der Heimat Draculas auf ihre Kosten, die nicht nur die Taten unserer Hochöfner als großen Tanz choreographierten; auch mit anderen kleinen Schmeckerchen wurden sie von den harmlosen Karpatenschrecks erobert, wenn ihre Solisten aus der Volksdemokratie in deutschen Trachten einen deutschen Volkstanz auf die neue, deutsche Klubhausbühne brachten oder mit dem Lied vom Kuckuck, der es aus dem Wald rief, auf ihr einmaliges Können und auch ihre hohe Meinung von den deutschen Stahlkollegen zu verweisen wussten – und auf eine Bruderschaft, die sehr viel ältere Rechte als der neue Freundschaftsbund zu halten schien. In ihren Anfangsjahren hatten solche Titelfeiern eben noch etwas Estradenhaftes, die Verbindung zwischen Titelkampf und Völkerfreundschaft stellte sich als einfach schön dar, und vielleicht ging nun der Glanz der neuen Auszeichnung auch deshalb langsamer auf die vereinzelten Kollegen über, die zum Teil inzwischen Schwierigkeiten hatten, die Zusammenhänge weiterhin so unverstellt zu sehen, denn der erhobene Blick aus jenen Zeiten war zum sehnsüchtigen über Nachbars Gartenzaun herabgesunken.

Frohe Augen, starke Hände
und ein Herz voll Drang und Lust,
schür' ich tags die Eisenbrände,
wie ein Herrscher, selbstbewusst.

Ihren zehnten Jahrestag beging die Republik im Jahre 1959 mit Besuchern aus rund zwanzig Ländern aller Kontinente, ganz besonders auch aus Afrika, dessen Gesandte sich hier vor der Schmelze pudelwarm und wohl zu fühlen schienen, denn es wurde über Folgen neidvoll bei den Schaffenden gemunkelt, und selbst vom Betriebsfunk wurden sie als freundschaftliche Treffen und Begegnungen verdunkelt.

Friedrich Ebert, schlecht erzogener Sohn des Ersten Mannes aus der Ersten Republik, gab sich die Ehre und riskierte einen Blick zurück nach vorn, indem er von den alt gewordenen Fünfjahrplänen zu schon längerfristigen Prognosen überging. Auch früher hieß es, Hochöfner seien kühne Menschen, doch von nun an schlugen ihre Herzen sogar schon im Siebenjahrestakt, das jedenfalls behauptete zumindest der neue Planerfüllungsslogan, der den Kreislauf der Erfolge weiter stärken wollte, Nebenwirkungen auch komischer Natur wie jener abgestoßene Apotheker, der uns anfänglich bereits zu schaffen machte, eingeschlossen wie der Festtagslärm, der wohl bis zum Zentralen Platz zu hören gewesen wäre, hätten ihn die Stalinstädter Bauarbeiter je vollendet. Mit Bedacht verwies die neue Planungsart auf alte Siebenschläferregeln und die zweite Macht im Staate, der man künftig noch mehr Schwarz- und Buntmetalle zur Verfügung stellen würde, um auch jene restlichen Schwarzbunten endlich abzumelken, die noch immer nicht in kollektiven Rinderoffenställen standen. Stärker unterstützten unsere Hüttenwerker wieder ihre Klassenbrüder auf dem Lande, mit den Bäuerinnen trafen sich zum Frauentag unsere Entrosterinnen, und die besten Schmelzer gingen über alle Dörfer, den zurückgebliebenen Schollenhackern die Gesetze des verschärften Klassenkampfes mit dem Schlag ans Hoftor zu erläutern. Stadtgewandt und mit der Bildung ihrer Roten Treffs versuchten sie dem Sozialismus endgültig über die Ackergrenzen und zum Siege zu verhelfen, doch die sich so klug wähnenden Missionare wurden nur ein weiteres Mal zum Opfer der bekannten Bauernschläue, welche ebenfalls die neue Zeit schon längst als ihre Chance zu nie gekanntem Gleichmut angenommen hatte – niemals hatte je ein Bäuerlein die Ernte so gelassen wie in diesen Wochen eingebracht; war Not am Landmann, riefen unsere in die Dörfer delegierten Städter kurz im Stahlwerk an und nach den dort verbliebenen Kollegen, die am Wochenende oder gleich nach Feierabend auf die Felder stoben, um das Korn noch rechtzeitig zu bergen und von den Verbündeten mal gerade ein paar Extrawürste oder eine Seite Schweinebauch fürs kommende, gemütliche Beisammensein erhielten. Manche Dorfanger wurden zum Ort diverser Gipfeltreffen, wo die Stahlwerker den Patenschaftsvertrag über die Furchenwalzer unterzeichneten; die übernommene Vormundschaft der fortschrittlichsten Klasse über die nächstbestorganisierte wurde stets mit einem großen Ball und den dazugehörigen, vertrauten Gesten abgeschlossen und besiegelt, und an solchen Abenden erboten sich die Stahlwerker wie selbstverständlich, auch als sonntägliche Aufklärer und gleich in ganzen Gruppen nicht nur ideologisch mit der Unschuld auf dem Lande ins Gespräch zu kommen, sondern ihr auch sonst von ihrem tierisch hohen Soll so viel wie möglich abzunehmen. Weh' den Eisenwerkern aber, die noch auf den umliegenden Dörfern wohnten, sie kannten die Wochenenden nur noch in Gestalt von Landsonntagen, und nach Feierabend mussten sie im Dorfklub halbe Nächte lang so mancher Bäuerin über die Schulter greifen, um am nächsten Morgen nicht betreten zu erwachen, sondern tatsächlich gemeinsam vor der aktualisierten Wandzei-

»Abwäscher Karl Bredow schlägt Schamottsteine zurecht.«

tung zu stehen; denn mittlerweile galten hier im Werk die Pläne erst erfüllt, wenn auch die Paten-LPG ihr Scherflein für die neue Zeit solide abgerechnet hatte. Notfalls schickten die Kollegen von den Öfen da sogar schon mal die eigene Verführungskunst ins Spiel, als Laienensemble oder Agitpropgruppe getarnt, erschienen sie, um sich vor ihrem ahnungslosen Reigen, gut gebaut in Reih' und Glied und mit so anzüglichem Liedgut wie dem Knaller »Unsere Kunst ist eine scharfe Waffe« aufzuspielen und oder mit Plakaten aufzubauen. »Wohnlager zu Schweineställen« stand auf einem Transparent zu lesen, welches ausnahmsweise keine Losung ohne Wirklichkeit, wie üblich, zeigte, sondern umgekehrt, als positive Ausnahme, eine gelungene Karriere präsentierte; denn nicht nur die Sittenstrolche früher Tage hatten mittlerweile ihre Konkubinen größtenteils geehelicht, auch ihre alten, sündhaften Baracken aus den ersten Jahren waren inzwischen weitestgehend abgerissen worden, und ihr Material kam nun dem jungen Ferkelglück zugute.

Die Sense singt.
Es geht ein Wind wie frohe
Kunde durch das Land.
Die Bäuerin mit ihrem Kind
steht wartend an der
Scheunenwand.

Nur ein Jahr nach dem zehnten Jubiläum ihrer Republik begingen unsere Schmelzer selbst das erste, überstandene Jahrzehnt der Eisenhütte; fest entschlossen, es zu bleibenden Novellen zu verschmelzen, bildeten sie ihren ersten Zirkel schreibender Kollegen, zeitgleich mit den pionierhaften, doch ruhmlosen Standardisierungskonferenzen, welche diskutierten, wie man immer besser alles immer gleicher machen könne, und die unser Werk bewogen, eigene Medaillen in Gold, Silber und Bronze und allein zu dessen Ehre auszuschmelzen. Doch als in den Sommertagen 1960 plötzlich Leonid Iljitsch Breschnew am Werktor stand, waren die einen wie die anderen mehrfach überrascht, nicht nur durch den Besuch des seinerzeit noch zweiten Mannes, sondern auch von einer ungeheuren Fülle an Plaketten, Orden und Medaillen, die gleich in so großer Zahl auf unsere Hüttenwerker niedergingen, dass mit Sicherheit nur eine außerordentliche Schicht das so vergossene Material wieder bereitstellen konnte. Vom »Verdienten Aktivisten« zum »Verdienten Techniker des Volkes«, von den »Helden«, »Bannern« oder »Aktivisten«, »Kollektiven«, »Nationalpreisträgern« bis zu den »Erfindern« reichte die so ruhmreiche Palette der zu diesem Anlass Ausgezeichneten, die überdies eine bizarre Fantasie bewies, die man bislang nur von den zahlreichen, im Werk vereinten freien Künsten kannte, und natürlich waren die artifiziellen Feierabendkollektive gerade in diesen feierlichen Stunden ein besonderer Trumpf, denn unsere Musenzirkel lockten ihren hohen Gast mit allen, selbst den künstlerischen Reizen. Immerhin besaß das Werk zu dieser Zeit bereits acht Agitpropensembles, eine Tanzgruppe für unsere Jüngsten und eine weitere für die Älteren, die den Kinderschuhen zwar schon entwachsen waren, aber von dem andauernden Ringelreih' noch immer nicht genug bekommen konnten; auch das Arbeitertheater, ein Orchester, das betriebseigene Filmstudio sowie der Schnitzzirkel entboten ihre Grüße und – weil doppelt auch im Stahlwerk besser hält – zwei Kabaretts, doch deren Namen sind nicht mehr zu finden, Blaue Funken wäre vielleicht denkbar, aber sicher auch ein wenig irreführend, Goldene Spitzen schiene möglich, aber wohl auch etwas übertrieben, Rote

Sterne hätten nicht gerade originell gefunkelt, könnten also heute noch als der wahrscheinlichste vermutet werden. Bei dem Riesenfeste waren 3000 Kollegen alles andere als Statisten, 25 000 sahen ihnen zu – ein Feiertag auch daher, denn im Alltag auf der Ofenbühne waren die Aktivitäten meistens umgekehrt besetzt.

> *Und wieder kam ein Festtag ran:*
> *der Ofen hatte Brüder.*
> *Da rief die neue Stadt zum Tanz*
> *und sang die schönsten Lieder.*

Fünfundzwanzig Sportler prüften abschließend noch einmal ihre Kräfte auf dem Stahlarbeitersportplatz, dann aber ging's endgültig im Bus nach Schönefeld und ab nach Rom zur Olympiade; Iljitsch stieg, berufsbedingt, zwar in die schnieke Staatskarosse, doch auch er fuhr nur zum Flughafen und musste überdies in Moskau bei den Leninbergen und der Angetrauten landen, während unsere Amateure sich verliebt durch die berühmten sieben Hügel treiben lassen durften, in der Handtasche vielleicht den Band mit Sportgeschichten Erich Loests, wenn eine Parkbank sie zur kurzen Auszeit lud. Vor Jahren hatte er ihn auf die Büchertische seiner Heimatstadt geworfen, um auch deren Ruf als Börse guter Bücher weiterhin zu sichern, und er war noch immer, nicht nur unter unseren Sportfreunden, ein sprichwörtlicher Renner. Schicksale standen im Mittelpunkt der immerhin fast dreihundertundfünfzig Seiten, und nicht weniger als lebensprallen Realismus ließen schon allein die Disziplinen ahnen, welche dort versammelt waren und das Unentrinnbare der sportlichen Biographien bestimmten, denn mit Fußball, Leichtathletik, Volleyball und Schwimmen hatten sie nur einen Bruchteil all der Sportarten, welche in den Geschichten an den Start gingen, erwähnt. Unsere Schaffenden hatten die sportlichen Erzählungen weit kritischer als die Aktiven diskutiert, denn wenig früher nur hatte ein scheinbar dilettantischer Versuch in Sachen Nationalökonomie des gleichen Autors die Gemeinde schwer gespalten, die natürlich noch zu dieser Zeit nicht ohne weiteres erkennen konnte, welche visionäre Wucht ihm innewohnte – noch Jahrzehnte schließlich brauchte es, bis niemand ernsthaft mehr bezweifelte, was damals schon dem Werk den Titel schenkte oder, um es für den Fiskus auch korrekt zu sagen, lieh: Die Westmark fällt weiter.

> Komm, sag mir, was du brauchst,
> so recht was Großes zu unternehmen!
> Denn auch ihr, ihr Handelsleute,
> könnt des baren Geldes zu viel nie haben.

1961 war das Hochofensextett komplett, der Wettbewerb gab sich inzwischen kosmisch, denn die Werktätigen kämpften nun für Frieden, Wohlstand und das Glück der Zukunft längst im Sputniktempo, wie Plakate es verhießen; größer war die Welt jedoch nur für die Himmelsstürmer in den Raumschiffen geworden, auf der Erde war sie seit dem Sommer ganz entschieden kleiner. Auch das Arbeitertheater, das vor kurzem erst Breschnew so überaus gefällig war, veränderte den jungen Spielplan, mit dem es sich anfangs noch in große Traditionen stellte, als es 1960 mit *Professor Mamlock* debütierte und thematisch in den Fußstapfen der Mimen aus der Schumannstraße wandeln wollte, die als erstes Stück nach der Befreiung dort den *Nathan* über die lädierte Bühne gehen ließen. Doch im heißen Sommer 1961 sah sich das Ensemble offenbar zu größerer Aktualität verpflichtet und nahm unmittelbar nach dem Mauerbau Geschichten um den 13. August ins Repertoire der Freude und Entspannung auf, bei denen die Akteure auf der Bühne beinah nichts, die Zuschauer zumindest Interesse spielen konnten. In der Werkschronik dagegen fand das wirkliche Theater statt, denn sie vermerkte über jene Tage des realen Mauerbaus, dass die Genossen Kämpfer vor dem Marsch ins hauptstädtische Feld und aus dem Stahlwerk seinerzeit von der Bevölkerung spontan mit zusätzlichen Lebensmitteln, Zigaretten und natürlich mit, in solchen Kämpfen unverzichtbar roten, Nelken und Gebinden überschüttet wurden.

Werkgewaltig schwingt den Hammer,
schwingt ihn für die neue Zeit!
Und zerhämmert allen Jammer!
Hämmern, hämmern uns befreit!

Auch die Schmelzer auf der Ofenbühne reagierten mit versteinerten Mienen und erhöhten Anstrengungen auf den Mauerbau, so dass die »Wanderfahne des Ministerrates« für besondere Verdienste in der Volkswirtschaft nie wieder wandern wollte, sondern fast nur noch im Eisenwerk verblieb, das alle Jahre wieder jenes trügliche Fanal des Sieges an sich brachte, wenn es auch schon längst nicht mehr so hoch dotiert war wie im Planjahrfünft zuvor, da gab es immerhin noch zwanzigtausend Mark mehr, nämlich siebzig runde Tausender für die Kollegen nachzuzählen, und die vielen tausend Schaffenden erkannten wiederum, dass selbst der allgemeinste Fortschritt auch differenziert, ja sogar rückläufig gewissermaßen, vorwärtsdrängen konnte. In den Anfangszeiten wurden ihre Anteile auch nicht so penetrant und kontoristisch aufgerechnet, sondern es ging einfach insgesamt bergauf, und ein ums andere Jahr verlas die Führung die millionenfachen Steigerungen, die sie durch die wohltätigen Umschichtungen oder preisgesenkten Einkäufe ein weiteres Mal für unsere Schaffenden erklommen hatten. Wie gebannt und voller ungläubigem Staunen schauten die Kollegen aus dem Stahlwerk auf den Lautsprecher am Ofenrund, aus dem gerade Otto Grotewohl verkündet hatte, dass sie schon wieder um über eine halbe Milliarde D-Mark reicher wären, und selbst Aufgeweckte, die sofort im Kopf die Summe auf die Tausende Kollegen ihres Werkes umlegten und auch im Umgang mit der Null bereits bewandert waren, fürchteten um die Solvenz der Stalinstädter Sparkasse, wenn nicht demnächst die volkseigenen Boten den noch immer eindrucksvollen Rest in die Filiale oder in die Lohnbuchhaltung ihres Werkes wuchten würden. Aber diese glorreiche Epoche schien nun endgültig vorüber: Damals rauchte es im Schornstein, nunmehr knisterte es im Gebälk.

He, lasst die schwarzen Essen rauchen,
morsch wird, was zu lange ruht!
Brüder, lasst die Flamme fauchen,
stoßt das Eisen in die Glut!

Der Stahlwerkshimmel strahlte nachts, erleuchtet von den Scheinwerfern der neuen Baustelle, noch gleißender als an den hellsten Sommertagen, Mister Moon und Lady Sunshine unterschieden sich über dem Hochofen sowenig wie die männlichen von ihren weiblichen Kollegen unter ihm; die Männer trugen schlecht geputzte Hüte oder ungeschminkte Reden vor, die Frauen versteckten ihre offenen Haare unter durchgespeckten Mützen und sich selbst im Klub der Werktätigen, der sie hier seit 1962 still willkommen hieß. Tagsüber unterschieden sie sich nur in ihrer Größe, und erst, als der UKW-Verkehr seit 1963 alle Abläufe im Werksgelände revolutionieren wollte, konnte man die liebgewonnenen Konturen wiedersehen – wenn die wortführenden Brigadiere Handies von dem Umfang einer gut bestückten Werkzeugtasche um die starke Proletarierschulter trugen, konnten sich die weiblichen Kolleginnen zwar damit trösten, dass sie weiter unerreichbar blieben, mussten allerdings auch einsehen, dass sie sicher selbst in Zukunft nicht so schnell in leitende Verbindungen geraten würden. Der Minister etwa, der bei Baubeginn vor unseren Augen noch mit jener zähen ersten Kiefer seinen einschlägigen Kummer hatte und jüngst wieder einmal zur Visite bei den Hochöfnern erschien, war endgültig ein gemachter Mann und als ein arrivierter Autor vieler lebensnaher Bücher Herrscher und Poet dazu geworden; selbst der Zündelpionier war mittlerweile im Zentralrat unserer Freien Deutschen Jugend vollbeschäftigt, wo er proletarisch-revolutionäre Vorträge verfertigte, die junge Holzfäller, poetische Minister und den Schwung von heldenhaften Arbeitergestalten priesen. Zweifellos, das aufgeklärte, faustische Ideal schien auch im Stahlwerk, aber eben wieder einmal ausschließlich von Kerlen eingelöst, die sich gewieft von Zauberlehrlingen zu wahren Lehrmeistern entwickelt hatten, die selbst die geschichtlichen Verläufe hofmeistern, wenn nicht sogar regieren wollten. Dabei schafften es die sprichwörtlichen Mannschaften zum Teil selbst 1964 und zum fünfzehnten Geburtstag der geliebten Heimat noch nicht vollständig, tatsächlich einmal über einen ganzen Monat ihren Plan hundertprozentig zu erfüllen, was die Mädels von Beginn an mussten und aufgrund ihrer leicht überschaubaren Beschäftigungen auch vermochten.

Vielleicht feierten die männlichen Kollegen auch zu ausgelassen all die vielen Feste, die das neue Leben mit sich brachte, gerade im Vorfeld runder Jubiläen häuften sie sich, und natürlich wurde das bevorstehende unserer Republik erneut mit einem Pfingsttreffen im Vorfeld ausgelassen und vergnügt begrüßt. Mit neuer Technik nach Berlin, hieß diesmal die für jene Festtage kreierte Losung, die zu Rätseln Anlass gab, denn weder ging es hochmotorisiert dem Fest entgegen, noch führten die Delegierten ingenieurtechnische Sensationen mit sich, sondern nur Verpflegungsbeutel. Hintergründige meinten frivol, dass der Betriebszeitung ganz offenbar ein kleiner Lapsus unterlaufen wäre und sie über den Porträts der eingeladenen Besucher von fünf Kontinenten ursprünglich wohl hatte titeln wollen, dass die Teilnehmer mit neuer Technik aus Berlin zurückerwartet würden. Viele ausländische Gäste aber machten sich zur gleichen Zeit auch aus der Hauptstadt auf den Weg ins Eisenwerk und trafen unseren Treck bereits auf halbem Wege, herzlich wurden sie begrüßt, wie sonst; die Richtungskämpfe blieben auf der Strecke, und die Jugendlichen fielen wie die Feste, die man auch im längst schon umgetauften Werk zu feiern wusste – Friede, Freude, Sinterkuchen! Unserem Jugendtreffen also folgte der schon angezeigte fünfzehnte Geburtstag unserer Republik, beschenkt mit der erwähnten, erstmaligen Planerfüllung bislang säumiger Mannsbilder, die Arbeiterfestspiele folgten auf dem Fuße, den verdienten Namenstag gehörig zu umrahmen, demnächst stand das zwanzigste Befreiungsjubiläum an und würde sicherlich ein großes Volksfest werden, um auf dessen Wogen in die nächste, festliche Gelegenheit zu schweben. Denn wo so viel Fortschritt war, da war auch unendlich viel Wiederkehr des Guten, Jahrestage und FDGB-Kongresse, deutsche und sowjetische Parteitage, Geburtstage von führenden Persönlichkeiten trugen dafür Sorge, dass es immer weiter vorwärtsging: Erst eins, dann zwei, dann drei, dann vier, schon steht ein fünftes vor der Tür, ein frohes wie all die vorangegangenen der Epoche, die sich vor den Schaffenden fast wie ein ganzjähriges Weihnachtsfest gebärdete, obwohl sie ihnen, außer ihrer Vorfreude, niemals etwas geschenkt hatte.

Kohle und Luft in der Flamme vereinigt,
Schmelze von Schwefel und Phosphor gereinigt:
wie in dem Reinen das Reine zusammenrinnt,
einen sich Menschen zum Volk ohne Zahl –
heute ist Festtag, weil heute das Werk beginnt.

Der legendäre Stolz der Hochöfner, den sie inzwischen unter der verzwickten Losung »Meine Ehre heißt Bewusstsein« durchzuhalten suchten, war nicht ohne Tücke und bezeugte eine relative Treue zu den Leitsprüchen vergangener Zeiten; »sozialistisch lernen, arbeiten und leben« galt da eher schon als Motto kultivierten Tätigseins und eines spannenden Parteilehrjahrs, das zu den mannigfaltigen Varianten künstlerischer Selbstbetätigung gehörte, die auch das Kulturniveau im Werk von Jahr zu Jahr in immer schwindeligere Höhen trieb. Noch wurde hin und wieder allerdings und gerade bei so manchem Vorgesetzten unserer Schmelzer festgestellt, dass er von den sublimen Umgangsformen eines neuen Menschen nach wie vor noch weit entfernt sei, und die Annahme der höheren Chargen, so ein rüder Ton gehöre nun einmal zur Metallurgenehre, wäre weit gefehlt, wie das ZK tatsächlich auf der dreitägigen Tagung 1965 formulierte, die sich eigens diesem Thema widmete und solchen unverbesserlichen Leitern mit diversen Strafen drohte, falls sie nicht ihr herzloses, sektiererisches, überhebliches Verhalten korrigierten – das muss man sich einmal vorstellen, die höchsten Gremien rüffelten die Chefs ihrer

wohl wichtigsten Mission höchstselbst und attestierten
den Kollegen an der Basis, sie seien längst nicht mehr die
Rohlinge von noch vor fünfzehn Jahren – klar, dass noch
im selben Jahr die ersten beiden Garküchen des Werkes
in Betrieb genommen wurden und den zahlreichen Be-
schwerden mäkelnder Kollegen oder pappesatter Kollektive endgültig der Nährboden entzogen wurde. Einige
von ihnen würden sicher weiter mosern und die Uhr auf
die vermeintlich schöne Anfangszeit zurückstellen wollen, als die Küchentische noch Kantinenhocker waren
und der Ladentisch ihrer HO-Remise das geschmäckleri-
sche, käufliche Regime bestimmt hatte.

Ob Mittagstisch, ob Sonntagstisch, ob Gabentisch,
die HO-Lebensmittel kommen immer frisch,

behauptete die Werbung für den volljährigen Werksver-
kauf, und unseren Schichtarbeitern ging bei so viel Un-
verderbtheit fast der Sinn dafür verloren, welche Dauer
sie gerade durchlebten; doch die Frauen retteten ein
weiteres Mal den Zeitgeschmack und nahmen den zwar
unaufdringlichen, doch nachdrücklichen Hinweis unserer
gut organisierten Händler ernst genug, sich ihrer kulinarischen Verantwortung als weiblicher Familienvorstand
stille und bewusst zu stellen, nämlich schon am Morgen
ihrem schaffenden oder geschafften Gatten einen Tisch zu
decken, der die wirklichen Verhältnisse auch widerspiegel-
te und also jeden Tag wie einen Feiertag servierte. Sicher,
ein paar Unterschiede würden dennoch bleiben müssen,
schließlich saß man zwar schon immer öfter, aber längst
noch nicht zu jedem Werktag am gedeckten Tisch der
werkseigenen Schlemmerbörse, um sich bei Kamtschat-
ka-Krebs in Mayonnaise die Figur, wenn nicht sogar die
Wespentaille zu versaubeuteln, weil die Gerichte der fer-

nöstlichen Region – und nunmehr der Kantine – selbst in der Sowjetunion für vollkommen exotisch galten, denn auch in der Sprache der Befreier hieß Kamtschatka ungefähr soviel wie ›weit entfernt‹. In den bewussten Weiterbildungssitzungen der Hüttenwerker hießen beispielsweise auch die letzten Bankreihen Kamtschatka, und besonders müpfige Kursanten spöttelten aus sicherer Entfernung gern über Zeitungsmeldungen des *Neuen Tages*, die von kurz bevorstehenden Lieferungen großer Posten Krabben zu berichten oder kistenweise Ladungen an Apfelsinen zu vermelden wussten, die nun wiederum aus Stalins Heimatland Grusinien, ohne Rücksicht auf Verluste und misslungene Ernten, regelmäßig über unsere Hüttenwerker kämen. Aber in der Regel waren die Grüße von den wie gegrillt wirkenden Berghängen der Erde Goris, die so große Söhne und vollkommene Orangen austrug, nur kartonverpackte Teekampagnen, seltener schon der vielgerühmte Schwarzmeer-Riesling, der natürlich ganz besonders zu den großen Krebsen aus den sternenweit entfernten Gegenden gemundet hätte, und in späteren Jahren blieb es ohnehin bei einheimischen Fängen, welche die Kolleginnen am Abend, eingewickelt in das Anglerlatein ihrer Zeitungen, nach Hause trugen.

> *Ich hör mein' Schatz,*
> *den Hammer er schwinget,*
> *das rauschet, das klinget,*
> *das dringt in die Weite*
> *wie Glockengeläute*
> *durch Gassen und Platz.*

Zu Silvester 1965 trat ein lieber, dennoch unverhoffter Gast an unseren Freundschaftsofen, der Oberst Skobilanski sah die vielen überraschten Blicke unserer Schmelzer, als er ihnen einen Wandteppich mit Lenins eingewirkter Großaufnahme, einen volkstümlichen Fliederstrauß und selbstverständlich brüderliche Kampfesgrüße für die Monate danach, die ihn erblühen sähen, überbrachte. Herzlich dankten sie ihm, und auch die Kollegin, die an diesem Abend hier den Frauenausschuss – unglückliches Wort – vertrat, gab sich der Rührung ungezwungen hin.

Doch auch die Monate danach sahen liebe Gäste, 1966 kamen gleich zwei Dutzend Journalisten Afrikas ins Werk und fühlten sich hier pudelwarm und wie zu Hause.

Ebenfalls in jenes Jahr fiel die Eröffnung des Zentralen Lektorates, das die fast zweihundert Haushaltsbücher regelmäßig prüfte, die sich wiederum der Überwachung der Betriebskosten verschrieben hatten; ihm waren leider keine Korrekturen möglich, wie man es von solchen noblen Einrichtungen sonst erwartete. »Hochöfner, Finanzen kontrollieren!« ranzten sie stattdessen eifersüchtig die Kollegen an, die da noch schwer hofierte Proletarier oder führende Brigaden waren, aber nun zu »Roten Sparbüchern« verdonnert wurden.

Gut drei Jahre und bis 1968 nahm der Bau des Kaltwalzwerks in Anspruch, 1969 kam das Bandstahlkombinat hinzu, trotz oder wegen der sowjetischen Experten, die dem Bau zur Seite standen wie bereits vor fünfzehn Jahren, als das Eisenwerk das wohl modernste in Europa werden sollte und nicht ahnen konnte, dass es wenig später in den Plänen schon »das Altwerk« heißen würde. Wieder gab es eine Grundsteinlegung, abermals eine Schatulle mit der einheimischen, garantiert rostfreien Währung sowie Selbstverpflichtungen der hiesigen Belegschaft, welche feierlich dem Erdreich übergeben wurden und, als eingewickelte Kollegen sozusagen, mit der Ausgabe der neuesten Betriebszeitung versenkt wurden.

Der Riese an der Oder reckte sich und gähnte furcht-
erweckend, weit entfernt noch war der wankende Gigant,
als der er später die Region erschüttern würde. Erich Mü-
ckenberger stach symbolisch mit dem Spaten ein gewaltiges Gebirge an, genauer muss man sagen, er nahm mit der
russischen Planierraupe die erste Erdbewegung vor, ganz
offenbar im fünften Gang, denn einen Monat vorfristig
war er mit dem Gefährt erschienen, um auf dem frisch
gerodeten Gelände nun die neuesten Verladerampen
künftiger Visionen aufzustellen. Die kalt gewalzte Technik
sollte sich als zweite Stufe der Verarbeitung von Roheisen
bewähren und die Maschinisten vor der nächsten Hürde,
die Vergangenheit allmählich zu verarbeiten. Die frisch
zum Kaltwalzwerk versetzten Hüttenwerker aber schmolzen in den melancholischsten Erinnerungen, wenn sie zu
den alten Hochöfen hinübersahen und behaupteten, es sei
ein jeder Anblick wie ein Wiedersehen mit gutvertrauten
Freunden.

> *Dann dehnte sich ein Bauplatz weit*
> *auf einer Riesenfläche.*
> *Und nun steht schon ein Walzwerk da*
> *für blanke Autobleche.*

Die Zeit um die Errichtung jenes neuen Werkes war vielleicht so etwas wie der letzte Wink der Kindheit unserer
Hochöfner, die nie erwachsen werden wollten, doch von
nun an einen herben Wandel ihrer jugendlichen Bünde
miterleben mussten; besser Ausgebildete verschwanden
ringsum in das Kaltwalzwerk, verdienten mehr und arbeiteten weniger; sie pressten Bleche, dünn wie Löschpa-
pier, und unsere Redakteure walzten die epochemachen-
den Ideen aus, bis sie kaum mehr Zeitungsstärke hatten.
Wenn die Hüttenflöhe tanzten, stach auch unsere Foto-

grafen fast der Hafer, wenn es darum ging, das Neue zu belichten: Lässig und im Rollkragenpullover stand der Meister am Entrollerpult, und sein Kollege schlenderte an hellen Monitoren unseres Industriefernsehens vorbei, die Hände bis zum Ellenbogen in bequemen Hosentaschen und mit wachem Blick dem Feierabend und der Ablösung entgegensehend.

Die Brigaden hörten auf den Namen »Lunik« wie das künftige Hotel, denn Valentina Tereschkowa war gelandet; noch stand von dem Fremdenhof nichts weiter als der Haupteingang, er wurde dennoch eingeweiht, und später kam, als ausdrückliche Weihnachtsgabe, auch die Bar zur Herberge hinzu. Die Arbeiter sollten die schönsten Zimmer haben, ihr Hotel ein freundliches Gesicht, auch umgekehrt war es ein hohes Ziel. Doch nicht nur das Hotel, auch eigenes Land im Katalog der Wünsche war in Sicht, und die sonst reiferen Debatten sanken zwischenzeitlich auf das krautige Niveau von Schrebergärten, die sich die Kollegen wünschten, nicht erkennend, dass sie sich gerade durch so mühevolle Kleinarbeit nach Feierabend von den kulturellen Pflichten und dem fortschrittlichen Teil der Werktätigen isolierten.

Doch nicht in erster Linie die zermürbenden Salamitaktiken der gönnerhaften Weihnachtsmänner setzten unseren Öfnern zu, vielmehr verdächtigten sich die Zurückgebliebenen bald selbst, den Anschluss zu verpassen, wenn sie fortan der Versuchung und erst recht der Aufforderung, sich zu bilden, weiter widerstehen wollten. Irgendwann war es vielleicht zu spät, der Jahresschmelz verging in schnelleren Planquartalen, noch bestanden sie auf ihrem Image, aber längst waren wieder einmal seltsame Kohorten auf dem Werksgelände unterwegs, denn mehr als hundert volkseigene Kontrolleure deckten ohne Gnade Defizite auf, nicht nur beim Kenntnisstand der männlichen, viel stärker noch der weiblichen Kolleginnen, die mehrheitlich auf einem Qualifikationsniveau verlotterten wie noch zu Urgroßmutters Zeiten; erst die Hausfrauensonderklasse hatte Abhilfe und Emanzipation zu gleichen Teilen schaffen können, war in finsteren Intrigen mit den Ehemännern abgesprochen und sodann gemeinschaftlich erzwungen worden. 1966 waren die ersten Frauen auf der Walze, die sie per Dekret und dennoch mit Erfolg studiert und absolviert hatten, und 1967 lobte sie der nun schon siebte SED-Parteitag für die tapfere Erschließung ihrer inneren Reserven, wenn man sie auch nicht so ohne weiteres auf die äußeren übertragen konnte – sie waren viel zu schön, um wahr und auf der Baustelle zu sein, wo man sie hätte gut gebrauchen können. Denn für die geplanten, neuen Werksanlagen wurden riesengroße Rammböcke und rund eine viertel Million Kubikmeter Beton in eine Tiefe bis zu sechzehn Metern in den Boden eingetrichtert, klar, dass dies für unsere Häusle- oder auch nur kleinen Datschenbauer nicht die besten Jahre waren, als noch solche Unmengen des hochgefragten Materials aus ihrer Sicht nur in die Grube fuhren. Aber wie viel war das eigentlich, zergrübelten sich die geprellten Bauherrn, eigentlich kaum vorstellbar: Die Masse würde reichen, schrieb die Werkgazette, eine Straße aufzuschütten, länger als die ganze Piste, welche alljährlich unsere Friedensfahrer absolvierten, die den bauwilligen Schmelzern bis zu diesem wagemutigen Vergleich im übrigen durchaus sympathisch waren und sich ihrerseits den Sinneswandel unserer Schmelzer gegenüber ihrem Sport zu Herzen nahmen, denn die Hochöfner erklärten, dass sie immer schon viel lieber an der Kegelbahn als irgendwelchen Straßenrändern rumgestanden hätten. Aber nur, wenn der Beton lief, flossen auch die Prämien der Kollegen, denn Beton war, wie es metaphorisch hieß, das Blut der Baustelle, auch wenn sich gerade deshalb manche unschuldigen Zimmerleute nicht mit ihm beflecken, sondern lieber mit dem zweifelhaften Ruhm von friedensstiftenden Stoffen, als es der Beton ganz offensichtlich war, bekleckern und zum letzten Male übers scharfe Wasser gehen wollten.

»Der Flaschenhals ist bald besiegt«, verkündete im Sommer 1967 zuversichtlich das Betriebsorgan im Hinblick auf gewisse Bräuche in den Pausenräumen und nicht ohne guten Grund, denn in genau dem gleichen Zeitraum wurde die Fünftagewoche eingeführt, die einen Gutteil, in Prozenten ausgedrückt, der bislang sechsschichtig verbrauchten Menge geistiger Getränke zukünftig auf der Verliererseite sehen würde, wo jedoch auch schon die nebulösen Produktionstermine warteten, die nunmehr und im Gegenzuge nur in den Gestirnen standen.

Wir stehen an glühenden Feuern
und hämmern.
Wir stehen an sausenden Bänken
und drehen.
Wir schaffen in fahlem
Morgendämmern.
Wir schaffen, wenn die Sterne
aufgehen –
immer.

Ausgerechnet 1968 und im Mai entstand ein lange schon erstrebtes Freundschaftskomitee, das endlich auch persönliche Beziehungen zu den sowjetischen Kollegen pflegen wollte; vielleicht waren zeitweilig die Hochöfner aus Ostrava im Böhmischen ein weniges zu heiß an ihre eigenen Vorhaben gegangen, vielleicht waren die gegenseitigen Verabredungen auch bislang nur viel zu eng an die vom Wettbewerb geschundenen Werkbänke gebunden, nun betrat man privatimes Neuland auf bilateraler Ebene: Die Betriebschronik vermerkt ein Gipfeltreffen mit den sowjetischen Hochöfnern, das von dem Ehrgeiz und dem Wunsch getragen wurde, diese mit genau so einer Fischsuppe zu überraschen, wie sie einige Kollegen beim Besuch in Saporoshje selbst schon hatten schlürfen können. Mit der Feldküche und Fischen der HO-Verkaufsstelle ging es zur Gründungsfahrt hinaus ins Grüne, wo der Chefkoch eines mindestens Fünf-Rote-Sterne-Restaurants, der, nicht ganz völlig auf der Hand liegend, zur Stahlarbeiterabordnung der Gäste zählte, nun die wabbeligen Einkäufe nach altem, russischem Rezept entgrätete und sie sodann den appetitlosen Kollegen im Verbund mit einem vierstöckigen Wodka anempfahl. Die Suppe war so lecker, dass dem Freundschaftskomitee spontan nach sportlicher Betätigung und selbstverständlich einem Freundschaftsspiel im Anschluss an die Schlemmerei zumute war; ganz zufällig lief doch tatsächlich auch noch eine Einheit der hier stationierten sowjetischen Garnison aus Mixdorf, die gerade übte, sich durch feindliches Gelände zu manövern, an dem freundschaftlichen Fischköpfegolgatha fast vorbei – es mag sich wohl noch heute jeder das Hallo unserer sportiven Trankocher sehr lebhaft vorstellen, die sofort die unverhofften Gäste an den Tisch baten und wie von selbst, zum Auftakt ihres neuen Bunds, das alte Lied »In Mixdorf ist Musike« intonierten.

Wenn die Hüttenwerker musikalisch aber unter sich waren, überließen sie hingegen nichts dem Zufall, sondern wetteiferten um die Planung ihrer Plattenabende im Friedrich-Engels-Klub, wo sie die Scheiben mittlerweile selbst schonend in die Hand genommen hatten. Der gestandene Abwurfmaschinist bildete sich zum Drehtellerexperten und der grübelnde Maschinenwart zum Plattenunterhalter fort; sie hielten beide nichts von westlich-dekadenten Diskjockeys und wollten daher nicht als solche angesehen sein, ein lobenswertes, unamerikanisches Verhalten, wie's im Buche stand und das im Buch der guten Taten, sonst ein eher barmherziges Dokument vergebener Handlungshemmungen, tatsächlich als gesellschaftliche Arbeit für die Sache Eingang fand, in Würdigung auch des schon jahrelangen Kampfes, den sie, seinerzeit noch offenbar als Laien ohne Drehtellerzertifikat berufener Prüfer, gegen die schon angezeigten Röhrenhosenhelden mit Erfolg gefochten hatten. Damals trieben die ihr Unwesen natürlich auch im Klubhaus unseres Eisenwerkes, doch sie handelten sich allenfalls ein mitleidiges Lächeln ein, denn unsere beiden späteren Plattenwarte standen da schon wie ein Mann; doch auch die Jugendfreundinnen sahen gut aus, wenn sie solchen Ringelbuben die erhoffte, schnelle Damenwahl vermiesten und das kollektive Glück verweigerten. So völlig ohne Ahnung der Bewusstseinsbildung weiter Kreise unserer hübsch zurechtgemachten Frauen und Mädels holten sie sich höchstens einen ordentlichen Korb, gefüllt mit wissenschaftlich unanfechtbaren Gewissheiten über den Missbrauch, den die Kreise der bei ihnen Herrschenden im Westen mit dem Tanz schon lange trieben. Pech für rockversessene Schürzenjäger, wenn vor solchen Wochenenden just die Tanzkapellenleiter eine Tagung abgeschlossen hatten und insofern die Bedeutung, die die Tanzmusik hier im gesellschaftlichen Leben einnahm, längst schon jeder fesche Spatz vom Dach des Werksklubhauses pfiff. Im offenen Gespräch anstatt beim offenen Tanz erläuterten die potentiellen Partnerinnen den zu läuternden, missbrauchten Burschenschaften dann vor Ort, dass nur die Melodie das tragende und wesentliche Element sei und dass auch die Texte eine klare Aussage besitzen müssten, die selbst noch zwei Herzen im Dreivierteltakt und bei so anmutiger Balz etwas zu sagen hätten. Schämten wir uns schon, bei einem deutschen Walzer, der zum nationalen Erbe zählte, lieber miteinander abzudrehen als beim welschen Rock 'n' Roll herumzuzappeln wie die Rowdys, welche unsere schönen, deutschen Tänze ablehnten und lieber nur auf einer Halbemeterfläche zuckende Bewegungen vollführten?

Nein, mitnichten, bislang hatten zwar die Philosophen nur die Welt verschiedentlich interpretiert, doch nunmehr kam es wirklich darauf an, sie endlich tanzbarer zu machen, und wenn unsere aufgeklärten, unterkühlten Tänzerinnen nun begannen, das bekannte Lied »Du mußt die Führung übernehmen« vor sich hinzusummen und sich unsere stehengebliebenen Hitzköpfe zwar langsam, aber sicher in die vorgegebene Richtung drehten, war auch jene raunende Beschwörung des vertonten Imperativs längst als Tatsache ins neue Leben eingezogen.

Erze von Schlacken zu trennen –
braucht es der Öfen Glut!
Unrat auszubrennen,
braucht es Kraft und Mut.

Unsere Kollegen aber kämpften auch im neuen Walzwerk durchgeschwitzt um höhere Ergebnisse und debattierten in den Brausezellen des Sozialgebäudes über Maurerunterlagen oder Schornsteinoberteile ebenso wie über importierte Rollen oder freundschaftliche Walzmethoden, denn so mancher Tipp der russischen Kollegen war falsch angekommen; Übersetzungsfehler in den Ausbildungsprogrammen sorgten für so manche Überraschung.

»Im Foyer des Friedrich-Wolf Filmtheaters in der Leninallee in Eisenhüttenstadt.«

Auch die angereisten Spezialisten aus der stählernen Union verstummten, denn ein solches Treiben hatten sie selbst in den heimatlichen Werken Shdanows, Saporoshjes oder Tscherepowez' nicht gesehen, aber: Ende gut hieß damals so wie heute – alles gut, am Schluss der feierlichen Inbetriebnahme tanzten die Walzer von der Wolga deutschen Foxtrott, und die Schmelzer von der Oder übten sich im Kasatschok der russischen Kosaken, den sie demnächst bei berufsbedingten Tänzern richtig lernen würden, wenn sie sich nicht für ein anderes Rollenbuch entschieden. Denn auch Frankfurts Kleist-Theater und das Stahlwerk schlossen 1968 doch noch endgültig den Bund fürs künstlerische Leben, und die Einrichtung der eisernen Etüden-Seminare wurde mit dem Schrittmacherball feierlich begangen; unsere Schrittmacher mit Herz – nicht umgekehrt wie in der Führung – drehten sich bis in die frühen Morgenstunden zu gefälligen Amiga-Songs und hatten anderntags erhebliche Probleme, auch die nächsten Stufen achtbar zu erklimmen. Auf der gut besuchten Neuerermesse stiegen die Kollegen unseres Werkes abermals und wie so oft zuvor das Siegertreppchen hoch – sie hatten eine Ablenkvorrichtung erfunden, und die führenden Genossen waren davon 1968, wie von keinem anderen Exponat, zutiefst beeindruckt. Abermals ging ein Medaillenregen auf die angetretenen und livrierten Hüttenwerker nieder, und auch in der uniformen Hierarchie des Ehren-Hütten-Kleides glitzerte massives Eichenlaub an manchem neuen Schmelzerkragen; gülden schimmerte es am Revers des Walzerkönigs, der den Strauß zum bravourösen Sieg entgegennahm, und der Minister bat die Gattin daraufhin zu einem Tanz, der Werkdirektor trat an das Büfett, die Paten der Theaterszene deklamierten ihre Texte – keine Hofmannsthalfahrt und auch keinen Unterganghofer,

vielmehr das wahre, höchst gelungene Fallersleben, seit
das Werk begonnen worden war.

> *Heute gilt nicht: Not bricht Eisen! –*
> *Weil die Not am ärgsten droht,*
> *gilt es heute zu beweisen:*
> *Eisen, Eisen bricht die Not.*

Spätestens mit Honeckers Berufung in das höchste Amt
des Staates fingen auch die Schmelzer unseres Werkes an
zu zinken und bemäntelten das viele produzierte Blech seit
1973 mittels einer schönen Oberfläche. Aus den aufrich-
tigen Blechnern wurden ausgebuffte Zinker, die fast alles
in die Glamourbäder tauchten und nicht fragten, was es
koste, dabei hatten sie noch zwei Jahrzehnte früher über-
legt, wie man an solchen teuren Elementen sparen könnte
oder wenigstens die Reste für Vernünftiges, wenn nicht
gar Schönes sichern könnte. Damals hatten sie mit Gleichgesinnten unter Bitterfelds Elektroalchemisten noch Ideen
entwickelt, um die Republik von kostspieligen Einfuhren
für den Flitterkram der werktätigen Frauen und Mädels zu
entlasten. Den bei jenen so beliebten Alpurschmuck zum
Beispiel hatten sie fast völlig unabhängig von Importen
aus Amerika und China machen können, denn das Roh-
material kam direkt aus dem Chemiebetrieb zu unseren
Hüttenwerkern. Was hier anfiel, wandelten die Schmelzer
flugs wie Rumpelstilz zu Gold, zu Goldschmuck, um es
noch genauer zu beschreiben, der die ungeschliffene Eleganz der ebenfalls synthetischen Brillanten in gelungene
Formen fasste. Wo der Schweiß unserer Frauen oft in den
Mitteilungen als Parfüm durchs dufte, neue Leben dampf-
te, waren solche Knöpfe und Applikationen sicher noch
die unverfänglichsten Juwelen unserer Goldschmiede aus
zwei verschiedenen Lagern, und ob manche der Kollegin-

nen, die wochentags den Hammelstrick der Wettbewerbsbewegung anzog, samstags tatsächlich die Ketten, Anhän-
ger und Amulette auf der heilen Haut getragen hätte, wenn
sie über deren heikle Herkunft informiert gewesen wäre,
darf bezweifelt werden. Sicher ist dagegen, dass eventuelle
Rötungen der Haut zu dieser Zeit noch nicht Mallorca-
Akne hießen, allerdings die schmucken Frauenzimmer
damals schon nicht weniger gefährlich lebten als die uns
bekannten, meckernden Kollegen in den ideologisch auf-
gepeppten Raucherecken, welche die verqualmten Pausen
nutzten, um verquaste Klagen einer Zigarettenmarke
wegen an die Führung zu verfassen, die sich weiß Gott
anderer Attacken zu erwehren hatte, was natürlich unsere
Hüttenwerker selbst am besten wussten. Auf der Bühne
ihres fortschrittlichen Musentempels hatten sie noch 1976,
sichtlich amüsiert, einen der letzten Auftritte des wohl be-
rühmtesten Verhunzers unserer Regierung sehen können,
aber hier, im Angesicht des Eisenwerks, verließ sogar den
Starkomiker Cohrs der scheinbar unverwüstliche Humor,
und er zog, kurze Zeit nur später, westwärts, wo er sich
als Bandarbeiter in den laufenden TV-Shows eines Hollän-
ders zum ersten Male wieder zeigte.

Aber selbst aus jüngster Sicht auf die inzwischen eingetretenen Besitzverhältnisse im Stahlwerk wäre es ganz
sicher übertrieben, gerade hier zu spekulieren, unser
Eberhard hätte dort zwei Jahrzehnte lang auch hinter
den Kulissen noch für unsere Werktätigen gut gesprochen und sie eben dadurch schließlich langfristig und
höchstpersönlich in die Obhutspflicht des niederländi-
schen Konsortiums übergeben können.

Und fragt ihr nach dem Preis –
es kostet Geld:
doch wißt,

daß uns die Zukunft unserer Kinder
teuer ist.

Die Achtziger, die vor dem unentschiedenen Finale unseres großen Werkes lagen, waren vergesslich und ereig-
nisarm, auch ihre Höhepunkte scheinen an den Fingern
einer Hand hinlänglich abzuzählen und sind schnell
erzählt, und selbst die Hüttenwerker, mit den Klassikern
auf du und du, erwarteten von ihnen ohnehin nur die
Komödie, in der ihre kummervollen, harten Aufbaujahre wiederkehren würden. Die Bilder, die der werkseigene Fotozirkel archivierte, wurden immer leerer und die
Texte unter ihnen immer länger; zeigten sie noch anfangs
Aufholjagden, rückständige Kollektive, kritische Kollegen
oder leere Tische, boten sie in späteren Jahren nur noch
Abziehbilder von gefilmten Neuerern und selbsternann-
tes Weltniveau, so weit das Auge reichte. Die belesenen
Öfner allerdings behielten dennoch recht mit ihrer komi-
schen Prognose, wenn die erste Hälfte des Jahrzehnts auch
immerhin den letzten, eindrucksvollen Hattrick Erich
Honeckers zu bieten hatte, der erst 1983 und nach langer
Abstinenz hier wieder mal vorbei sah, um das austrische
Konverterstahlwerk zu eröffnen. Zwei Jahre darauf ging
Honecker ein letztes Mal mit Österreichs Kanzler Sino-
watz durchs Werk, als guter Hofrat längst schon teuer
war; das habsburgische Gastgeschenk an ihn war damals
eine Miniatur des neuen Walzgerüstes, das die beiden
einzuweihen gekommen waren; in der Ausführung der
österreichischen Modellbauer war es nicht ohne Absicht
schlicht gehalten, um den hiesigen Geschickelenker – der
in seinem Herzen aber immer jener Dachdecker geblieben
war, den wir gleich zu Beginn unserer Rückschau kennenlernten – nicht so zu verwirren, wie es dem Parteichef
selbst bei seinem koreanischen Kollegen Kim Il Sung dem

Älteren noch im Vorjahr unterlaufen war, als der so brüsk das Werk verlassen hatte und schon von der Werkstraße so eingenommen war, dass er sofort auf ihr noch einmal und in umgekehrter Richtung auf das Tor zubrausen wollte. Wenigstens von ihm hatte er doch erwartet, dass er sich für die Kamellen von der wirtschaftlichen Unabhängigkeit aus frühen Tagen immerhin ein bisschen stärker interessieren würde, vielleicht wollte er dem Großen Führer auch nur ein paar alte Hochöfen als Weltneuheit verkaufen, um die Uhren auch in dessen Land einmal nach vorn zu stellen und zwischen seinen Jurtensiedlungen den Grundstein einer ähnlich aufstrebenden Industrienation zu legen, wie er sie aus eigener Erfahrung noch als FDJ-Chef kannte. Sieh, wir haben dieses Werk emporgezwungen, sagte er mit Tiefsinn zu Genossen Kim, der es vermutlich selbst so sah, obwohl ihm unser alt gewordener Sekretär mit solchen Aufwendungen zu erklären versuchte, dass die Eisenbude mittlerweile geradezu ein Born des leichten und vor allem heiteren Lebens wäre, der doch sicher auch das Land des roten Mondes noch einmal zum Sprudeln und die gut fünftausend Kim-Denkmäler ebenfalls zu neuem Leben wecken könnte: Wenn der Vater mit dem Sohne nur noch einmal diesen schillernden Versuch in Angriff nähme, würde selbst ein Fehlschlag von der künftigen Geschichtsschreibung zum Sieg über die ewig Zagenden geadelt.

> *Wenn der Guß misslang?*
> *Wenn die Form zersprang?*
> *Ach! Vielleicht, indem wir hoffen,*
> *hat uns Unheil schon getroffen.*

Es war ein schöner Tag, so endeten die zeitgenössischen Beschreibungen des Eisenwerkes Jahr um Jahr; das letzte

Abendbrot, die ersten Häuser sind verputzt, die großen Schlachten der Erinnerung, allein aus Stahl gemacht, von Rost befallen, und Hüttenwerker Heinrich schraubt sich aus dem roten Sessel, jenem uns bekannten Möbel noch aus früheren Tagen, das er aus dem ehemaligen Büro geborgen hat, und tritt zu seinem alt gewordenen Mädel vor die Tür. Wie Philemon und Baucis sitzen beide auf der Bank vor ihrem Neubaublock, der mittlerweile fast so alt wie sie geworden ist; was ist ein warmer Sommerabend gegen einen Abstich, denkt sich Heinrich, aber auf der Ofenbühne dieses Lebens steht die Waage selten ein. Noch einmal lässt er es im Geist Revue passieren, vom Bezug des ersten eigenen Ehebetts bis hin zum Abzug aller volkseigenen Wälzlager, vom ersten Sekretär, der aus dem Rathaus flog, bis hin zum letzten Händeschütteln vor dem endgültigen Schluss – der Vorhang fällt, der Erste ist zugleich der Letzte, kommt der liebe Sonnenschein, wird alles zur Erinnerung geschmolzen sein. Als jenes Werk begonnen wurde, kostete das volkseigene Bier nur neunundvierzig Pfennige, und als es fast mit ihm vorbei zu sein schien, immer noch – eine Epoche eben.

Inhalt

Alle Abbildungen: © Bundesarchiv. Die als Zitate gekenn-
zeichneten Bildunterschriften geben die jeweiligen Original-
texte der DDR-Bildagentur wieder.

ISBN 978-3-86789-201-8

1. Auflage dieser Sonderausgabe
© 2015 by BEBUG mbH / Bild und Heimat, Berlin
© der Originalausgabe: Transit Verlag, Berlin, 1991
Umschlaggestaltung: fuxbux, Berlin
Umschlagabbildung: Peter Heinz Junge, picture alliance / ZB, © dpa
Druck und Bindung: GGP Media GmbH, Pößneck

Ein Verlagsverzeichnis schicken wir Ihnen gern:
BEBUG mbH / Bild und Heimat
Alexanderstraße 1
10178 Berlin
Tel. 030 / 20 61 09 – 0

www.bild-und-heimat.de